제럴드 코리에게서 배우는
성장하는
상담전문가의 길

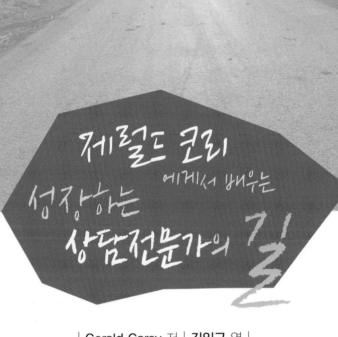

제럴드 코리에게서 배우는
성장하는
상담전문가의 길

| Gerald Corey 저 | 김인규 역 |

Creating Your Professional Path

Lessons From My Journey

학지사

개인적으로 그리고 전문적으로
나의 삶을 풍성하게 해 준 모든 분에게,
그리고 내가 특권을 가지고 멘토링해 주었고
지금은 다른 사람들을 멘토링하고 있는 여러분에게.

상담에 대한 사회적 수요와 관심이 많아지면서 상담 관련 교육과 정과 학회에 대거 사람들이 몰려드는 상담의 부흥시대에 과연 상담자는 어떻게 발달해 나가는가 하는 물음은 주의 깊게 살펴볼 주제다. 아직 상담에 대한 법률이 없는 우리 사회에서는 상담전문가를 규정할 사회적 장치가 없어 누구라도 상담자로서 일하고 상담기관을 열 수 있는 형편이다. 어찌 보면 규제 완화를 통해 온 국민이 상담자가 될 수 있는 길을 열어 놓은 듯하지만 오히려 전문적인 상담의 경계선이 흐려져서 상담의 전문성이 의심받고 이어 상담의 효과와 효용에 대한 불신으로 이어질까 걱정해야 할 것이다.

이런 한국의 상담계에 상담교육자요 저술가로 잘 알려진 제럴드 코리(Gerald Corey)가 이 책을 통해 던지는 메시지는 매우 의미 깊다. 미국상담학회에서 출판한 『Creating Your Professional Path: Lessons From My Journey』에서 코리는 자신의 상담자로서의 발달 과정을 여러 영역으로 나누어 묘사하면서 개인적인 삶의 과정이 어떻게 전문가로서의 생활에 녹아드는지를 보여 준다. 코리는 각 장을 통해 상담자는 전문적 관심을 유지하면서 개인적인 삶을 충실히 살아가고, 멘토를 통해 지속적인 지도를 받으며, 자신의 주된 이론적 접근을 충실하게 훈련하고, 윤리적인 상담자가 되기 위해 노력하며, 자신을 아끼고 잘 돌보아야 한다는 점을 역설한다. 그리고 집단상담 영역의 경험, 상담자로서의 진로발달 경험, 저술가로서의 경험 등을 나누면서 열린 마음으로 다양한 경험을 시도해 볼 것을 제안한다.

역자는 2011년 미국상담학회 연차학술대회에 참여해서 이 책을 알게 되면서 번역을 하기로 마음먹었다. 그동안 역자가 상담자로 생활하면서, 그리고 상담교육자로서 여러 학생을 훈련하는 과정에서 생각했던 상담자 발달에 대한 여러 고민을 이 책은 폭넓게 다루고 있으며, 코리를 비롯한 여러 상담자 또는 상담수련생들의 경험을 통해 많은 교훈을 제시하고 있다. 이 책은 현재 상담에 대해 관심을 가지고 있는 일반인으로부터, 상담자로서의 훈련을 시작하며 여러 걱정과 불안을 경험하는 상담전공 학생들, 이제 상담자 훈련 과정을 마쳤거나 상담전문가 자격을 취득하여 본격적인 상담자로서의 여정을 시작하는 초보 상담자들, 어느 정도 상담훈련과 상담 경력을 쌓아 자신만의 길을 만들어 가고 있는 상담전문가들 모두에게 큰 도움이 될 것이다.

부족한 실력으로 번역을 하다 보니 저자의 뜻을 충실하게 전달하였을까 걱정이 된다. 번역이나 표현상에 미흡한 부분이 있다면 널리 양해해 주기를 바란다. 출판 과정에서 수고해 준 전주대학교 대학원 상담심리학과 학생들, 이 책의 출판을 맡아 준 학지사 김진환 사장님과 편집에 수고해 준 이하나 선생에게 감사의 마음을 전한다.

2014년
김인규

2004년 4월 나는 한국집단상담학회의 초청으로 한국의 서울대학교와 고려대학교에서 강의와 워크숍을 진행하였다. 1년 후인 2005년 4월에는 나의 아내이며 동료인 마리안느 슈나이더 코리가 초청을 받아 한국의 학생, 전문가들과 함께 10일간의 집단상담 워크숍을 진행하였다.

나는 이 경험을 통해 한국인들이 집단상담과 일반적인 상담에 대한 서양적 접근에 관심이 있다는 것을 보게 되었다. 우리는 한국의 많은 문화적 가치가 집단상담에서 다루는 많은 아이디어를 보완해 준다는 것을 알게 되었다. 비록 집단상담에 대한 우리의 접근이 미국에서 개발되었지만 참여자들은 우리의 교재에 제시된 기본적인 철학을 잘 받아들였다.

우리 둘은 한국인들이 보여 준 배려와 호의적인 태도에 좋은 인상을 받았다. 우리는 한국에서의 경험을 통해 우리가 상담 실제의 기초가 될 만한 가치와 삶의 주제들을 나누고 있다는 확신을 갖게 되었다. 5장 '한국에서의 집단상담 워크숍' 부분에서 우리가 진행한 워크숍에 대해 자세하게 기술하였다.

나는 『Creating Your Professional Path』가 한국어로 번역되어 매우 기쁘다. 비록 2004년과 2005년의 워크숍처럼 직접 만나는 것은 아니지만 나는 여러분이 이 책을 읽으면서 여러분의 개인적이고 전문적인 삶에 적용할 수 있는 의미 있는 내용을 발견하기를 바란다. 이 책은 내가 지난 50년간 상담교육자로서 살아온 다양한 경험을 이야기하며 내 여정을 통해 배운 교훈을 나누는 개인적인 성격의 책이다. 이 책은 또한 여러분이 만들어 가고 싶은 자신의 개인적인, 그리고 전문적인 여정이 어떤 것인지를 생각해 보도록 초청한다는 측면에서도 개인적인 성격을 지니고 있다. 나는 여러분에게 해답이나 조언을 주려는 것이 아니라 나의 경험에서 나온 교훈에서 여러분이 도움을 받기를 원할 뿐이다. 이 책 전반에서 다루는 주제는 우리가 상담전문가로서 어떻게 다른 사람의 삶을 변화시킬 수 있는가다. 우리는 각자 우리가 어떤 사람인지를 개인적으로 나타내는 직업경로를 만들 것이며, 이 경로는 우리의 삶의 목적을 고양시켜 줄 것이다.

이 책에서 다룬 중요 주제에 대해 간략하게 이 서문에서 설명하도록 하겠다. 책을 시작하면서 나는 여러분이 자신의 인생의 전환점을 생각해 보도록 초청한다. 여러분이 살아오면서 했던 중요한 결정은 무엇이었는가? 현재 여러분의 모습에 계속 영향을 미쳐 온 가장 중요한 인물은 누구인가? 여러분이 가장 존경하는 교사나 멘토로부터 배운 교훈은 무엇인가? 1장에서 나는 나의 개인적이고 전문적인 여정에서 있었던 전환점을 다루는데, 나의 성공뿐만 아니라 내가 이 길을 시작하면서 겪은 학문적인 어려움과 자기의심에도 초점을 두었다. 나는 여러분이 실수를 두려워하며 완벽해지려고 하다가 멈춰 서지 않기를 바란다. 중요한 것은 모험을 시도하며 꿈을 이루기 위해 스스로에게 도전하는 것이다.

상담자로서 변화를 만들어 가는 것은 우리가 인간적인 모습으로 우리가 만나는 사람과 인격적인 연결을 할 수 있는 능력에 달려 있다. 우리가 그 자리에 존재하는 것과 전문적인 관계에서 보여 주는 에너지가 중요하다. 물론 효과적인 상담자가 되기 위해 지식과 기법이 필요하지만 우리가 상담하는 내담자와 함께 존재하는 것과 긍정적인 치료적 관계를 형성하고자 하는 우리의 관심이 가장 중요하다. 앞부분에 있는 장에서는 여러분의 열정을 확인하고 그것을 추구할 용기를 갖는 것의 중요성을 다루었다. 여러분이 되고 싶은 사람과 여러분이 되고 싶은 조력전문가의 모습을 가지고 있다면 그것이 여러분의 꿈을 현실로 이루어 가는 길에 집중하도록 해 줄 것이다. 여러분은 독특한 재능과 소질을 가지고 있고, 남과는 다른 고유한 존재로서 여러분의 내담자에게 힘을 북돋아 주며 엄청난 변화를 일으킬 수 있는 효과적인 조력전문가가 되어 가는 길에 여러분의 재능을 활용할 수 있다는 점을 깨닫기 바란다.

멘토링은 여러분의 개인적이고 전문적인 비전을 이루어 가는 데 핵심적인 요소다. 여러분의 전문적 여정을 설계할 때 도움을 요청하는 것은 필수사항으로서 나는 3장에서 멘토링 관계를 통해 어떻게 도움을 받을 수 있는지에 대해서 몇 가지 제언을 하였다. 나는 멘토링받는 것과 다른 사람을 멘토링하는 것에 대해 이야기하였다. 다른 사람에게 돌려주는 것은 의미 있는 삶의 한 부분으로서 여러분이 실천적인 상담전문가가 되고자 한다면 멘토로서의 역할을 통해 다른 사람에게 긍정적인 영향을 끼치려고 하는 것이 필요하다. 이 장에서 여러분은 6명의 나의 이전 학생들로부터 멘토가 그들의 개인적이고 전문적인 여정에 얼마나 중요한 도움이 되었는지를 직접 듣게 될 것이다. 여러분은 교수, 동료, 학교 친구, 가족, 좋은 친구 등 여러 사람들 속에서 멘토를 발견할 수 있다.

7장에서 나는 진로 선택을 다루었다. 여러분의 진로 경로는 여러분의 전문적 삶의 과정에서 변경될 수도 있는데 이때 멘토가 여러분에게 특정한 방향을 알려 주는 큰 도움을 줄 수 있다. 여러분만의 여정을 만들어 가는 것은 한 번에 끝나는 것이 아니라 계속 진행하는 과정으로서 의미 있는 모험의 길이다. 결국 여러분은 여러분이 배운 바를 행동으로 옮기면서 여러분 자신의 길을 그려 나갈 것이다. 나의 전문성의 발달은 상담에 대해 일반적으로 배운 후에 내 여정에서의 전환점에서 나의 관심을 좁혀 가면서 이루어졌다. 가르치는 것은 항상 나의 첫 번째 관심 영역이었는데, 이 일반적 영역에서 출발하여 나는 상담자 교육, 상담 실무에서의 윤리, 상담과 심리치료의 이론과 실제, 집단작업 등의 전문적 관심을 발달시켜 왔다. 여러분의 경우에는 어떤 일을 할 것인지를 결정하는 것이 발달 과정의 한 부분일 수 있으며, 그 일은 관심사에 따라 변할 수 있다. 7장에 제시된 대학원생과 초보 전문가의 개인적인 이야기는 그들 각자가 어떻게 자신의 전문적인 여정을 만들어 왔는가를 보여 주는데, 이들의 개인적인 여정에 몇 가지 공통적인 점이 있다. 이 개인적인 이야기를 읽으면서 여러분은 상담전문가로서 자신의 발달 과정에 적용할 수 있는 유용한 내용들을 발견할 수 있을 것이다.

상담전문가는 다른 사람을 돌보는 데 관심을 가지고 베풀기 좋아하는 경향이 있는데, 정작 자신을 돌보는 데에는 그리 많은 투자를 하지 않는 경우가 있다. 9장에서는 자기돌봄이 사치가 아니라 윤리적 의무사항이라는 입장을 제시하였다. 우리가 자신을 돌보지 않으

면 우리의 내담자는 가장 최선의 서비스를 받지 못한다. 결국 우리
가 자신을 모든 측면에서 잘 돌보지 않으면 다른 사람에게 서비스
를 제공해야 하는 우리의 임무를 수행하지 못하게 된다. 이 장에서
는 여러분 스스로를 돌보는 구체적인 방법을 제시하였는데, 여기에
는 스트레스 관리, 일상생활에서 마음챙김, 생활의 균형을 찾고 유
지하기 등이 포함되어 있다.

　나는 여러분이 이 책을 개인적으로 활용하여 나의 전문적 여정을
통해 제시된 교훈에서뿐만 아니라, 여러 장에서 다양한 사람들이
개인적인 이야기를 통해 제시한 통찰과 경험에서도 영감을 얻기를
진심으로 바란다. 여러분이 성공적인 여정을 밟아 가면서 언젠가는
우리의 여정이 어떤 전문 학술대회에서 닿게 되기를 소망한다.

2013년 5월

Gerald Corey

나는 이 책『Creating Your Professional Path: Lessons From My Journey』에 대한 아이디어를 5년 전부터 생각해 왔다. 학생들을 여러 방법으로 멘토링해 주는 것이 나의 중요한 전문적 활동이었듯이 나는 나의 개인적인 경험과 전문적인 경험에서 배운 바를 이 책에서 여러분에게 나누어 줌으로써 여러분의 멘토가 되고 싶었다.

이 책은 여러 면에서 자서전의 모습을 가지고 있다. 나는 교육, 저술, 자문 등에 초점을 두어 나의 전문적 경로가 어떻게 발달해 왔는지를 이야기하였고, 나의 개인적인 경험과 전문적인 경로가 어떻게 서로 연관되는지를 보여 주었다. 나는 전문적 여정 속에서 다음과 같은 여러 직위를 거쳤다. 바로 고등학교 교사, 지역대학 심리학 강사, 교사 교육자, 개인 및 집단 상담자, 자문가, 심리학자, 상담교육자였다. 나에게는 교육자가 되고 싶은 열정이 있는데 이제 여러분은 내가 주로 어떤 과목들을 가르쳤고, 내가 교육활동을 통해 무엇을 얻었으며, 교사로서의 경험을 통해 배운 교훈이 무엇인지를 알게 될 것이다. 물론 여러분의 길은 나의 길과 다르겠지만 나는 여러분이 나의 여정에서 나온 여러 교훈을 여러분 자신의 개인적 · 전문적 경로를 만들어 가는 과정에 적용해 나가기를 바란다.

나는 독자인 여러분을 직접 만나 개인적으로 이야기하듯이 이 책을 쓰려고 했다. 나는 대학원 상담프로그램에 다니는 학생, 최근에 졸업한 사람, 초보 전문가, 다른 사람을 지금 멘토링하거나 앞으로 멘토링할 사람 등을 염두에 두고 책을 썼다. 내가 내 여정으로부터 지금까지 배워 온, 그리고 지금도 배우고 있는 교훈을 이야기할 때 여러분은 자신의 전문적 여정을 돌아보기를 바란다. 내가 배운 교훈과 더불어 18명의 대학원 학생과 초보 상담전문가들이 자신의 전문적 여정에 대한 이야기를 제시해 주었다. 이들은 자신의 비전을 나누고, 자신이 직면한 도전과 장애를 설명하며, 원하는 진로를 추구하는 데 도움이 되었던 것을 강조하고, 여러분의 학교 경험을 최대한 활용하는 데 도움이 되는 제안을 해 주었다. 이들의 개인적인 이야기는 서로 다르지만 공통적인 점이 있다. 이들은 모두 목표를 추구하는 과정에서 내적·외적 장애를 만났고 여러 형태의 고난을 겪었지만 이런 어려움 때문에 중단하지 않고 자신들의 전문적인 여정을 계속하였다.

이 책은 멘토링을 다루고 있다. 나는 넓은 의미에서 멘토링이라는 용어를 사용하였는데 여기에는 교사, 코치, 조언자, 스폰서, 개인적 및 전문적 발달 촉진자, 격려자, 동료, 절친, 친구, 상담자, 역할모델, 자원이 되는 사람 등이 관련된다. 멘토링은 순환적인 과정으로서 내가 멘토링한 많은 사람들이 지금은 다른 사람들을 멘토링하고 있으며, 이 순환 과정은 계속되고 있다. 우리 대부분은 전문적으로 하고 싶은 일에 대하여 최소한 막연하게라도 생각을 가지고 있지만 이를 실현하기는 쉽지 않다. 우리는 목표를 이루기 전에 극복해야 할 내적·외적 장애를 직면할 수 있다. 나는 이 책에서 나 자신을 믿을 수 없을 때 나를 격려해 주었던 몇 명의 사람들을 소개한다. 우리는 대개 우리의 고유한 길을 가도록 도와준 중요한 멘토를 기억하며, 또한 이런 도움을 다른 사람에게 되돌려 주고 싶어 한다. 내가 보기에 멘토링은 우리가 다른 사람에게서 멘토링을 받은 과정과 이제 우리가 배운 것을 다른 사람에게 전해 주기 시작하는 과정을 포함한다. 내게 있어 인생의 의미는 되돌려주고 변화를 만들기 위해 노력하는 데 있다. 나는 여러분들이 자신을 위해 만들고 싶어 하는 개인적이고 전문적인 여정이 어떤 것인지 생각해 보도록 자극을 주고 싶다. 이 책은 기법 훈련서나 수업 교재, 매뉴얼 등은 아니지만 이 책이 목적하는 바를 이루게 된다면 여러분에게 개인적으로 실제적인 도움이 될 것이다.

이 책의 각 장 끝에는 해당 장에서 이야기한 주제들에 대한 심층적인 논의를 다룬 추천 도서들을 제시하였다. 나는 여러분이 나를 비롯한 여러 사람의 개인적이고 전문적인 여정에서의 전환점에 대한 이야기를 통해 여러분의 진로와 개인적 삶을 의미 있게 만들어 가고자 열정적으로 노력하는 힘을 얻기를 바란다.

이 책의 개요

1장(개인적이고 전문적인 여정에서의 전환점과 상념)은 아동기로부터 지금까지의 내 개인적인 생활을 그리면서 나의 전문적 경력 발달 과정에 있었던 전환점의 의미를 제시하였다.

2장(상담자의 인성과 전문성)에서는 인간으로서의 상담자와 전문가로서의 상담자를 통합하는 주제를 다루었으며, 우리가 어떤 사람인가가 어떻게 전문가로서의 우리의 생활에 영향을 주는지를 보여 주었다.

3장(멘토링받기와 멘토링하기)에서는 6명의 대학원 학생과 초보 전문가들이 개인적인 이야기를 통해 멘토링받은 경험과 다른 사람을 멘토링함으로써 자신이 받은 것을 되돌려주는 생활에 대해서 이야기하고 있다. 이 장에서 나는 내가 멘토들로부터 받은 교훈, 멘토링이 나에게 의미하는 바, 멘토링에 대한 나의 견해, 멘토링 관계에서 최대한 이익을 얻는 방법 등을 제시하였다.

4장(상담에 대한 개인적인 접근 개발)에서는 상담과 심리치료에 대한 나의 개인적인 접근을 발달시키는 데 영향을 미친 여러 이론가와 저자들을 설명하였다. 그리고 나는 이론의 통합에 대한 내 의견을 제시하고, 통합적 접근의 상담을 개발하는 지침도 제공하였다.

5장(집단상담으로의 여정)에서는 내가 집단상담 분야에 교육자, 촉진자, 훈련자, 슈퍼바이저, 저술가 등으로 참여하게 된 과정을 추적하였다. 나는 다양한 집단에 구성원으로 참여했던 경험에서 배운 교훈을 나의 집단상담 접근 개발에 어떻게 활용했는지를 보여 주었다.

6장(윤리적 상담자 되기)에서는 윤리적 상담에 대해 내가 배운 교훈을 다루었다. 윤리교육에 대한 나의 접근과 학생들이 윤리적 딜레마를 다루는 방법을 개발하도록 돕는 나의 방법에 초점을 맞추었다.

7장(진로여정을 선택하기)에서는 의미 있는 진로여정을 만들어 가는 것에 관한 생각을 제시하였다. 7명이 개인적인 이야기를 통해 어떻게 자신의 열정을 확인하였는지와 자신의 전문적 여정을 만들어 가는 과정에서 만난 도전을 어떻게 다루었는지를 보여 주었다.

8장(저술가 되기)에서는 다양한 형식의 글쓰기—수업 보고서, 논문, 학술대회 제안서, 사례 보고서, 추천서, 학술지 논문, 저서—에 대한 아이디어와 제안을 제공하였다. 나는 내가 글쓰는 방법을 상세하게 설명하면서 독자들이 자신의 특성에 맞는 저술 방식을 발견하도록 격려하였다.

9장(자신을 돌보기)에서는 자기돌봄이 사치가 아니라 윤리적 명령이며 필수사항이라는 주제를 다루었다. 나는 나의 자기돌봄 경험을 이야기하면서 내게 도움이 되는 것과 나의 자기돌봄의 한계에 대해서도 언급하였다. 나는 우리가 바라는 전문적 여정을 만들어 가기 위해 필요한 힘을 갖기 위해서는 우리의 활력을 유지하는 것이 얼마나 필수적인지를 이야기하였다.

감/사/의/글

나의 아내이며, 동료, 친구인 마리안느 슈나이더 코리(Marianne Schneider Corey)에게 특별한 감사의 마음을 전한다. 그녀는 내가 각 장의 초고를 쓰면 이를 읽고 솔직하게 그리고 건설적인 비판적 제안을 해 주었으며, 이 책을 저술하는 과정에서 나와 책의 아이디어에 대해 브레인스토밍을 해 주었다. 그녀는 이 책 저술의 참된 협력자로서 내가 정직하고, 인간적이며, 집중할 수 있도록 해 주기 위해 최선을 다하였다. 나는 내 원고를 읽고 소중한 피드백을 준 다음의 여러 사람들에게도 감사의 뜻을 전하고 싶다.

- 짐 비터(Jim Bitter), East Tennessee State University
- 패트릭 칼라난(Patrick Callanan), California State University at Fullerton
- 밥 헤인스(Bob Haynes), Borderline Productions
- 셰릴 헤인스(Cheryl Haynes), registered nurse and editorial assistant for Borderline Productions
- 메리 케이트 리스(Mary Kate Reese), Argosy University, Atlanta
- 마이클 러셀(J. Michael Russell), California State University at Fullerton

미국상담학회의 출판위원장인 캐롤린 베이커(Carolyn Baker)에게 특별한 감사를 드린다. 캐롤린은 이 책에 대한 아이디어가 실현되도록 해 주었고, 나를 계속 격려해 주었다. 그리고 전체 원고를 검토하여 통찰력 있는 논평과 제안을 해 주었고, 책을 써 가는 각 단계마다 지지와 지침을 제공해 주었다. 우리가 쓰는 모든 책의 편집자인 케이 미켈(Kay Mikel)에게도 특별한 감사의 표시를 한다. 그는 표현이 명확하고 함축적이며, 개인적이고 효과적이 되도록 방대한 작업을 해 주었다.

또한 자신의 개인적이고 전문적인 여정에 대한 정직하면서도 감동적인 이야기를 제공해 준 18명에게 감사와 존경의 마음을 전한다. 이들에 대해서는 이 책에 참여한 사람들 부분에서 상세하게 이야기할 것이다.

차 / 례

CHAPTER 01 개인적이고 전문적인 여정에서의 전환점과 상념 • 25

CHAPTER 02 상담자의 인성과 전문성 • 51

CHAPTER
06

윤리적인 상담자 되기 • 205

CHAPTER
07

진로여정 선택하기 • 243

개인적이고 전문적인
여정에서의
전환점과 상념

🐾 들어가는 말

　나의 전문가로서의 여정에 대한 독자의 이해를 돕기 위하여 내
생애에 있어 중요한 몇 가지 사건과 기억을 간단하게 소개하고 그
경험으로부터 배운 것을 이야기하려고 한다. 이는 과거의 사건이
현재 나의 개인적이고 전문적인 삶과 연결되어 있다는 것을 보여
주기 위해서다. 나는 초등학교부터 대학원까지의 학교생활 경험을
다루었는데, 여기에서 내 과거가 나의 현재와 미래의 상담전문가로
서의 꿈에 어떻게 기여했는지를 알 수 있다.

🐾 내 여정에서의 중요한 발달

　내 삶의 개인적인 측면과 전문적인 측면은 이제 내가 기술할 전
환점들에서 보여 주듯이 서로 얽혀 있다.

멍한 학교생활

　다섯 살에 나는 유치원에서 중도 탈락했다. 등교 첫날 나는 유치
원에 머물러 있지 못하고 어머니를 따라 거리로 달려갔는데 이는
세상에 던져지는 것에 대한 두려움과 의존성을 상징하는 사건이었
다. 나는 외롭고 상처 입은 불안정한 아이여서 세상이 내게 요구하

는 것을 마주치고 싶지 않았다. 나의 자신감은 바닥 수준이었다.

초등학교 내내 나는 좌절과 반항을 계속하는 고통의 길을 걸었다. 나는 가톨릭 문법학교를 다녔는데, 학교생활을 그리 잘 하지 못했다. 사실 나는 학교를 싫어했다. 우리는 교리문답서(종교적 진리에 대한 질문과 대답을 다룬 책), 곱셈 표, 주요 국가의 수입과 수출 등을 암기해야 했다. 나는 너무나 따분했고 내가 배우는 것들 중 어떤 것이 어떻게 도움이 될지 알 수 없었다. 5학년 때는 너무 저항이 심해서 1년 더 같은 학년을 다녀야 했다. 나는 내가 학교를 따라갈 수 없고 부모를 실망시킨 것이 부끄러웠다. 나는 6학년에 올라간 다른 아이들과 내가 아주 다른 아이라고 생각했다. 남은 초등학교 기간 동안 나는 학급에서 어릿광대 역할을 하였는데 이는 지금도 내 성격의 한 부분으로 남아 있다. 나는 초등학교에서 순종해야 한다는 것과 그렇지 않으면 대가를 지불한다는 것을 배웠다. 나의 담임은 내가 나의 잠재력만큼 노력하지 않고 있으며, 만약 내가 조금 더 열심히 학교공부를 한다면 더 잘할 수 있다고 반복하여 말해 주었다. 그러나 나는 결코 그 말을 따르지 않았다.

독자들은 내가 9학년쯤 되면 학교에서 어느 정도 성공적으로 적응했으리라 기대할지 모르겠으나 열다섯 살의 가톨릭 학교 남학생으로서의 생활은 이전의 학교생활에서 더 나아진 것이 없었다. 나는 정말 성공하고 싶었으나 완전히 겁을 먹었고, 내가 수업을 제대로 마칠 수 있을까 하는 자신감도 전혀 없었다. 내 삶은 거칠고 적대적이 되었으며, 내가 학교를 마치기나 할 수 있을까 하는 걱정도 하였다. 나는 대수, 지리, 화학에서 낙제했고 타자는 D로 통과했다. 나는 라틴어를 4년간 배웠지만 지금 기억하는 것은 Mea culpa, mea culpa, mea maxima culpa(내 결점으로 인해, 내 결점으로 인해, 내 가장 통탄할 결점으로 인해)뿐이다. 고등학교 생활은 내가 이전 학교생활에서 배운 것을 확인해 주었다. 즉, 권위에 대한 복종과 존경, 순응은 칭찬과 좋은 성적, 명예로 보상받는다는 것이다. 이 청소년기는 더 고통스러웠는데 나는 미치지 않기 위해 부인(denial)과 철수(withdrawal)라는 방어기제를 사용하였다. 나는 무의미하게 느껴졌고, 내 삶의 어떤 의미나 목적도 발견할 수 없었다.

나는 고등학교 1학년에 색소폰을 배우기 시작해서 밴드에 가입했다. 음악은 어느 학교에서나 실기를 기초로 하면서도 진보가 쉽게 보이는 몇 안 되는 과목 중 하나다. 음악을 잘하게 되면서 학교 가는 것이 더 즐거워졌고, 처음으로 성공을 맛보게 되었다. 새로 얻은 자신감을 가지고 나는 공부에 전념하였다. 나는 여러 과목에서 꽤 잘하였고 심지어 고등학교 교사가 되겠다는 결심을 하기도 했다. 두 명의 교사가 나에게 지지와 격려를 보내 주었다. 그들은 젊은이를 위해 살아가면서 이들을 돌보는 방법을 몸소 보여 주었고, 내가 청소년들과 함께 일하겠다고 결심하는 데 주된 역할을 해 주었다. 내가 다른 청소년들이 자기 길을 찾도록 도울 수 있다면 나도 나 자신을 이해하게 될 것이라고 생각했다.

유치원에서부터 고등학교까지의 내 힘든 삶의 경험에서 배운 것은 학교에서 가르치는 과목이 실생활과 연관이 없다면 학생들이 성공할 수 없다는 것이다. 관심이 가는 몇 개의 과목을 발견하고 일부 교사들로부터 지지를 받게 되면서부터 나는 학교생활에서 의미를 발견하기 시작했다.

사람들과 관계 맺기

20대 초반에 나는 예수회에서 운영하는 가톨릭 학교인 로욜라 대학교에 다녔다. 고등학교 교사가 되려는 내 목표를 이룰 수 있다는 확신이 강해지고 대학 밴드의 일원이 되어 내 자존감은 높아졌다. 나는 색소폰 연주자와 밴드 장비에 대한 '자산 관리자'로서 장학금을 받기도 했다. 나는 음악석 재능은 조금도 없었지만 공동체의 일원이 되어 일하는 것을 즐겼다. 학문적 영역에서는 내가 수강하던 심리학 과목들에 대한 흥분으로 인하여 진로 방향을 결정하게 되었다. 이 과목들은 추상적인 주제가 아니라 삶과 관련되어 있었고 나는 곧 내 학부 학위 프로그램으로 심리학을 선택했다.

심리학을 전공하게 된 내 결정은 로욜라 대학교 심리학과의 창설자이자 유일한 교수였던 피터 시클릭(Peter Ciklic) 교수에게 크게 영향을 받았다. 나는 시클릭 신부의 수업을 다 들었으며, 그는 나에게 중요한 멘토가 되었다. 나는 각 과목에서 배울 수 있는 것을 모두 배우고자 하였고, 그런 나에 대한 시클릭 교수의 관심으로 인해 나는 더 열심히 공부하게 되었다. 그는 나에게 박사 과정까지 해 보라고 격려하였고, 최선을 다하는 나의 노력은 결실을 보기 시작했다. 결국 나는 상담학 석사와 중등 교사 자격을 취득하면서 대학원 과정을 마쳤다. 게다가 나는 내가 스스로에 대해 의심을 가질 때에라도 멘토는 내가 집중하고 동기를 갖게 해 주는 힘이 있다는 중요한 교훈을 얻을 수 있었다. 내가 졸업하자 바로 시클릭 신부는 나를 새로운 심리학 과목 시간강사로 채용하였고 이는 교사와 상담자로서의 진로 결정을 굳게 하였다.

1960년대 초에 나는 캘리포니아의 휘터 고등학교에서 영어, 사회과학, 심리학을 가르치기 시작하였다. 가르치는 것은 매우 보람된 일이었다. 나의 초등학교와 고등학교 경험은 내가 되지 않으려하는 교사의 모습을 분명하게 알려 주었다. 나는 학생이 개인적인 흥미를 가지고 학습하도록 하며, 학습이 재미있고 학생의 생활과 개인적으로 연관되도록 하기 위해 최선을 다하였다. 나는 기꺼이 모험을 감수하고자 하였고 내 모든 수업에서 새로운 교육방법을 실험하였다. 나는 교사가 된 것을 즐거워했으며 수업 준비에 전념했다. 영어 수업에서 '내 삶의 의미' '내가 24시간만 살 수 있다면 무엇을 할 것인가?' '나의 가치와 삶의 선택'과 같은 주제로 수필을 쓰도록 하기도 하였다. 나는 학생들이 자신이 누구이며 삶에서 가장 원하는 것이 무엇인지를 잘 알도록 돕고 싶었다. 마침내 나는 내가 열망하였던 심리학 수업을 가르치게 되었다. 나는 그 수업의 교재가 그리 마음에 들지 않았기 때문에 내 노트를 따로 작성해서 학생들을 위해 소책자로 만들었다.

고등학교에서 4년간 가르친 후에 지역대학(community college)에서 심리학을 2년간 가르쳤다. 나는 학생들로 하여금 자기탐색을 하고 개인적인 관심사를 이야기하게 도전하는 방식으로 심리학 입문 과목을 운영하였다. 나의 과목은 토론과 소집단 작업을 강조하였는데 이는 집단상담에 대한 내 관심을 증폭시켰다. 사실 나의 박사 논문은 심리학 입문 수업에서 강의방법과 소집단 토론방법을 비교한것이었다. 이 분석으로 인해 토론과 상호작용 접근을 모든 심리학과목에 적용하게 되었고, 그 후 40여 년간 지속적으로 이 방법을 발달시켜 왔다. 고등학교 교사와 지역대학 교수로서 나는 내가 가르치는 주제를 학생들의 생활에 연관시켜서 학습을 자신의 것으로 만드는 일에 열정을 바쳤다. 나는 학생들이 토론과 경험적 활동에 적극적으로 참여하도록 하는 여러 방법을 개발하였다. 내가 가르치는 경험을 통해 배운 바는 학생들은 단지 강의를 듣고 필기를 하는 것만으로는 학습내용을 자신의 것으로 만들지 않는다는 것이다. 학생들은 질문을 하고 자신의 생각과 경험을 나누고, 자신에게 개인적으로 의미 있는 주제에 대해 나른 사람들과 상호작용을 하고, 일상생활에서 경험하고 수업시간에 배운 것에 대해 생각하고 글을 쓰면서 학습내용을 내면화한다.

뜻밖의 자리에서 만난 멘토

고등학교와 지역대학에서 6년여간 가르치면서 나는 남캘리포니아 대학교(University of Southern California)의 상담학 박사 과정 프로그램을 다녔다. 상담과목은 재미있었지만 나는 통계과목이 싫어서 박사 과정을 마치지 못할까 봐 두려워하였다. 나의 지도교수인 제인 워터스(Jane Warters) 박사는 나의 두려움을 잘 살펴볼 수 있게 해 주었다. 그녀는 통계를 위해 필수적인 수학책을 읽어 보도록 권해 주었으며, 아주 참을성이 많은 교수를 한 명 추천해 주었다. 그녀는 "제리, 웰티 레페버(Welty Lefever) 박사의 수업을 들으면 넌 분명히 그 수업을 통과할 수 있을 거야."라고 말해 주었다. 워터스 박사는 나의 매우 낮은 GRE 점수가 내 능력을 정확하게 보여 준다는 것을 믿지 않았으며, 나에게 이 시험을 다시 치르라고 권했다. 그래서 GRE를 두 번 더 보았지만 어느 것도 내 빈약한 점수를 올려 주지는 못했다. 지금 내가 박사 과정에 지원한다면 내가 합격할 수 있을지 의문이다. 나는 시험성적 하나만으로는 우리의 능력과 자질을 정확하게 파악할 수 없다고 생각하며 학생들에게 시험성적이 낮다고 목표를 포기하지는 말라고 말해 준다. 세월이 지났지만 일부 학교들만이 학교에서의 성공을 이런 시험성적으로만 보는 데서 벗어나고 있다.

통계와 씨름하는 학기에 나는 통계수업을 마치고 귀가할 때 심한 두통을 느끼곤 했다. 내가 일하는 고등학교의 관리인으로 일하던 짐 존슨(Jim Johnson)은 수학교사가 되기 위한 공부를 하고 있었다. 짐은 내 공부에 특별한 관심을 보이면서 매일 저녁 칠판에 수학 문제를 써 놓고 내가 그 숙제를 하도록 했다. 내가 수학에 대한 두려움 때문에 프로그램에서 낙제할지도 모른다고 느낄 때마다 워터스 박사와 짐은 내가 열심히 하려고 하면서 견디기만 하면 나의 목표를 달성할 수 있다고 조용하게 격려해 주었다. 쉽게 두려움에 사로잡혔지만 빨리 그것에서 벗어나면서 두려움은 도전으로 변화되었고 결국 극복되었다. 나는 두려움을 표현하면 그것을 다룰 수 있게 되며, 자신을 개방하는 것이 도움이 된다는 것을 배웠다. 결국 과외 수업의 도움으로 나는 겨우 통계과목을 통과하였다. 이 경험을 통해 나는 어려운 과목을 배우기 위해 내가 더 훈련을 받아야 한다는 것을 깨닫게 되었다. 배우기 위해 필요한 노력과 시간을 투자하지 않는다면 다른 사람의 격려는 아무 소용이 없다.

그래서 짐과 나는 지금까지 오랜 친구관계를 유지하고 있다. 1980년대 그는 내가 책을 저술하고 개정하기 위해서 컴퓨터를 구입해야 한다고 생각했다. 그때까지 나는 내 원고를 손으로 작성하였고 결국 이동용 타이프라이터에 일일이 타자를 쳤다(나는 타자 수업에서 D 학점을 받았었다!). 지금은 짐이 나의 매킨토시 멘토여서 내게 문제가 생길 때마다(자주 문제가 발생한다) 나는 그를 불러 도움을 요청한다. 그는 내 불평을 참을성 있게 들어 주고, 내가 "내가 컴퓨터를 사지 말았어야 했어. 노란색 노트에 펜으로 원고를 쓸 때가 삶이 훨씬 더 단순했는데."라고 말하면 웃어 버린다. 도움이 필요할 때 주저하지 말고 요청하라. 도움은 내기 학교 관리자를 만났을 때처럼 예상치 않은 방식으로 오기도 한다. 나는 우리 모두가 전문가로서의 여정을 밟아 가면서 열린 마음으로 필요한 도움을 요청할 수 있기를 바란다.

개인적 삶에서의 전환점

나의 20대와 30대는 개인적으로나 전문적으로 아주 힘든 시기였다. 내가 스물네 살 되던 해 독일에서 온 마리안느 슈나이더(Marianne Schneider)를 만나면서 삶에 중요한 전환이 일어났다. 우리는 3년 동안 서로에 대해 저울질해 보는 시기를 거친 후에 독일에서 결혼했다(이에 대해서는 2장에서 더 이야기한다). 또 다른 주요한 전환점은 내 나이 서른 살에 일흔이셨던 아버지가 돌아가신 것이다. 아버지가 돌아가시기 몇 달 전에 나는 나의 딸 하이디(Heidi)의 아버지가 되었다. 2년여 후에 신디(Cindy)가 태어나 나는 두 아이의 아버지가 되었다. 나의 아버지는 하이디가 독일어를 할 때까지 살고 싶다고 하셨지만 그 아이가 생후 3개월 정도 되었을 때 돌아가셨다. 비록 아버지는 두 손녀가 독일어를 하는 것을 보지 못하고 돌아가셨지만 이 아이들을 자랑스러워하시리라 생각한다.

결혼한 지 몇 년 안 되어 두 딸의 아버지가 된 것은 내가 준비하지 않았던 개인적인 도전이었다. 나는 남편과 아버지가 되는 것을 힘들게 배워 갔다. 한편으로는 일에 집중하느라 가족을 소홀히 하게 되어 남편과 아버지의 역할을 잘 배우지 못했다. 나는 내가 추구하는 전문적 활동에 과도하게 빠져 있었기에 지금의 내가 보기에 결혼 초기에 나는 가족생활과 직업 생활의 균형을 잘 맞추지 못했다. 일에 미쳐 있으면서도 우리는 가족휴가를 가고, 매년 여름 몇 주간 독일을 방문하고, 바다와 산으로 자주 놀러 갔으며, 다른 가족과 야외활동을 나갔다. 또한 주말에 나의 어머니 집을 방문하여 아이들이 할머니와 특별한 시간을 보내는 동안 나와 마리안느는 둘만의 시간을 갖기도 했다. 이렇게 가족만의 그리고 부부만의 시간을 갖는 것은 우리가 전문가로서 생산적인 생활을 해 나가는 데 중요한 역할을 하였다.

전문적 생활에서의 전환점

나는 서른 살에 포모나(Pomona)에 있는 캘리포니아 주립 폴리텍 대학교(California State Polytechnic University: Cal Poly) 교사 교육학과의 조교수와 대학 상담자로 채용되었다. 상담자로서 나의 업무는 개인상담과 집단상담 그리고 홍보활동이었다. 상담자로서의 업무 이외에 나는 초등학교나 중학교 교사가 되려고 준비하는 학생들에게 이상심리학, 청소년심리학, 교육심리학 등을 가르쳤다. 나는 학생들이 학습자로서의 자신의 경험을 돌아보고 그들이 배웠던 방식과 어떻게 다르게 가르칠 것인지를 찾아볼 것을 격려하였다. 교사 교육학과 교수로 있으면서 나의 첫 작품인 『Teachers can make a Difference』를 써서 1973년에 출판하였다. 비록 그 책이 베스트셀러가 되지는 않았고, 몇 년 후 절판이 되었지만 책을 출판해 본 경험은 나에게 하나의 전환점이 되었다. 나는 내가 가르치는 것에 대해 쓰면, 그리고 내 관심사를 계속 유지하면 책을 쓴다는 것이 현실이 된다는 것을 알게 되었다. 그 책에서 나는 이 장의 앞부분에서 이야기했던 학습자로서의 내 경험과 암기식 교육이 교사가 되려는 학생들에게 미치는 부정적인 영향에 대해 이야기하였다. 나는 혁신적인 수업으로 학생들의 삶에 변화를 만들어 가는 여러 교사에 대하여 썼다. 나는 교사 교육에 대한 인간적인 접근과 우리의 학교를 혁신하자는 도전, 그리고 우리가 가르치는 학생들의 삶에 어떻게 의미 있는 변화를 줄 것인가에 대해 말하였다.

책을 완성하려는 목표에 집중했기 때문에 좌절스러운 상황에서도 계속 할 수 있는 동기를 유지할 수 있었다. 나는 학급에서의 학습을 개인화하는 방법을 만드는 것에 대한 내 생각을 나눠 주고 싶었다. 비록 내가 책을 쓰고자 하는 동기가 높았고, 생각하며 저술하기 위한 시간을 따로 떼어 놓았지만 저술은 순탄한 과정이 아니었다. 사실 자주 나는 어떤 단어를 써야 하는지에 대해 고민하였고, 내가 과연 말할 만한 무엇인가를 가지고 있는가 하는 의문을 갖기도 했다. 다음에 제시한 1970년대 초 일기의 일부분은 당시 나를 괴롭혔던 저술가로서의 자기의심을 보여 준다.

오늘 나는 정말 내 책의 한 장(chapter)을 쓰려고 했다. 자리에 앉았지만 아무것도 떠오르지 않았다. 무엇인가를 썼지만 진부하고 딱딱해 보였다. 내 생각을 조직하거나 발전시킬 수 없다—아무것도 떠오르지 않는다. 모든 것이 꽉 막힌 것 같다. 완전히 하루를 날려 버렸다—어떻게 해야 하지? 몇 개의 연결되지 않는 문단들—전혀 묶여지지 않는다. 이제 더 이상 쓸 수 없을 것 같다. 얼어붙은 것 같은 느낌-고정—이 싫다.

이 책의 8장에서 나는 작가가 되는 것의 즐거움과 고통을 포함해서 책을 쓰는 과정에 대해 기술하였다.

저술, 강의, 교생지도, 개인상담, 개인성장 집단상담 운영 등과 더불어 나는 심리학자 면허를 취득하기 위해 노력했다. 면허를 취득하기 위해서는 사설 상담기관에서 개인상담 실시, 마라톤 치료 집단 공동지도, 대학상담소 상담자로 근무 등에 대한 슈퍼비전을 받아야 했다.

대학생 집단상담 기획 및 진행

나는 캘리포니아 주립 폴리텍 대학교의 대학상담센터에서 일하기 시작하면서 많은 학생을 개인상담하고, 대학생 집단상담을 많이 진행하였지만 내가 효과적으로 상담한다는 느낌을 갖기가 어려웠다. 내 자존감은 추락하기 시작하였고, 내가 숙련된 상담자가 될 수 있을까 하는 의심을 하기에 이르렀다. 게다가 나는 훈련과정에서 슈퍼바이저로부터 인정이나 격려를 많이 받지 못했다. 한 동료는 내가 교사로서 더 잘 할 수 있을 것이니 상담심리학자가 되겠다는 꿈은 포기하는 것이 좋겠다고도 했다. 이런 말을 듣는 것은 좌절스러웠지만, 나는 상담자로서 새로운 경험을 향해서 나를 열어 가기로 결심했으며, 내가 이 도전을 성공적으로 극복할 수 있는지를 알아보기 위해 얼마 동안 헌신하기로 했다.

센터에서 일하면서 나는 학생들이 학교에서 제공하는 개인상담과 진로발달 기회를 모르고 있다는 사실을 알게 되었고, 그래서 건강교육 수업에 가서 이런 서비스에 대해 말하기 시작하였다. 센터의 다른 상담자들과 함께 나는 과정집단, 성장집단, 심리교육집단 등 10주 단위의 여러 가지 집단을 기획하였다. 이런 홍보의 효과로 우리 집단은 인원이 채워지기 시작했다. 집단상담에 대한 나의 관심은 더욱 커졌으며, 나는 학생들을 개인적으로 만나는 것보다 집단으로 만나는 것이 더 효과적일 수 있다는 것을 발견하였다. 때로 나는 센터의 다른 상담자와 함께 공동으로 진행을 하였는데, 이것이 집단을 더욱 발전시켰다. 나와 공동지도자는 집단상담 전후로 만나서 집단에 대한 계획, 진행, 평가를 실시하였다. 나는 상담을 녹화하여서 매주 그것을 검토하고 무엇이 효과적이고 무엇이 효과적이지 않은지를 알아보는 것이 좋은 상담 진행이라고 생각한다. 공동지도자와 신뢰와 돌봄의 관계가 형성되어 있다면 함께 이 자료를 보면서 효과적인 피드백을 나눌 수 있다. 다른 상담자와의 이런 공동 지도경험은 관심있는 모든 것에 대한 멘토링 경험이 되며, 동료 슈퍼비전의 형식을 띤다. 몇 년간 이런 집단을 하고 나니 집단지도자로서의 자신감이 생기고, 나와 공동지도자는 학생들로 하여금 그들이 관심을 보이는 공통된 주제를 탐색하도록 돕는 창조적인 방법들을 개발하게 되었다.

CHAPTER 01 개인적이고 전문적인 여정에서의 전환점과 상념 나는 대학상담센터의 상담자로 있으면서 비록 외부에서 인정해 주지 않더라도 지속하는 것이 중요하다는 것을 배웠다. 내가 처음 이 일을 시작할 때는 내가 기대한 만큼 효과적이지 않을 수 있다고 스스로에게 말해 주는 것이 도움이 되었다. 중요한 타인의 인정이 주어지지 않을 때에도 지속하는 것이 어려웠지만 나는 내가 다른 사람에게서 구했던 인정을 나 자신에게서 찾는 것을 배우게 되었다. 나 자신의 개인상담과 집단상담에서 했던 개인적 작업을 통해 어떤 통찰과 관점을 갖게 되었다. 또한 친구와 가족으로부터 받은 도적적이고 건설적인 피드백을 통해 어떤 진리를 알게 되었고 중요한 행동변화를 하게 되었다.

나는 여러분이 자기의심을 경험할 때 포기하지 말고 자신을 얽매는 어떤 것에 대해서도 도전하기를 바란다. 어떤 때는 상담전문가로서의 미래를 생각하며 흥분하기도 하지만 어떤 때는 좌절하고 이 모든 것이 노력할 가치가 있는지에 대해 의심할 수도 있다. 당신이 자신의 개인적 삶을 계속 탐색해 간다면 당신은 실존적 문제로 고통스러워하는 다른 사람을 도울 수 있는 준비를 해 가는 것이다.

모험을 감수하며 자기의심을 직면하기

나는 캘리포니아 주립 폴리텍 대학교에서 가르치는 것이 행복했고, 그곳에서 5년간 상담자로서 일하는 것을 좋아했다. 그때 새로운 기회가 나의 전문가로서의 여정에 나타났다. 내게 다가온 기회는 분명 위험해 보였다. 나의 이전 슈퍼바이저 중 한 명이 풀러톤 소재 캘리포니아 주립대학교(California State University at Fullerton: CSUF)

학부에 혁신적인 대인 서비스 프로그램을 개설하여 그의 수업을 방문하였었는데 나는 그 학생들에게서 큰 감명을 받았다. 그는 이 프로그램에서 가르치는 것을 시도해 볼 것을 권했다. 혁신적인 학생 중심 프로그램의 일원이 된다는 기대로 인해 이미 정년이 보장된 직장으로부터 이 새롭고 불확실한 자리로 옮기게 되었다. 35세에 나는 CSUF의 ID센터(Interdisciplinary Center)에 조교수라는 새로운 직책을 갖게 되었다. 이 센터가 소속된 대학사회의 한 부분으로서 혁신적인 과목과 프로그램을 개발하고자 하는 영어교수 한 명과 여러 학문 분야의 교수들이 동참하였다. 플라톤으로부터 조이스(Joyce)까지의 사랑의 정의, 동서양의 자아에 대한 질문, 자기실현 집단, 재즈의 과거와 현재, 그리고 미래, 요가, 성격과 갈등 등 여러 과목이 개설되었다. ID 센터는 전통적인 학과에는 맞지 않는 여러 과목을 개설하였으며, 그로부터 여러 프로그램이 만들어졌는데, 그 중 종교 연구 프로그램과 대인 서비스 프로그램은 나중에는 학부 학과가 되어 지금까지 운영되고 있다.

이때가 아마도 아버지가 나에게 주었을 것이 분명한 안전하고 잘 알려진 곳에 머물러 있으라는 충고를 거부한 때다. 가장 전문적인 이동은 새롭고 흥분되는 기회와 함께 위험을 동반한다는 것을 다시 배웠다. 나는 전망이 별로 없는 익숙한 길에 머무르기보다는 위험을 동반하는 잘 알려지지 않은 길을 선택해 왔다.

CSUF의 대인 서비스 프로그램은 정말 독특해서 똑똑하고 열정적인 학생들이 매력을 느꼈다. 이 프로그램은 인지와 정서 영역을 통합하고자 하였는데 이것이 나의 관심을 사로잡았다. 대인 서비스 전공 학생들은 이 수업이 학문적으로 힘들면서도 개인적으로 의미가 있다고 생각했다. 논쟁적인 ID 센터에 관여하면서 나는 한 프로그램에서 변화를 만들면서도 전통적인 체제에서 살아남는 전략을 배웠다. 나는 모든 과목의 개설근거뿐 아니라 프로그램에 대한 명확한 사명진술문을 개발하고 개정하는 것과 비전이 외부적 요인으로 인해 위협을 받을지라도 그 비전을 고수하는 용기를 갖는 것이 얼마나 중요한지를 알게 되었다.

CSUF에서 내가 참여하여 발전시킨 대인 서비스 프로그램도 학내에서 심각한 논쟁의 대상이었다. 프로그램이 많은 비전통적인 과목들로 구성되어 있고, 학생의 개인적인 성장을 다루고 있기에 좀더 전통적인 프로그램의 교수들 중 일부는 우리 프로그램이 학문적으로 건전하지 않으며 우리를 '아무렇게나 접촉하는(touchy-feely)' 전공이라고 심하게 비판했다. 우리의 비판자들은 그런 매우 개인적인 내용을 다루는 과목은 지적 능력과 전수 가능한 지식을 함양하는 것과는 관계가 없다고 주장하면서 자기탐색 과목에 대학 학점을 주는 것이 정당성이 없다고 말하였다. 보수적 정치 사회인 캘리포니아의 오렌지 카운티(Orange County)에서 ID 센터가 번창한 것이 신기한 일이다. 분명한 것은 심각한 논쟁이 있었고 대학 구성원 일부는 그것이 없어지기를 바랐다는 것이다.

나는 학구적인 학장에게 우리 프로그램의 과목의 타당성을 설득하는 것이 매우 중요하다는 것을 빨리 알아차렸다. 나는 학장과 여러 과목의 주요 목표를 논의하기 위해 시간을 잡고 그녀의 걱정에 대해 해명해 주고, 내가 가르치는 몇 강좌에 참석하도록 초청하였다. 나의 노력이 결실을 맺어서 그 학장은 결국 우리 프로그램에 대한 비판자가 아니라 지지자가 되었다.

40대의 도전과 기회

40대에 나는 미국과 유럽 여러 지역에서 워크숍을 진행하기 시작하였는데, 나의 아내이자 동료인 마리안느 슈나이더와 자주 함께 하였다. 나는 혼자보다는 팀으로 워크숍을 진행하는 것을 선호하여 나와 마리안느는 수년간 이 일을 함께 하고 있다. 우리는 비슷한 철학을 가지고 있지만 일하는 방법이 다르다. 마리안느 및 다른 소중한 동료들과의 협력을 통해서 내 방식과는 다른 방식이라도 보완적으로 작용할 수 있으며, 워크숍이나 발표에 새로운 것을 추가할 수 있다는 것을 알게 되었다.

나는 마리안느와 함께 일하면서 많은 것을 배웠다. 그중에 마리안느가 내담자나 청중과 연결고리를 만드는 방식은 내가 계속 배우며 여러 번 칭찬하는 것이다. 그녀는 완전히 존재하며 그녀 자신이 되는 것의 중요성을 몸소 보여 준다. 여기에서 마리안느는 개인적 자아와 전문적 자아 간의 일치를 보여 주는 사람으로서 탁월한 모범이 되었으며, 이런 면에서 나에게 확실한 영향을 주었다. 이 워크숍들은 도전적이고, 신나며, 부담되지만 즐거웠다. 이런 기회들은 내가 혼자 혹은 공동으로 저술한 책 때문에 자주 주어졌으며, 거기에서 학생과 정신건강 전문가들을 가르치는 또 다른 방법을 제시해 주었다. 나는 여전히 내가 집필할 새로운 주제를 계속 발견하고 있는데 이에 대해서는 이후 장에서 더 설명하도록 하겠다.

내 생애에서 이 시기는 내게는 내세울 만한 것이 없다고 생각했던 초기 학창시절과 완전한 대조를 이룬다. 결국 나는 내가 내세울 만한 것을 가지고 있으며, 무엇인가를 변화시키는 데 그것을 사용할 수 있다고 믿게 되었다. 이것이 내가 최선을 다해 학생들로 하여금 자신의 자원을 찾고 그것을 사용할 수 있도록, 그리고 자신의 개인적이고 전문적인 여정을 계속하기 위해 필요한 모든 것을 할 수 있도록 격려하는 동기가 되었다.

나의 40대는 할 일이 많은 시기였다. 나는 대인 서비스 프로그램에서 계속 가르쳤을 뿐만 아니라 9년간 프로그램 조정자로서의 (학과장과 동등한) 책임을 졌다. 여름과 학기 간 방학에는 책 저술과 개정, 여러 주(state)에서의 워크숍 운영, 개인성장집단 운영, 집단상담 분야의 학생과 전문가 훈련 등으로 바빴다. 나는 여러 전문적 역할 간에 균형을 유지하고, 장단기 목표를 설정하며, 시간관리 기술을 습득하고, 전문가로서의 바쁜 생활 속에서도 개인적 생활을 위한 시간을 마련하는 방법을 배워야 했다.

개척되지 않은 길을 선택하기

50대 동안 나는 전문적으로 하고 싶은 모든 일을 하고 있었다. 그러나 나는 한계를 배우고 내 개인적 삶과의 균형을 맞추어야 한다는 도전을 계속 느끼고 있었다. 여전히 나는 너무 많은 일을 동시에 하려고 했다. 아주 많은 일들을 하면서 나의 많은 개인적 욕구가 채워졌지만 어느 순간 내가 하고 싶은 모든 일을 할 수 없다는 것을 깨닫게 되었다. 50대 후반에 나는 지금이 누군가 다른 사람이 학부 프로그램을 이끄는 행정적인 책임을 갖도록 해야 할 시기라고 판단했으며, 매 가을학기에는 계속되는 저술의 부담을 해결하기 위해 급여를 받지 않고 쉬기로 했다. 매 봄학기에는 여러 활동으로 분주

하지 않고 가르치는 데 전념하여 수업에서 더 활력이 넘치게 되었고 이후 8개월간은 다른 개인적이거나 전문적인 일에 노력을 기울일 수 있게 되었다.

새로운 워크숍, 강연, 새로운 책 집필에 대한 초청을 기꺼이 승낙하기 전에 잠시 멈추어 서는 것이 나에게는 어려운 일이었다. 나는 빡빡한 일정에 휩싸여 있고, 너무 많은 초청을 승낙하였기 때문에 초청이 아무리 유혹적이라고 해도 그것을 승낙하는 것의 장단점을 주의 깊게 살펴보는 것의 필요성을 알아야 했다. 나는 내가 하는 모든 일을 즐겼지만, 이 모든 것이 시간과 에너지가 드는 일이라는 것을 알게 되었다. 흥미로운 일을 거절하는 것은 내게는 어려운 과제였다. 나는 제한된 시간을 가진 한 인간일 뿐이며, 내가 원하는 모든 것을 할 수는 없다는 것을 자주 되새겨야 했다. 이제는 누군가가 어떤 요청을 해 오면 그것을 신중하게 생각해 보고 잠시 후 대답해 주겠다고 말해 준다. 이미 가득 찬 접시 위에 하나를 더 올려놓고 싶은 유혹이 있지만 당신이 주어진 시간의 틀 속에서 현실적으로 성취할 수 있는 것이 무엇인지를 아는 것이 중요하다. 많은 학생들이 어떤 일에 관여할 때의 비용과 이득 간에 균형을 맞추는 일을 잘하지 못한다. 학생들을 멘토링하면서 나는 그들에게 우선순위를 정하고 시간 관리와 같은 실제적인 전략을 배우라고 자주 이야기해 주며, 자신의 전문적이거나 학문적인 생활이 그들의 관계, 가족, 개인적 자기 돌봄의 우선순위에 어떤 영향을 미치는지를 생각해 보라고 한다. 9장에서 나의 자기관리 활동에 대해 더 이야기할 것이다.

해가 갈수록 나는 생산적인 일을 하기 위해 분명한 목적, 동기, 자기절제 등이 얼마나 중요한지를 알게 되었다. 내가 이 분야에 헌신하기로 결정한 사람이라는 것을 되새기면 계속 집중하여 에너지를 발휘하게 된다. 나는 내가 성공에 절대적으로 중요한 특성인 자기절제를 잘한다고 생각한다(아마도 가톨릭 학교생활에서 이것을 배웠을 것이다). 내가 누군가가 원하는 것을 하거나 외적으로 동기화되었다면 나는 오래전에 이런 일에 대한 열정을 잃었을 것이다. 이것은 우리의 존재를 형성하는 데 있어 개인적 책임을 강조하는 나의 실존적 입장이 되었다. 여러분도 자신의 열정과 꿈을 발견하고 추구하기 위해 노력하기를 바란다.

일과 개인적 삶을 연결하기

50대 초반 나는 나의 개인적 삶과 일과의 균형을 이루는 것과 관련한 중요한 결정을 하였다. 나는 매주 내가 일하는 시간의 양을 점검하여 나의 일하는 생활에 변화를 주었고, 그 결과로 나의 개인적 삶이 압박을 덜 받게 되었다. 마리안느와 나는 결혼생활 동안 짧은 시간이라도 여러 번 휴가를 다녔지만, 일을 위한 여행과 휴가가 함께 진행되는 경우가 너무 많았다. 예를 들어, 어느 여름에 우리는 아일랜드에서 2주 안에 상담자를 대상으로 하는 5일간의 집단상담 훈련 워크숍을 두 번 진행하게 되었다. 우리는 일정을 조정해서 워크숍 전후로 그 지역관광을 하였다. 우리는 독일과 노르웨이에서 휴가를 보내기도 하였다. 미국 내 다른 주에서 열리는 학회에 참여하면서도 우리는 일하기 전에 며칠간 그 주의 자연과 명소들을 구경하러 다녔다.

결국 우리는 이렇게 일 사이에 휴가를 끼워 넣지 않고 오로지 휴가만을 위해 시간을 내는 것이 필요하다는 것을 알게 되었다. 여러 해 동안 우리는 어떤 때는 가족과, 다른 때는 친구들과, 혹은 우리 둘만 알래스카로, 또는 캐리비언 해로 크루즈 여행을 다녔다. 하와이에서의 멋진 자전거 타기나 산악 지역 등산을 통해서 새로운 힘을 얻기도 했다. 우리 휴가에 컴퓨터를 가져간 일은 거의 없었다.

마리안느와 나는 친구 가족 모임을 즐긴다. 우리는 45년간 결혼생활을 해 왔는데 그 자체만으로도 큰 성취다. 우리 친구들은 마리안느를 독일에서 캘리포니아로 오게 한 것은 신의 개입이었다고 놀리는데 이는 이 기간 동안 나와 결혼생활을 한 다른 여자가 없기 때문이다. 정말 그 말은 옳은 말이다. 마리안느는 우리 친구들이 동의하듯이 특별한 사람이며, 나의 생산적인 삶에 가장 기여한 사람이다. 오랫동안 우리는 집단 관련 사업, 저술, 교육용 비디오와 DVD 프로그램 제작, 집단상담에 대한 워크숍 등을 함께 진행했다. 마리안느는 내가 단독으로 저술한 많은 저서의 내용에 가장 중요하고, 정직하며, 유용한 비평을 제공해 주었다. 마리안느가 우리의 두 딸과 그녀 그리고 나를 위해 만들어 준 온화한 가정은 내가 여러 해 동안 매우 생산적으로 일할 수 있는 기반을 제공해 주었다.

나의 전문적 경험에 대한 고찰

나의 전문적 경험을 돌아볼 때 나에게 가장 중요한 것은 거의 50년간 해 온 교육경력에서 학생들과 일하면서 받은 보상이다. 시작할 때부터 나는 무엇인가 다르게 하려는 열망을 가지고 있었다. 나는 학생들이 개인적이거나 전문적인 여정을 향해 나가도록 도울 때 가장 만족스러웠다. 나의 학생들로 하여금 삶에 대해 질문해 보고 자신의 개인적이거나 전문적인 경계를 확장해 가도록 하는 것은 단순히 학문적 지식을 전달하는 것 이상으로 나에게 의미 있는 일이었다. 나의 일은 나에게서 끝나는 것이 아니라 나의 학생들이 불가능하다고 생각했던 꿈들을 이루어 가는 것을 통해 계속된다. 멘토링은 우리의 열정을 발견해서 그 열정이 이끄는 대로 나가도록 도와줄 수 있다.

나에게 은퇴는 없다

나는 예순셋에 전임교수로서 대학에서 은퇴했지만, CSUF의 부교수로서 매 가을학기에 집단상담, 상담윤리 과목을 가르친다. 봄학기에는 대부분 집단상담 관련 1주일 집중 워크숍을 미국 내 혹은 해외의 대학이나 기관에서 진행한다. 또한 주, 지역, 국가 수준의 상담학회에서 수많은 워크숍을 진행하거나 주제강연을 한다. 매년 나의 저술 일정과 강의를 보면 나는 여전히 의미 있는 전일제 일을 하고 있다. 현재는 한 대학에만 매여 있지 않고 내 스스로 일정표를 세우고 있다. 요즘은 저술활동이 내 활동의 주요한 영역이며, 매년 두세 권의 책을 개정하고 있다. 일흔둘인 지금 나는 여러 전문적 활동을 여전히 즐기고 있으며, 죽을 때까지 은퇴는 고려하지 않고 있다. 나는 죽어서도 새로운 곳에서 글을 쓰고 있지 않을까! 동료들과 흥분되는 사업을 함께 하는 것은 여전히 의미 있고 즐겁다. 또한 '쏜살같이' 지나가는 내 나이에도 불구하고 나를 여전히 젊게 만들어 주는 열정적이고 감사할 줄 아는 학생들과 함께하는 것은 여전히 즐겁다.

나의 전문적인 성취에서 내가 한 역할이 있겠지만 나는 나의 교육과 저술의 재능은 신이 나에게 준 것이라고 생각한다. 이런 선물이 없었다면 나는 다른 사람에게 의미 있는 존재가 될 수 없었을 것이다. 나는 뛰어난 건강과 좋은 삶을 살 수 있었던 것에 대해 감사한다. 이것이 있었기에 나는 의미 있는 목표를 계속 추구할 수 있었다. 내가 전문적으로 성취한 많은 것들은 이 전문직 내에서 친구, 동료들과 교류한 결과물이다. 우리가 함께 한 일들과 토론은 새로운 아이디어와 사업의 추진력이 되었고, 나는 앞으로도 이런 협력관계가 지속되기를 바란다.

🦋 당신의 개인적 여정을 어떻게 이야기할 것인가?

나는 여러분이 나의 개인적 여정과 전문적 경력의 발달과정을 읽으면서 앞으로 여러분이 만들고 싶은 자신의 개인적 여정과 전문적 여정에 대하여 생각해 보았기를 바란다. 여러분이 자신의 가족, 여러 중요한 인간관계, 가정에서의 책임 등을 고려하지 않는다면 여러분의 전문적 목표 추구는 여러분의 삶에 긴장과 불균형을 초래할 것이다. 시간을 내어 다음 질문들에 답해 보라. 당신의 삶에 어떤 중요한 전환점이 있었는가? 초등학교부터 대학원까지 당신의 학교경험을 회상할 때 무엇이 가장 크게 떠오르는가? 당신 자신에 대해 무엇을 배워 왔는가? 지금 당신은 무엇을 하고 싶은가? 당신의 장래계획은 무엇이며, 누가 그것을 지지하는가? 당신의 계획을 실현하는 과정에 어떤 장애가 있는가?

　내가 여러분에게 전하고 싶은 핵심은 내가 내 경험으로부터 배운 것들이다. 이 장의 핵심적인 교훈은 어떤 실패도 치명적이지 않으며, 우리는 실수와 후퇴를 통해 배울 수 있고, 우리가 할 일을 이끌어 주는 장래계획을 갖는 것이 매우 중요하다는 것이다. 돈키호테가 '불가능을 꿈꾸었던' 것처럼 당신 자신의 꿈을 만들면 모든 것이 달라질 수 있다. 비록 지금은 내가 나의 과거와 현재의 전문적 삶에 대해 만족스러워 하지만 그 과정에 분명 고난과 시련이 있었다. 나는 여러분이 여러분의 여정에서 우회로를 만나더라도 자신의 꿈을 잃지 않기를 바란다. 자기의심이 들더라도 자신을 믿으라. 어려운 시기를 헤쳐 나가도록 도와줄 수 있는 자원을 발견하라. 당신의 꿈을 실현하기 위해 최선을 다하라.

상담자의
인성과 전문성

🐾 들어가는 말

우리는 내담자들에게 자신에게 솔직해지고 자신이 어떻게 변화하고 싶은지를 선택하라고 말하는데, 우리 자신도 이와 같이 열린 마음으로 자기성찰을 해야 한다. '한 인간으로서 상담자가 어떤 사람인가'와 '상담자-내담자 관계의 질'이 상담자가 상담의 성공에 기여하는 가장 중요한 변인이다. 상담적 관계는 상담자의 이론이나 기법보다 더 중요하다. 효과적인 상담에 기여하는 변인들과 상담자-내담자 관계의 중요성에 대한 더 깊은 논의는 『The Heart and Soul of Change: Delivering What works in Therapy』(Duncan, Miller, Wampold, & Hubble, 2010)를 참고하기 바란다.

전문가로서의 상담자에 대하여 이야기하려면 우선 인간으로서의 상담자에 대하여 살펴보아야 한다. 나의 경험으로 보건대 우리의 신념, 가치, 개인적 특성, 개인적 기능의 수준, 이 세상에 존재하는 방식 등은 모두 상담전문가로서 우리가 일하는 방식에 영향을 미친다. 이 장의 주제는 인간으로서의 상담자와 전문가로서의 상담자 간의 상호 영향 관계다.

🐾 상담자가 된다는 것은 당신에게 무엇을 의미하는가?

상담 분야에서 진로를 선택할 때 이 전문직을 선택한 당신의 동기에 대해서, 그리고 당신의 개인적 욕구가 어떻게 전문가로서의 당신의 일에 영향을 미칠 것인지를 아는 것이 매우 중요하다. 잠시 시간을 내어 다음의 질문에 답해 보라. 왜 당신은 상담자가 되려고 하는가? 다른 사람을 상담하여 당신이 얻는 것은 무엇인가? 어떤 진로여정을 만들어 가고 싶은가?

내가 처음 고등학교 교사와 상담자가 되려고 했을 때 나의 기본적 동기는 다른 사람을 돕는 것이었다. 당시에는 내가 다른 사람을 도와서 무엇을 얻을 수 있을 것인가에 대해서는 잘 몰랐다. 나중에서야 내 자신이 도움을 받고 싶었던 동기가 내 진로 선택에 작용했다는 것을 깨달았다. 몇 년이 지나 대학의 교수로서 나는 내 인생에 변화를 만들어 준 중요한 사람들의 멘토링으로 인해서 나의 동기가 발전해 가는 것을 보게 되었다. 상담심리학자와 상담교육자가 되는 것은 다른 사람의 삶을 변화시켜 나가고 싶은 내 욕구를 충족시켜 주었고, 이는 지금도 나를 움직이는 주요한 동기다. 나는 자주 학생들이 스스로는 알아차리지 못하는 잠재력을 발견한다. 이들의 시야를 넓혀 주어서 이들이 가지고 있는 재능과 적성을 누리도록 돕는 것은 내게 매우 중요하다.

나는 당신이 만나게 될 내담자, 학생, 슈퍼바이지 등이 자신에 대한 믿음을 갖고 자신의 장래에 대한 희망을 갖을 수 있다는 것을 당신이 아는 것이 중요하다고 생각한다. 당신은 인생을 바꾸는 결정에 촉매제일 수도 있다. 당신이 조력 관련 전문직에 참여하는 데 이타적인 동기를 갖고 있을 수도 있지만, 당신이 남을 도와줌으로써 무엇을 얻을 수 있는지를 아는 것은 중요한 일이다.

내가 상담 분야에 들어온 이유 중의 하나는 내 자신의 문제를 더 이해하는 것이었다. 당신 또한 당신의 문제를 해결하고자 당신의 직업을 선택했을 수 있다. 당신의 직업에서 성장해 가면서 당신의 동기는 자신을 돕는 것으로부터 이제는 다른 사람의 횃불이 되라는 소명에 따르려는 열망으로 변화될 수 있다. 상담자가 되려는 동기에 작용하는 다른 이유로는 다른 사람에게 영향을 미치고 싶은 욕구, 당신이 받은 것을 사회에 돌려주고자 하는 바람, 돌보는 사람이 되는 것에 대한 관심, 어려운 사람과 함께 있을 때 오는 좋은 느낌, 명예와 지위에 대한 욕구, 문제에 대한 답을 찾아 다른 사람을 도울 해결책을 발견하고 싶은 소망 등이 있다. 또 다른 이유들도 있을 수 있고, 우리를 계속 움직이게 하는 동기는 한 가지만이 아니며, 우리의 욕구와 동기는 계속 변화한다.

당신의 욕구와 동기가 무엇이든 그것이 무엇인지, 그리고 그것이 어떻게 당신에게 영향을 미치는지를 아는 것이 중요하다. 당신의 전문적 활동을 통해 당신의 욕구를 충족시킨다고 해서 자기중심적이라고 할 수는 없다. 사실 일을 통해 욕구를 충족시키지 못한다면 일에 대한 흥미를 잃게 될 것이다. 내담자의 욕구를 충족시키면서 당신의 욕구도 충족시킬 때 당신은 더욱 만족스러운 진로를 만들어 갈 것이다. 내담자의 욕구를 희생시키면서 당신의 욕구를 충족시키려 할 때가 문제인 것이다.

🗣 초보 상담자들이 경험하는 걱정들

상담자로서 경력을 시작하면서 우리들은 비슷한 걱정거리들을 만나게 된다. 이제부터 내가 초보 상담자로서 경험했던 걱정거리와 함께 그 이후로도 지속된 것들까지 여러 걱정거리들을 소개할 것이다. 나는 상담자들이 부적절감 때문에 상담직을 그만둘 필요는 없다고 확신한다. 장애물은 우리의 목표를 성취하기 위한 디딤돌이다.

불안 다루기

내가 내담자를 만나기 시작할 때, 나는 모든 시간을 허비하는 것 같았다. 나는 내담자에게 말할 '정답'에 대한 단서조차 갖고 있지 않았으며, 내담자가 틀림없이 나를 경험 없고 무능한 상담자로 볼 것이라고 생각했다. 나는 내가 답할 수 없는 질문을 내담자가 할까 봐 두려웠다. 나는 내가 잘 할 수 있을지, 내담자를 도울 수 있을지 확신하지 못했는데 이것이 불안으로 나타났다. 나중에서야 불안과 자기의심을 갖는 것이 정상적인 일이라는 것을 알게 되었다. 중요한 것은 그것을 어떻게 다루느냐다. 나는 슈퍼바이저와 사례에 대해서는 이야기했지만 내 불안, 자기의심이나 나의 유능함 등에 대해서는 솔직하게 다루지 못했다. 내가 다시 초보 상담자로서 슈퍼비전을 받게 된다면 나는 사례에 대해서는 덜 말하고 나 자신과 내 불안에 대해서 더 말할 것이며, 내게 피드백을 줄 신뢰할 만한 동료들과 슈퍼바이저를 찾을 것이다. 나는 내 동료 학생들도 상담전문가 과정에서 탈락되지 않을까 하며 괴로워하고, 자신의 수행에 대해 불안해할 것이라고는 생각하지 못했다. 나는 그들이 경험 많고 확신에 차 있다고 보았다. 학생들과 계속 함께하면서 나는 우리들이 공통적으로 이런 경험을 한다는 것을 알게 되었다.

모호함과 함께 살아가기

많은 초보 전문가들은 즉각적인 결과를 얻지 못할까 봐 불안해한다. "내가 정말 내담자를 도운 것일까? 내가 효과적인지 아닌지를 어떻게 알지?" 고등학교 교사 시절 나는 불확실함과 반대되는 구조와 안전성을 보장하는 수업계획안을 모든 수업에 대해서 가지고 있었다. 그러나 상담자로서 수업계획서 같은 것이 없으니 내 일의 결과가 어떻게 나올지에 대해 전혀 감을 잡지 못했던 것이 생생하게 기억난다. 나는 구조화된 일을 좋아하기에 모호함을 견뎌야 하는 상황이 매우 불편하다. 상담훈련을 시작했지만 내가 효과적으로 하고 있다는 것을 알 수 있는 명확한 증거가 없었다. 우리가 명확한 것을 좋아할 수는 있지만 현실적으로는 불안과 모호함을 지니고, 그리고 그것에 따라 편안함이 줄어든 상태에서 일할 수밖에 없다. 모호함은 반드시 위협은 아니며 사람들은 치료적 관계를 통해서 많은 것을 성취한다. 상담자로서 내가 하는 일의 장기적 효과를 알기 위해서는 시간이 필요했다. 때로는 몇 년이 지나야 우리가 내담자를 효과적으로 도왔다는 것을 알기도 한다.

전문적 일을 하면서 자기 자신이 되기

나는 나를 돌아보는 경향이 강하고 불안이 높아서 교과서에서 제시한 것과 무슨 기법을 사용해야 하는지에 대해서 과도하게 걱정했다. 나는 나 자신이 되고 싶었지만 이것이 무슨 의미인지, 그리고 어떻게 나 자신이 되면서 동시에 전문적인 상담자가 될 수 있는지를 사실 잘 몰랐다. 내 머리에는 슈퍼바이저와 치료자의 목소리가 맴돌았고, 나는 그들이 했던 말들을 따라하고 있을 뿐이었다. 나는 의도적으로 전문가 역할을 하려 한 것은 아니었지만 내가 생각하기에 내담자나 슈퍼바이저가 나에게 기대하는 대로 하려고 노력하느라 전혀 자발성을 보이지 못했다. 정형화된 역할 기대에 따라 행동하기가 쉬운데 그렇게 하게 되면 우리 자신이나 내담자와 접촉하지를 못한다. 신뢰롭게 보이기 위해 무슨 말을 할 것인지를 생각하려 하니 나는 머릿속으로 해석연습을 하게 되고, 이따금씩 내담자는 혼란에 빠지곤 했다. 다음에 말할 것을 머릿속에 그리면서 내담자와 함께하기란 어려웠다. 내 앞에 앉아 있는 사람과 함께하기보다는 그를 앞서가서 나 혼자 대답과 질문을 만들어 내고 있었던 것이다. 시간이 지나서야 나는 상담 각 회기마다 상세한 수업계획이 있어야 하는 것은 아니며, 함께 탐색할 것들을 내담자가 제공한다는 것을—상담자가 경청할 경우에만—알게 되었다. 내가 더욱더 나 자신이 되고, 더 이상 전문가로서 내게 기대된다고 생각하는 것을 따라 행하지 않게 되자 중요한 변화가 일어났다. 이 태도가 나에 대한 자기 확신의 시작이었다.

상담자 자기개방의 적합성

우리가 지나치게 전문가 입장을 유지하려고 노력하게 되면 우리는 내담자에게 익명의 사람이 되어 전문가 역할 뒤로 숨는 것으로 보이게 된다. 이와 반대로 너무 많이 자기개방을 하는 상담자도 있다. 적절한 수준의 자기개방을 결정하는 것은 유능한 상담자가 되기 위해 해결해야 하는 문제이며, 특히 초보 상담자에게 쉽지 않은 일이다. 자기개방의 적절성을 평가하기 위해 무엇을, 언제, 얼마만큼 공개할 것인지 고려하라. 너무 적게 개방하는 것이나 너무 많이 개방하는 것이나 다 같이 문제가 된다. 우리가 너무 솔직하게 자신을 개방하려고 노력하면 우리는 내담자에게 우리의 상세한 개인적 생활의 부담을 지우게 된다. 어떤 경우에는 우리 자신에 대해 말하는 것이 도움이 될 수 있지만, 이런 식으로 우리를 알리려는 동기가 무엇인지 알고 있어야 한다. 내담자가 이런 자기개방을 들을 준비가 되어 있는지와 함께 이런 자기개방이 내담자에게 미칠 영향을 평가해 보라. 자기개방을 하는 동안 내담자가 이것에 어떤 영향을 받을 것인가에 대해서 계속 관찰하라.

내 생각에 가장 생산적인 자기개방의 내용은 상담회기 내에서 상담자와 내담자 사이에 무슨 일이 일어나는지에 관한 것이다. 즉시성기법에는 지금 여기에서 내담자와 함께하며 무엇을 생각하고 느끼는지를 밝히는 것이 포함된다. 적절한 방법으로 한다면 상담회기에서 내담자가 보이는 일관된 반응에 대해 이야기하는 것이 상담의 성과를 촉진시키며, 내담자와의 관계 질을 향상시킨다. 상담관계에 나타난 반응에 대해 이야기할 때에도 무엇을 이야기할 것인지를 결정할 때 분별력과 민감성을 가지고 주의하는 것이 필요하다. 우리가 내담자와의 관계에 의해 어떻게 영향을 받는지를 표현할 때 내담자에 대한 판단을 말하지 않는 것이 중요하다.

완벽주의는 미덕이 아니다

나는 나의 멘토, 상담자, 슈퍼바이저들이 어떻게 그런 모습이 될 수 있었는지 경이로워하며 그들에 비추어 나를 평가하였다. 내가 아무리 꿈을 크게 가져도 그들처럼 숙련되고 통찰력 있는 모습이 되는 것은 상상할 수 없었다. 절대 실수하면 안 된다는 신념이 나 스스로를 힘들게 했다. 내가 완벽할 수 없다는 것을 머리로는 알았지만, 마음으로는 내가 완벽의 기준에서 너무 멀다고 느껴져서 실수할 여지를 허용하지 않았다. 결국 나는 최선을 다하기 위해 노력해야 하며, 이는 완벽주의와는 다른 것이라고 생각했다. 내가 어떻게 행동하는지, 사람들이 나에 대해 어떻게 생각할지 등에 과도하게 신경 쓰면서 내담자나 학생과 전적으로 함께하는 것은 어려운 일이었다. 나는 사랑받고 인정받고 싶었고, 다른 사람들이 나에게 기대하는 것이 무엇인지 알려고 노력했다. 만약 내가 다른 사람의 기대에 맞추어 살려고 하면 완벽하게 일해야 한다는 압박으로 인해 스스로를 힘들게 할 수 있다는 것을 배웠다.

다른 사람에 비추어 나를 평가하고 완벽한 일처리를 위해 애썼던 힘들었던 경험으로 인해 나는 나의 멘티와 학생들에게 완벽해지려는 비현실적인 기준을 갖지 말라고 한다. 나는 학생들에게 실수할까 봐 두려워서 얼어붙지 말라고 한다. 우리는 불완전해도 개인적이고 전문적인 영역에서 많은 것을 이룰 수 있다. 나는 학생들을 상담하면서 불완전해지는 용기를 갖고, 스스로를 계속 성장하고 성숙해 가는 존재로 받아들이며, 어떤 실수를 통해서든지 배우라고 한다. 가끔은 내담자나 동료에게 "나는 모르겠어. 난 대답을 갖고 있지 않아."라고 말하는 것이 우리를 자유롭게 한다.

완벽을 추구하지 않는다고 해서 최고의 능력 있는 모습이 되는 것에 무관심하거나 게으르게 살아도 된다는 것이 아니다. 내 친구가 말한 것처럼 "완벽은 방향이지 목표가 아니다." 우리가 현재 처한 위치를 수용하고 슈퍼비전 경험을 통해 지식과 기술을 습득해 나가면 우리는 항상 더 배우고 더 나아질 수 있다.

상담에서 유머의 위치

비록 상담이 진지하고 심각한 노력의 과정이지만 그렇다고 해서 유머나 즐거운 시간이 없을 필요는 없다. 웃음이나 유머가 있다고 해서 일이 잘못되지는 않는다. 유머는 자발적인 것으로서 계획이나 연습으로 생기지 않는다. 주의를 분산시키는 유머와 상황을 좋게 만드는 유머를 구분하는 것이 우리가 할 일이다. 내담자에 대해서 웃는 것(laugh at a client)은 부적절하지만, 내담자와 웃는 것(laugh with a client)은 치료적이다. 물론 유머는 주제에서 비껴 나가게 하거나 불편한 현실을 직면하지 않는 방법으로 사용되기도 한다. 나는 교실에서, 상담실에서, 치료집단에서, 전문학술대회 발표장에서 유머를 사용한다. 사실 수업이나 상담에서 유머가 없으면 나는 무엇인가 빠진 것 같은 느낌이 든다. 나는 너무 심각해지지 않으려 하고 내 약점에서 유머를 찾을 때 현실과의 접촉이 유지된다. 그러나 어떤 경우에는 너무 재미있게 하려고 하다가 오히려 해가 되어 치료적이지 않게 되기도 하였다.

유머와 빈정거림은 매우 다른 것으로서 이를 구분하는 것이 중요하다. 빈정거리는 것을 재미있어 하는 사람들이 있는데 이는 해로울 뿐만 아니라 분노로 바뀌는 경우가 많다. 내가 보기에 빈정거림은 우리가 생각하거나 느끼는 것을 솔직하게 표현하는 것이 아니다. 빈정거리는 것은 간접적으로 말하는 방식인데 우리는 내담자에게 하고 싶은 말을 정직하게 직접적으로 말해야 한다. 빈정거림은 상담이나 교육에서 매우 파괴적이고 좋지 않은 모델링이 되기 때문에 있어서는 안 된다.

침묵 다루기

상담장면에서 침묵은 초보 상담자들이 가장 두려워하는 것이다. 침묵의 시간은 영원히 지속될 것 같다. 내가 첫 실습을 할 때 상담회기를 살펴보기 위해 녹음 테이프를 슈퍼바이저에게 가져왔다. 침묵이 흐르자 내가 개입하여 상담회기 진행을 방해했을 때 슈퍼바이저가 했던 말을 나는 아직도 기억한다. 슈퍼바이저는 이 내담자가 다음 회기에 오지 않아도 놀라지 않을 것이라고 말했다. 그러나 내담자는 다음 회기에 왔고 나는 내담자의 진행을 방해하지 않으려고 거의 한마디도 하지 않았다. 우리는 전적인 침묵을 유지하며 서로를 응시한 채로 앉아서 무슨 일이 일어나는지를 기다렸다. 다음에 무엇을 해야 하는지를 필사적으로 찾으려 하기보다는 침묵이 내담자에게 무엇을 의미하는지를 탐색하는 것이 중요하다는 것을 알게 되었다.

경험이 쌓이면서 나는 침묵이 치료적일 수 있으며 여러 가지를 의미할 수 있다는 것을 알게 되었다. 침묵이 있다고 해서 내담자가 저항하고 있거나 긍정적인 것이 일어나지 않는 것이 아니다. 침묵은 내담자가 자신의 경험을 효과적으로 돌아보는 데 유용하며 어떤 경우에는 필요하기도 하다. 상담 중에 침묵이 생기면 나는 그것을 허용하고 이것이 내담자에게 무엇을 의미하는지를 내담자와 이야기하려 한다. 내담자가 "모르겠어요."라고 해도 쉽게 포기하지 않고 다음과 같은 말로 반응한다. "생각해 봐요. 무엇에 대한 침묵인지 떠올려 보세요. 이 순간에 당신 속에 무엇이 일어나는지 보고 그것을 단어로 표현해 보세요."

어렵다고 생각되는 내담자 다루기

여러 가지 문제행동을 보이는 내담자를 이해하고 치료하는 일에 많은 초보 상담자들은 정말 많은 관심을 보인다. 우리에게 부담을 주는 내담자들을 효과적으로 다루는 쉬운 기법은 없다. 방어적으로 행동하는 내담자를 변화시키려고 너무 노력하다 보면 이들과 상호작용하면서 생기는 우리 자신의 역동과 반응을 간과할 수 있다. 당신이 이런 내담자들에게서 어떻게 영향을 받는지를 이해하게 되면 방어적으로 행동하지 않으면서 당신의 반응을 적절하게 개방할 수 있다.

나는 여러 해 동안 치료적 집단을 이끌어 왔지만 여전히 어떤 집단원의 문제행동은 효과적으로 다루기 어렵다. 이는 내 집단상담 수업의 학생들에게서도 마찬가지다. 나는 조급해져서 그 개인이 자신의 속도대로 움직이고 어떤 통찰에 이르기 위해 시간을 갖도록 허용하지 못할 수 있다. 예를 들어, 사람들 앞에서 말하기를 두려워하는 집단 구성원은 집단상담에 관심이 없고 참여하지 않으려는 듯이 보일 수 있다. 나는 그들을 이해하려고 노력하기보다는 너무 빨리 추측하고 판단할 수 있다. 다른 때에는 내담자가 통찰을 갖고 변화를 일으키기 위해 행동하라고 요구할 수 있다. 머리로는 이것이 우리 자신에 대한 깊은 이해가 순조롭게 이루어지는 과정이 아니라는 점과 집단 구성원을 새로운 행동을 하도록 요구하는(밀어붙이는) 것은 원하는 결과를 가져오지 않는다는 것을 알고 있다. 나는 내담자들이 현재 있지 않은 곳에 있기를 기대하기보다는 내담자와 함께 그들의 주저함, 공포, 걱정거리 등을 탐색하는 것을 계속 다시 배운다. 내가 그들이 있는 위치를 수용할 때 그들이 움직이기 원하는 방향으로 나갈 수 있다.

내담자가 주저한다면 이 상황에서 내가 경험하는 것에 대해 이야기하는 것이 대화를 여는 좋은 방법이다. 나는 여러 복잡한 상황에서 어떻게 해야 하는지를 정확하게 알지 못하는데 이런 열린 논의를 통해서 더 깊은 수준의 이해를 갖게 된다. 나는 내담자의 주저함을 치료 과정에 참여하지 않으려는 마음의 표시라고 해석하지 않으려 노력한다.

내담자와 협조적으로 작업하기

내담자나 학생과 최적의 수준으로 책임을 분담하는 것이 내게는 어렵다. 나는 집단상담, 내가 가르치는 수업, 내가 이끄는 워크숍, 집단 슈퍼비전 상황의 진행과 결과에 대해 너무 많은 책임을 지려는 경향이 있다. 나는 자주 상담, 슈퍼비전, 교육은 협력적인 노력의 과정이라는 점을 되새긴다. 내가 전적인 책임을 진다면 나는 다른 사람들이 힘을 부여받을 정당한 책임을 박탈하게 된다. 아들러 학파에 따르면 과도하게 책임을 지는 사람들은 책임감 없는 사람들로 둘러싸여 있다. 힘이 없는 내담자는 상담이나 치료에서 우리가 원하는 모습이 아니다. 내가 어떤 결과를 이루려고 지나치게 노력한다면 나는 나의 학생이나 집단 구성원들이 스스로를 돌볼 것이라고 믿지 않는 것이다. 확실히 어린 시절 나의 실패에 대한 두려움이 완전히 없어진 것이 아니다.

고통을 경험하는 내담자들은 이 고통을 극복하기 위해 상담에 와서 무엇을 해야 하는지에 대한 조언을 구한다. 우리의 역할은 우리 내담자의 삶을 지시하는 책임을 지는 것이 아니다. 상담은 어떻게 살 것인가에 대한 정보를 나눠 주거나 충고하는 것이 아니다. 내담자를 위해 내담자의 문제를 해결해 줄 능력이 있다고 해도, 그렇게 하면 이들이 새로운 문제가 생길 때마다 우리 조언을 계속 필요로 할 것이기 때문에 이는 효과적인 방법이 아니다. 우리의 과제는 치료를 마치고 오랜 시간이 지나서도 내담자가 독자적인 선택을 하고 문제를 효과적으로 해결하는 능력을 개발하게 하는 것이다. 이것이 능력 부여다.

우리가 어떤 사람인가가 상담전문가로서의 기능에 영향을 미친다. 이 주제에 관심이 간다면 인간으로서의 상담자와 전문가로서의 상담자를 다룬 좋은 책을 보라. 나는 『Becoming a Counselor: The Light, the Bright, and the Serious』(Gladding, 2009), 『On Being a Therapist』(Kottler, 2010),『On Becoming a Person』(Rogers, 1961), 『A Way of Being』(Rogers, 1980), 『Becoming a Helper』(Corey &

Corey, 2011)를 추천한다.

🎭 상담자의 개인치료

상담자가 어떤 문제를 가지고 있으면 내담자를 도울 수 없다고 말하는 학생들이 있다. 내가 보기에 중요한 것은 우리가 개인적인 문제로 인해 어려움을 겪는지 아닌지가 아니라 그것을 어떻게 다루며, 더 깊은 자기이해와 주어진 문제를 해결하기 위해 무엇을 하려고 하는지다. 문제없는 삶은 신화일 뿐이며, 이것이 우리가 상담 경력을 시작하기 전에 우리의 개인적인 문제를 모두 해결해야 한다는 것을 의미하는 것은 아니다. 우리의 개인적인 욕구, '미해결 과제'의 영역, 개인적 갈등, 방어, 취약성 등을 알게 되면 이런 주제들이 우리의 일을 어떻게 방해할 수 있는지를 배울 수 있다. 우리 자신에 대한 자각이 없으면 내담자의 성장을 방해할 수 있다. 우리 자신의 문제를 알지 못하면 내담자의 두려움에 주의를 집중하지 못할 수 있는데 특히 그들의 문제가 우리의 것과 비슷할 때 그렇다.

훈련생들에게 개인 심리치료를 요구하는 것은 대학원 훈련 프로그램 교수들 사이에 논쟁이 되는 주제다. 일부 교수들은 훈련 프로그램의 하나로 개인치료를 포함시키는 방안을 강하게 지지하기도 하며, 어떤 박사 과정에서는 훈련생이 최소한 30시간의 개인치료를 받을 것을 요구한다. 어떤 프로그램은 비학점 과목으로 치료적 집단 경험을 개설하는 데 평가와 치료적 측면이 뒤섞이지 않도록 하기 위해 그 대학교수가 아닌 전문가가 집단을 인도한다. 여러 훈련 프로그램의 많은 교수들이 학생들이 프로그램의 필수사항이 아니더라도 개인치료를 받을 것을 강하게 추천한다.

다른 전문가들은 프로그램이 요구해서 받는 치료는 명령한다고 해서 될 수 없는 자기탐색으로의 여정을 하게 만드는 것이기 때문에 효과적이지 않다고 생각한다. 어떤 사람들은 이는 이런 문제에 대한 학생의 자유선택권을 침해하는 것이라고 주장하며 법적인 문제제기에 대한 두려움 때문에 개인치료를 요구하지 않으려 한다. 특히 학생들이 개인적인 자기공개를 하고 여러 과목에서 경험적 활동을 하게 될 때 이런 일이 일어날 수 있다.

나는 개인적 주제들을 다루는 것이 중요하다는 점을 훈련 프로그램에 들어가기 전에 충분히 알려 주는 정책에 동의하며 학생의 개인적 발달을 위한 기회를 제공하지 않고서는 효과적인 훈련 프로그램이 될 수 없다고 생각한다. 자기이해를 높일 수 있는 방법은 또래 집단상담에 참여, 자조집단에 참여, 자기탐색에 초점을 둔 과목 수강, 명상, 일기 쓰기 등 여러 가지다. 상담자 교육 프로그램은 지식을 나눠 주고 기술을 가르치는 것 이상을 해야 한다. 훈련생이 이 기술과 지식을 실제 상담 상황에 효과적으로 적용하려면 훈련생이 개인적인 발달을 이루는 것이 가장 중요하다. 상담자 치료라는 주제를 심도 있게 다루려면 『The Psychotherapist's Own Psychotherapy: Patient and Clinician Perspectives』(Geller, Norcross, & Orlisky, 2005)를 보라.

역전이를 이해하는 방법으로서의 치료

어려운 내담자를 상담하는 것은 개인마다 다른 식으로 우리에게 영향을 미칠 수 있다. 넓게 보아 역전이란 우리가 인식하고 내담자에게 반응하는 방법을 왜곡하는 우리의 모든 투사를 포함한다. 이 현상은 우리 자신의 주제가 연관되어서 우리의 정서적 반응성이 자극받거나, 우리가 방어적으로 반응하거나, 우리가 관계에 머무르는 능력을 상실하게 될 때 일어난다. 우리가 훈련 과정의 학생이든, 초보 전문가이든 우리는 우리의 역전이를 인식하고 효과적으로 다루어야 하는데 이는 개인 심리치료에서 유용하게 탐색할 수 있기 때문이다. 우리는 누구나 내담자와 상담할 때 자주 촉발되는 개인적인 취약성을 가지고 있다. 나는 역전이는 제거할 대상이 아니라 이해하고 살펴볼 실체라고 생각한다. 예를 들어, 나는 내담자, 학생, 워크숍 참여자들이 무관심, 무정함, 비판적 입장 등을 보일 때 내 속에 무엇인가 일어난다. 나는 내가 비판받는다고 생각한다. 나는 나에게 비판적으로 대하는 사람을 바꿀 수는 없지만 그런 사람에게 내가 반응하는 방법을 바꿀 수는 있다고 스스로에게 말한다.

다른 형태의 역전이는 내담자에게 과도하게 관여하는 것이다. 나의 동료 중 한 명은 훈련생이 자신의 역전이를 탐색하도록 하기 위해 "당신이 내담자보다 더 수고하고 있다고 생각한다면 그것이 역전이의 표시다."라는 지침을 주었다. 상담을 시작할 때 심리적으로 내담자를 상담실에 두고 나오기가 매우 힘들다. 우리는 특정 내담자에 대해 많이 걱정하면서 그들이 자신의 문제를 더 잘 다룰 수 있는 방법을 생각할 수 있다. 게다가 내담자와의 강한 정서적 관계가 우리 자신의 미해결 문제 영역에 들어올 수도 있다. 내담자의 이야기와 고통은 우리에게 영향을 미치게 되어 있으므로 우리는 슈퍼비전과 개인치료를 통해 무엇이 우리에게 일어날 수 있는지를 다루어야 한다. 그렇다고 해서 내담자가 경험하는 고통에 무감각해져야 하는 것은 아니다. 사실 우리는 내담자의 이야기를 듣고 마음이 움직여 측은한 마음과 공감을 표현할 수 있다. 그러나 우리는 그들의 이야기에 압도되어 비효과적으로 상담하지 않기 위하여 그것은 그들의 고통이라는 것을 알아차리고 그들을 대신해서 그 고통을 옮기려 하지 말아야 한다.

나의 개인치료 경험

상담자로 일하기 시작했을 때 나는 내가 상담하는 내담자의 속도를 참기 어려워 불안했다. 나는 내담자가 빨리 좋아지고 상담에 가져온 모든 문제를 시간계획에 맞추어 해결하기를 바랐다. 내가 기대했던 대로 내담자가 좋아지지 않자 나는 이를 상담자로서 내가 적합하지 않기 때문이라고 해석했다. 만약 내담자가 좋아지고 있지 않다고, 혹은 실제로는 더 나빠지고 있다고 말했다면 나는 자기의심에 빠져서 내가 잘못된 직업을 선택했다고 확신했을 것이다. 이것은 우울과 불안을 호소했던 남자 내담자들에게서 실제로 나타났다. 나의 아동기와 청소년기의 여러 미해결 과제가 이때에 다시 나타났다. 나의 아버지는 우울로 고생하고 있었기에 나는 아버지를 재미있게 하고, 웃게 하고, 아버지의 기분을 북돋아 주기 위해 최선을 다했다. 나는 내가 어릴 때 겪었다고 생각한 문제들을 내 개인치료에서 다룰 필요가 있다고 생각했다. 오랫동안 지속된 성격문제를 해결했다고 생각한다면 실수하는 것이다. 우리가 우리 문제를 조금 더 이해하게 되었으며 그것이 치유를 이룬 것이라고 말하는 것이 더 정확할 것이다. 우리 삶에서 통제권을 갖게 되면 우리 문제를 더 잘 다룰 수 있다.

내가 내 문제를 파악하여 다스리려고 하지 않는다면 내담자로 하여금 심층적인 개인작업을 하도록 감흥을 줄 수 없다. 나의 개인적 여정을 여행한 것 이상으로 내담자를 데리고 갈 수 없다. 그래서 나는 추가로 개인치료를 받고 여러 다른 집중적인 개인성장집단에 참여했다. 이에 대해서는 5장에서 더 다룰 것이다. 사실 나는 개인치료에서 그리 좋은 내담자가 아니었다. 나는 20대 중반이었고, 상당히 안정된 생활을 하고 있었다. 사실 나는 내게 정말로 치료가 '필요'하다고 생각하지 않았다. 나는 "제리, 나는 정말 네가 개인치료를 받아야 한다고 생각해."라고 하는 친구의 권유와 재촉에 응한 것뿐이었다. 첫 회기에 나는 상담자에게 이렇게 말했다. "내 생활은 꽤 편안해요. 나는 사실 별 문제 없어요. 나는 상담 분야에서 일하려 하기 때문에 상담을 받아 보면 상담이 어떤 것인지 더 잘 이해할 수 있을 것 같아서 왔어요." 그 당시 나는 내가 사는 방식이 괜찮다는 확인을 받고 싶었을 것이다. 다양한 감정을 확인하고 표현하는 것이 어려웠으며, 나의 역동을 그려 내느라 노력하는 인지적 연습을 하면서 많은 상담시간을 보냈다. 여러 종류의 집단상담에 참여한 것이 인지적 수준에서 모든 것을 파악하지 않고 정서적인 관여를 하는 데 더 효과적이었던 것으로 보인다. 나는 개인치료와 집단경험으로 인해 내 자신을 더 잘 이해하고 세계관을 확장시킬 수 있었다. 상담 실무자와 교사로서 내 기술을 연마하는 데 이 경험들이 직접적인 도움이 되었다.

자신을 위한 개인치료

당신이 속한 프로그램에서 개인상담을 요구하지 않더라도 나는 자기자각을 증가시켜 주는 치료적 경험을 해 볼 것을 강하게 추천한다. 당신 자신의 개인적 발달 프로그램에 참여하게 되면 내담자를 대하는 능력이 커진다. 개인상담과 집단상담처럼 다양한 치료방법을 통해 당신은 자신이 대인관계 분야에서 어떻게 행동하는지를 더 잘 알게 된다. 개인치료는 당신의 개인적 역동을 이해하게 해 주고, 상담자로서 당신의 효과성을 높여 준다. 치료적 경험에 열려 있으면 교과서에는 나오지 않는 지식, 기술, 기법을 얻을 수 있다. 단순히 상담과정에 대한 책을 읽는 것은 개인적으로 치료 과정을 경험하는 것을 대신할 수 없다.

개인 심리치료를 학생들에게 소개하면 비용문제로 거리끼게 된다는 이야기를 듣는다. 나는 학생들이 경제적으로 어려우며 수업료, 각종 비용, 책, 기타 여러 생활상의 지출 등을 감당하는 것이 재정에 부담이 된다는 점을 충분히 이해한다. 당신 스스로를 위한 상담을 받고 싶다면 대학 내에서 저렴한 가격이나 무료로 상담할 수 있는 곳을 찾아보라. 대학상담소에서 개인상담과 집단상담을 받을 수 있다. 주로 시간 제한적인 개인상담이라 할지라도 짧은 시간 안에 의미 있는 개인적 이익을 얻을 수 있다. 교수, 슈퍼바이저, 멘토, 동료들에게 지역사회 상담센터나 사설 상담실의 상담자를 추천받으라. 많은 상담자들이 상담 석사 과정의 학생들에게는 상담료를 할인해 준다. 이런 투자는 당신의 개인적 효과성과 상담자로서의 당신의 기술을 향상시켜 주는 성과를 낸다.

진정한 전문가는 자신에 대한 인식을 유지하고 전문가로서뿐만 아니라 개인적으로도 생기 있는 삶을 사는 방법으로 일평생 동안 자기검토를 한다. 숙련된 상담자라도 개인적 자문, 동료집단, 개인 치료, 모든 종류의 자기돌봄 방법 등을 통해 도움을 받을 수 있다. 내담자로서의 경험은 내담자의 깊은 자기탐색을 창조적으로 촉진하는 방법에 대한 값진 가르침을 준다. 당신 자신의 치료를 통해 당신은 당신의 내담자들이 치료 과정에서 보이는 용기를 더 잘 이해하게 된다.

많은 상담자들이 고통스러운 생애 경험을 잘 알고 있는 상처 입은 치료자들이다. 그들은 자신의 치료 과정을 통해 내담자의 고통을 이해하는 맥락을 얻는다. 다음에 제시한 베스(Beth)의 이야기는 고통스러운 생활 경험과 개인치료가 효과적인 상처 입은 치료자로서의 능력을 어떻게 향상시켰는지를 보여 준다.

상처 입은 치료자로서의 경험

Beth Christensen, MA

나는 40대 중반에 상담학 석사 과정을 시작했다. 수업 첫날 작은 학교의 복도를 걸어다니면서 다른 학생들이 얼마나 젊으며, 나는 얼마나 늙었는가를 뼈저리게 느꼈던 시간이 지금도 생각난다. 잠시 동안 내가 이 나이에 학교로 돌아온 것이 정말 잘한 일인가를 심각하게 고민하였다. 그러나 내 강의실에 들어가 보니 상담 석사생으로서 나는 별난 사람이 아니라는 것을 알게 되었다. 수업에는 다양한 연령, 인종, 경험의 학생들이 있었기에 나는 안도의 한숨을 쉬었다. 그 순간 나의 여정이 시작되었으며, 나는 운 좋게도 이 길을 함께 갈 훌륭한 멘토를 만나게 되었다. 지금 나는 상담교육 박사 지망생이며 상담 인턴으로 일하고 있다. 이 길에 크고 작은 도전과 승리가 있었으나 결코 나 혼자 그것을 감당하지 않았다.

이 여정을 시작할 때 단지 나이만이 나를 불안하게 한 것은 아니었다. 내가 상담자가 되기로 결심한 것은 내 삶에 있었던 끔찍한 경험 때문이었다. 나는 아동기와 청소년기에 심각한 성적 학대를 받았다. 중년이 되어서야 그 학대경험이 무엇이었는지를 진정으로 깨닫고 다루게 되었다. 몇 년간 여러 치료를 받으면서 엄청난 고통, 분노, 슬픔을 경험한 후에 나는 나의 학대와 회복 경험으로부터 무엇인가 긍정적이고 삶을 향상시키는 것을 만들어 낼 수 있을 것이라고 생각했다. 의미는 삶에서 겪은 사건 자체에 내재해 있는 것이 아니라 우리가 그 사건에 반응하면서 만들어 내는 것이다. 나는 내 치유의 경험을 다른 사람의 치유를 돕는 데 사용하기로 했다.

물론 누구나 어느 정도의 심리적 고통을 경험하면서 성인이 되지만 어떤 사람은 그 정도가 심하다. 나는 자신의 고통을 자원 삼아서 성공적인 전문가가 된 여러 상처 입은 치료자들을 알고 있다. 이렇게 어떤 트라우마에서 벗어난 경험을 바탕으로 전문가 발달을 할 때에는 큰 유익과 함께 위험도 있다. 나는 다행스럽게도 내 상처받은 경험을 긍정적인 활동으로 전환하는 어려운 과정에서 나를 지지해 준 여러 명의 현명하고 동정적이며 윤리적인 사람들을 만날 수 있었다. 나는 그 어려웠던 과정을 잠시 여기서 살펴보려 한다.

나는 상처 입은 상담자로서 목적에 대한 명확한 감각을 가져야 한다는 생각을 했다. 나의 상담활동을 통해 누가 유익을 얻도록 할 것인지를 알아야 한다. 내가 내담자와 상담관계를 시작하면 내담자에게 도움이 되고 상담과정을 촉진하는 선택들을 할 수 있어야 한다. 그 상호작용이 나 자신에게 긍성적인 도움이 된다면 좋지만 그 것이 우선적인 목적이 되어서는 안 된다. 나의 욕구를 절대로 내담자의 행복을 희생해서가 아니라 적절한 방법으로 충족시키는 것이 윤리적인 상담자로서 나의 책임이다.

또한 나는 동료들, 슈퍼바이저들, 교수들, 슈퍼바이지들과의 상호작용에서도 명확한 목적을 유지해야 한다. 나는 이들과의 만남 경험을 통해 나의 성적 학대 및 트라우마와 관련된 정서 문제와 관련된 부적절한 수치심을 해결하고 싶다. 나는 내가 부적절한 수치심을 거부하겠다고 말하는 것만으로는 부족하며, 그 생각을 행동으로 실천해야겠다고 일찍부터 결심했다. 그래서 나는 나의 학대 경험, 거기서 비롯된 상처, 회복 과정에서 생기는 힘들고 고통스럽고 좌절스러운 과정 등을 숨기지 않기로 결심했다. 나는 나의 동료들이 내담자들의 고통 이면에 있는 잠재적 능력을 알고 병리적 모습 뒤에 있는 한 인간을 보게 되기를 바란다. 나는 아동기 성적 학대로부터 살아남아 회복되는 것을 연구하고 교육하는 사람이 되어서 그런 생존자들에 대한 옹호자가 되고 싶다. 나를 그런 방향으로 이끌어 주는 멘토가 있어 참으로 다행이다.

상처 입은 상담자의 또 다른 중요한 주제는 균형과 공급에 대한 욕구다. 나는 때로 내담자의 욕구가 너무 크고 그들을 돕고 싶은 마음이 너무 강하여서 내담자의 고통에 빠져 버리기도 한다. 이것은 내담자와 나에게 모두 파괴적인 영향을 미치는 과도한 관여다. 이런 함정에 빠지지 않는 가장 좋은 방법은 개방적이고, 솔직하고, 사려 깊은 슈퍼비전을 받고 높은 수준의 자기자각을 유지하려고 노력하는 것이다. 나는 나 자신을 위한 상담을 받아 균형을 유지한다. 이는 내 욕구를 충족시키기 위해 내담자나 다른 전문가들과의 만남을 활용하는 위험을 줄여 준다. 전문적인 모임에서 나의 학대 경험을 말하게 될 때에도 나는 이들이 비록 이 분야에 대한 지식이 많고 잘 돌보는 사람들이지만 나의 치료자는 아니라는 것을 명심해야 한다. 이런 경계는 내가 상담자와 치료 과정을 계속하면서 전문가로서 성장하고 활동할 수 있도록 해 주기 때문에 중요하다. 이 과정을 함께 가는 것이며 또한 내 생각에는 그래야 한다.

박사 과정 학생과 인턴 과정 수련생으로서 나는 배워야 할 것이 많다는 것을 알고 있으며, 열심히 배워 가려고 한다. 나는 심각한 정서적 스트레스로부터 회복하는 험난한 여정을 성공적으로 지내 왔으므로 가르칠 것이 많다고 생각한다. 나는 앞으로 상담자로서 그리고 상담자 교육자로서 살아가면서 이 두 가지를 다 하고 싶다.

논평

자신의 삶에 있었던 매우 어려운 경험을 이야기해 준 베스의 솔직함에 감사한다. 우리 대부분은 성인이 될 때까지 모종의 정신적 고통과 심리적 상처를 경험한다. 부정적 사건 자체가 우리를 결정하는 것이 아니며, 과거의 사건에 대한 새로운 이해와 의미를 우리가 선택할 수 있다는 점을 베스를 통해 배울 수 있다. 윤리적인 상담자는 무엇이 내담자에게 가장 이익이 되는가에 초점을 맞추어야 한다는 것을 베스는 알고 있다. 그녀가 자신의 트라우마와 관련된 고통을 다루지 않았더라면 그녀의 내담자에게 충실할 수 없었을 것이다. 다행이도 베스는 그녀가 건너 온 트라우마 경험을 변화시켜 가도록 도와주는 사람들을 만났다. 그녀는 이 트라우마의 영향을 탐색하고 해결하지 않으면 내담자의 고통스런 이야기에 빠져 버릴 위험이 크다는 것을 알고 있다. 베스는 내담자 문제에 빠지지 않으려면 개방적이고 솔직하고 사려 깊은 슈퍼비전을 받아야 한다는 것을 알고 있다. 베스는 자신의 욕구충족을 위해 내담자를 활용하는 위험을 줄이고 높은 수준의 자각을 유지하기 위해 스스로를 위한 상담을 받는 것이 중요하다는 점을 알게 되었다. 베스는 적절한 경계선이 무엇인지를 알고 있으므로 자신의 교수를 치료자로 만드는 오류를 피할 수 있었다. 그녀의 여정을 통해 그녀는 상처 입은 치료자가 될 수 있었다.

성찰을 위한 질문

- 베스의 이야기 중 어떤 것이 가장 인상적인가?
- 그녀의 고통 중에 당신이 경험한 고통과 연관되는 것이 있는가?
- 상처 입은 치료자가 된다는 것이 당신에게는 어떤 의미인가? 어떤 방법으로 당신은 상처 입은 치료자가 될 수 있겠는가?

- 당신은 유사한 경험이 없는 상태에서 얼마만큼 베스와 같은 내담자를 공감하고 이해할 수 있겠는가?
- 당신은 개인치료를 받으면 당신 문제 대부분을 완전하게 해결할 수 있을 것이라고 생각하는가? 개인치료를 받는다면 어떤 기대를 할 것인가?

다문화 및 다양성 관점을 갖게 된 과정

상담자의 문화적 배경이 자신의 삶에 어떻게 영향을 끼치는지를 잘 이해하는 것은 개인적으로나 전문가로서나 상담자에게 꼭 필요하다.

나는 여기에서 내 가족의 두드러진 문화적 배경과 이 경험이 나에게 어떻게 영향을 미쳐 왔는지를 설명하려 한다. 그리고 유세프 돌라차이(Yusef Daulatzai)와 카세이 휸(Casey Huynh)이 자신의 문화적 배경이 그들이 하는 전문활동에 어떻게 영향을 끼쳐 왔는지를 이야기해 줄 것이다.

내가 석사 과정을 다닐 때에는 문화가 평가나 치료 과정에 영향을 미치는 것에 대한 논의가 없었으며, 다문화에 대한 과목도 개설되지 않았다. 대학에서 가르치기 시작하면서도 나는 내적 심리역동에 초점을 두면서 개인적 관점에서 실시하는 상담에 초점을 두었고, 치료 과정이 속해 있는 문화적 맥락에 대해서는 신경을 쓰지 않았다. 1980년대 초에 사회사업 배경을 가진 다문화적 관점 전공의 비백인 교수 두 명이 대인 서비스 프로그램에 들어오게 되었다. 소라야 콜리(Soraya Coley)와 제롬 라이트(Jerome Wright)는 나를 멘토링해 주면서 개인적 관점으로만 상담하는 것의 한계를 알게 해 주었다. 그들은 상담에 대한 내 시야를 넓혀서 환경 속에 있는 개인을 고려할 수 있도록 해 주었다. 사실 소라야와 제롬은 우리 대인 서비스 프로그램의 영역을 넓혀서 개인에게 미치는 지역사회의 영향과 내담자의 문화를 포함할 수 있도록 하였다. 그들은 또한 우리 학생들의 멘토가 되어 대학원 진학의 꿈을 지지해 주었다.

문화가 어떻게 우리에게 영향을 끼치는가를 가족을 통해 알게 되다

나는 이탈리아계 미국인 1세대로서 나의 원가족에서 처음으로 문화적 다양성을 배웠다. 나의 부모는 모두 이탈리아 출신이지만 누구도 내가 집에서 이탈리아어를 말하는 것을 중요하게 생각하지 않았다. 우리 가족은 문화적 문제에 대한 이야기를 나눈 적이 없으며, 문화적 전통을 형이나 나에게 전해 주려는 관심조차도 없었던 것으로 보인다. 내가 어릴 때 매주 일요일마다 할아버지, 할머니와 함께 가족모임을 가졌다. 그분들은 영어를 배우지 않았기 때문에 가족모임에서는 이탈리아어로만 말하여서 나는 그곳에서 소외감을 느꼈다. 나는 삼촌이나 고모들과 함께하는 이 자리에 내가 맞지 않는다고 생각했다. 그래서인지 내 어린 시절의 주요 주제는 내가 어디에도 적합하지 않다는 것이있다.

나의 아버지 조지프는 똑똑하고 민감한 사람이었지만 일평생 동안 불안과 우울로 힘겹게 살았다. 아버지는 일곱 살 때 이탈리아에서 뉴욕으로 보내져 고아원에서 자랐다. 결국 그는 치과의사가 되어 대공황 때 치과를 운영하였다. 그는 많은 사람들이 이탈리아 출신 치과의사에게 오고 싶어 하지 않을 것이라고 생각하여 사자의 심장이라는 뜻의 Cordileone을 Corey로 바꾸었는데 이는 결국 어떤 식으로든 자신의 전통을 부인한 것이다. 아버지의 우울한 상태는 나의 어린 시절, 청소년기, 청년 초기에 큰 영향을 끼쳤다. 아버지는 내가 상담학 박사학위를 받기 얼마 전에 돌아가셨다. 나에게 준 아버지의 교훈은 안전한 길을 선택하고 모험을 하지 말라는 것이었다. 아버지가 돌아가셨을 때 나는 새로운 영역을 헤쳐 나가지 않고 안전을 선택하는 아버지의 길을 따르지 않겠다고 결심했다. 또한 나는 우울이 나의 삶을 지배하기를 결코 원하지 않았다. 내가 일평생 바쁘게 산 이유 중에는 우울을 잠재우기 위한 것도 있을 것이다.

나의 어머니 조세핀은 아흔넷까지 사셨는데 어머니가 살아온 모습을 모델로 삼을 정도로 그녀는 나의 큰 스승이다. 어린 시절부터 어머니는 외할아버지의 복숭아 과수원에서 일했으며, 단순한 삶의 가치를 배워 왔다. 어머니는 학교를 좋아했고, 배우고 싶은 마음이 간절했지만 고등학교 이상의 교육을 받을 수 없었다. 힘든 삶을 살았지만 어머니는 재치와 유머를 잃지 않았다. 어머니는 나에게 힘든 노동의 가치를 알려 주었고, 사람이 늙어서도 변화할 수 있다는 것을 보여 주었다. 아버지와는 달리 어머니는 모험을 선택하고 인생의 여러 측면에 관심을 보였다. 어머니는 특히 내 딸들의 사는 모습에 관심을 보이고 아이들과 함께 있는 시간을 즐거워하였는데, 아이들도 할머니와 지내는 것을 좋아하였다. 때로 어머니는 나에 대해 참지 못하고 바로 표현하였다. 어머니가 나에게 이런 말을 한 것이 기억난다. "제리야, 너는 책과 학교에 대해서만 말하는구나. 다른 것은 말할 것이 없니?" 어머니는 내 관심사가 좁다는 것을 알았기에 나를 돌보면서도 재미있는 방법으로 나에게 도전을 준 것이다.

나의 형과 나는 같은 부모에게서 태어났지만 우리가 형제인 것을 알아보기는 어렵다. 밥은 나보다 열세 살이 많은데 우리는 별로 닮은 것이 없다. 내가 어릴 때 형은 제2차 세계 대전에 참전했고, 전쟁 후에는 사업을 전공하려고 대학으로 떠났으며 결국 사업의 세계에 몸을 담았다. 우리는 가치관, 인생관, 종교관, 정치관에서 대립하는 입장을 가지고 있다. 우리는 같은 부모를 가지고 있지만 마치 두 개의 완전히 다른 문화에서 자라 온 것 같다. 우리는 이렇게 서로 다르지만 친밀한 관계를 맺으며 그가 여든셋에 사망하기까지 계속 만났다. 나는 형이 나의 아내 마리안느와 나의 전문적 업적을 자랑스러워해서 기쁘다. 형은 내 문법학교 성적을 볼 때 내가 학교를 마쳤다는 것이 믿기 어렵다고 나를 놀리기도 했다.

나는 주변에 있는 이탈리아 출신 이민자로 구성된 핵가족 또는 확대가족들을 통해 사람들이 서로 다른 시각으로 세상을 보며 자신을 서로 다른 방식으로 표현한다는 것을 어릴 때부터 배웠다. 나는 나와 다른 사람들이 잘못되었다고 판단하기보다는 차이를 수용하게 되었다. 사람들은 자신의 전통유산 때문에 차별받는다는 것을 아버지의 경험 때문에 알게 되었다. 나의 확대가족은 차별을 받기도 했지만 이들도 나름대로의 편견을 가지고 있었다. 나는 나의 친척 중에서 어떤 집단의 사람들을 비방하는 것을 보면서 인종차별은

은밀하게도 일어나고 명백하게도 일어난다는 것을 알게 되었다. 여하튼 나는 차별의 대상이 된 사람들에 대해 불쌍하게 여기는 마음을 갖게 되었다. 아마도 이것은 부분적으로는 내가 어린 시절에 친구들이 날 원하지 않아 겉돌고 있다는 느낌을 가졌기 때문일 것이다. 어떻게 내가 다른 사람에 대한 동정심과 비판단적인 태도를 갖게 되었는지는 모르겠으나 여하튼 나는 돌보는 사람이 되는 방향으로 움직여 갔다.

또한 나는 열아홉 살에 독일에서 미국으로 이민 온 마리안느를 통해 문화적 다양성을 알게 되었다. 우리는 내가 스물일곱이 되었을 때 독일에서 결혼했는데 당시 우리 둘은, 특히 마리안느는 결혼을 해야 할지, 하지 말아야 할지에 대해 혼란스러워했다. 우리는 두 개의 다른 문화 출신이었다. 그녀는 전원의 농장에서 자랐고 나는 로스앤젤레스라는 도시에서 자랐다. 그녀는 개신교 신자였고, 나는 가톨릭 신자였다. 결혼이란 마리안느가 독일의 가족을 떠나 캘리포니아에 산다는 것을 의미했다. 당시에는 문화와 종교의 차이가 지금만큼 이 사회에서 중요하지는 않았다. 많은 사람의 도움을 받아 우리는 우리를 거의 갈라놓을 뻔했던 여러 가지 차이점을 극복할 수 있었다. 우리는 우리가 공통적으로 여러 핵심적인 가치를 공유하고 있다는 사실을 깨달았고, 그래서 우리의 차이점들을 넓은 시각에서 볼 수 있었다. 우리는 독일의 봄스 성당에서 결혼했고, 양가 모두 결혼식에 참석했는데, 이는 우리 결혼에 대한 명확한 보증 선언이었다.

우리는 라인팔츠에 있는 마리안느의 마을에서 매년 여름을 보냈는데, 이를 통해 나는 다른 나라의 작은 농촌 마을에서 사는 것의 가치를 경험해 볼 수 있었다. 두 문화에 살면서 문화의 복잡성과 세상을 보는 다양한 관점을 경험하게 되었다. 당연히 마리안느는 문화를 나에게 가르쳐 주는 선생님이 되었는데, 그녀는 나에게 다양성을 이해하는 방식과 이 이해를 상담 실제에 적용하는 방식을 알려 주는 주요한 자원이 되어 주었다.

우리 딸 하이디와 신디는 독일과 미국의 생활에 큰 영향을 받았다. 두 아이 모두 두 나라 말을 하고 두 문화에 익숙하다. 신디는 다문화 및 지역사회 상담 전공으로 임상심리학 박사학위를 취득했다. 그녀는 현재 매우 다양한 대학 석사 프로그램에서 다문화상담을 가르치고 있다. 우리는 다문화 관련 주제에 대한 공통의 관심사와 의견을 나누는데, 그녀는 내가 상담 실제와 관련해서 가지고 있는 전제들을 재검토해 보도록 문제제기를 해 왔다. 신디는 나와 마리안느와 함께 여러 학술대회에 함께 발표하고, 주중 숙박형 집단상담을 함께 지도하며, 최근에는 몇 권의 책을 함께 저술했다. 신디는 나에게 문화가 치료 과정과 상담자 교육장면에서의 교육활동에 어떻게 영향을 미치는지를 잘 가르쳐 주었다. 하이디는 요가를 가르치는 또 다른 치유의 길을 가고 있다. 하이디는 일에 매몰되지 않고 몸에 주의를 기울이는 것이 얼마나 중요한지를 일깨워 주고 있는데 이는 분명 상담과 연관성이 있는 것이다.

마리안느와 나는 외국여행을 하면서 우리의 지평을 넓혀 갔다. 우리는 미국의 여러 주를 비롯하여 멕시코, 홍콩, 중국, 한국, 스코틀랜드, 독일, 벨기에, 캐나다, 아일랜드 등에서 워크숍을 진행했다. 집단상담 워크숍을 통해 문화적 변인들이 집단 내 개인의 기능에 어떻게 영향을 미치는가를 배우게 되었다. 이런 경험들을 통해

마리안느와 나는 상담이 과연 무엇인가에 대한 다른 관점을 알게
되었고, 상담과 문화 간의 상호작용을 배우는 효과적인 방법을 알
게 되었다.

이어지는 유세프 돌라차이와 카세이 훈의 이민 이야기는 어린 시
절 경험이 어떻게 석사 과정을 마치도록 하고, 문화적 다양성을 지
닌 내담자들을 상담할 결정을 하게 하였는지를 보여 준다. 이들의
개인적인 이야기를 보면서 당신이 문화적으로 역량 있는 상담자가
되는 데 도움이 될 만한 점을 찾아보라. 유세프와 카세이의 어린 시
절 경험이 오늘날 그들이 전문가로서 이룬 업적에 어떻게 연관되는
지를 생각해 보라.

학문적 분석 대 직접적 사회 활동

Yusef Daulatzai, MA, PsyD

나는 나의 인간됨이 상담자로서의 내 일에 영향을 끼친다고 굳게
믿는데 이런 관점은 임상연구를 통해 확인된다. 나의 관심, 나의 열
정, 나의 지적이고 영적인 발달은 상담자로서의 나의 효과성에 영
향을 미친다. 나의 진로여정은 부분적으로는 학부 1학년 시기에 일
어난 생활사건에서부터 시작되었다. 나는 이민자이며, 비백인 남자
인데 어린 시절 내가 경험한 인종주의와 차별로 인해 나의 우선적
인 관심은 인종, 계급, 불평등의 주제였다. 나는 많은 대학생들이
그러하듯이 비판적인 자기평가와 정체성 발달의 과정을 시작하고
있었다. 이런 분석이 내 안에서 이루어지고 있던 1992년 로스앤젤

레스 폭동이라는 큰 사건이 발생하였다. 이때는 내가 대학교 1학년이었고, 마침 인종과 불평등에 대한 사회학 과목을 수강하고 있었다. 나는 UCLA에서 4년간 사회학 전공생으로서 사회정의 주제에 대한 열정과 헌신을 발달시켜 가며 인종차별과 불평등의 구조에 대해 공부했다.

졸업이 가까워 오면서 나는 이 열심을 진로로 전환할 방법을 찾아보았다. 나는 다행히도 UCLA 사회학과의 제롬 라보우(Jerome Rabow) 교수를 멘토로 모시고 친밀한 관계를 가져 왔다. 나는 그가 학생들로 하여금 사회적 불평등의 주제를 학급에서 분석하며 지역사회 센터와 학교에서 활동가로서 일을 통해 사회에 참여하도록 격려해 주는 분위기가 좋았다. 학문적 분석과 사회참여를 함께하는 것은 멋진 경험이었지만 장래직업을 생각할 때는 내 안에서 심각한 갈등이 일어났다. 나는 사회정의에 대해 가르치고 글을 쓰는 직업을 생각하면서 사회학 박사학위를 취득하려는 생각을 가지고 있었다. 그러나 내가 이 길을 택하면 학문의 세계 밖에서 지역사회 속에서 경험할 수 있는 직접적인 접촉이 결핍될 것 같아 고민스러웠다. 나는 사회적 주제에 대한 학문적 분석을 하는 대학에서의 진로가 직접적인 사회참여 활동만큼 성과가 없는 것은 아닌가 하는 걱정이 되었다. 나는 어떻게 하면 사회적 주제에 대한 학문적 탐색을 하면서도 사회적 활동에 참여할 수 있는 진로를 잡을 수 있을까 고민했는데 이는 두 가지 모두 나에게 소중했기 때문이었다.

졸업 후 나는 동부 로스앤젤레스 취약지역에 있는 중학교에서 교사가 되었다. 직접 가르치는 일이 즐거웠지만 내 마음은 대학원을 가고 싶었다. 나는 가족과 교수님의 격려에 힘입어 이 진로를 추진하며 내 스스로에게 다음과 같은 질문을 했다. "나는 대학원의 스트레스를 견딜 준비가 되어 있는가? 어떤 일을 하고 싶은가? 어떤 진로가 나를 행복하게 해 줄 것인가?" 나는 연구와 통계를 좋아하지 않았지만 이것이 박사 과정의 한 부분이라는 것을 알고 있었다. 한 친구가 내가 추구하는 여러 가지를 제공해 줄 것으로 보이는 대학원 프로그램인 캘리포니아 전문 심리학 학교(California School of Professional Psychology: CSPP)를 알아보라고 권해 주었다. 그 프로그램은 다양한 임상심리 분야 전공을 개설하고 있었다. 그중에 문화와 맥락이 지역사회와 개인에게 미치는 영향에 초점을 두어 만들어진 다문화 지역사회 임상심리학 전공이 있었다. 여기에서는 연구에 초점을 두는 철학박사 학위와 실제적인 임상활동에 초점을 두는 심리학박사 학위가 모두 가능했다. 많은 탐색과 자문을 거쳐서 나는 CSPP에 등록하였다. 나는 그곳에서 사회정의에 대해 학문적 분석을 하는 기술을 개발하면서도 임상심리학자로서 지역사회에서 일할 역량을 갖추어 나갈 수 있을 것이라고 믿었다. 이 프로그램을 통해서 나는 사회정의에 대한 학문적 분석에 대한 관심과 실제 사회 참여 활동을 결합하는 길을 찾게 되었다.

지금 나는 로스앤젤레스 정신건강부(Los Angeles Department of Mental Health)의 지원을 받아 비영리 지역사회 정신건강 프로그램에서 일하고 있다. 나는 산 가브리엘 계곡 전체에 걸쳐 위기 청소년을 대상으로 일하고 있는데 이들은 모두 집행유예이거나 보호관찰 하에 있다. 많은 청소년들이 가난이나 신체적 · 성적 · 정서적 학대의 피해자, 가족의 지지 결여 등의 다차원적인 억압을 받고 있다. 나는 여러 학문 분야가 함께하는 팀에서 청소년들과 지역사회의 자원을 연결해 주는 일을 하고 있다. 또한 집중적인 개인 및 가족 상담을 실시하고 청소년을 위한 옹호자로서 활동한다.

현재 조력전문가 분야의 대학원 과정 중에 있는 학생들에게 하고 싶은 말은 자신의 관심과 열정을 돌아보고 그 열정을 전문적 진로로 전환할 방법을 고려해 보라는 것이다. 자신을 적극적으로 개발하라. 대학원 생활은 매우 스트레스가 많고 개인적 개발에 신경 쓸 여유가 별로 없을 수 있다. 여러분의 인간됨, 성격, 지적 능력, 자각 수준, 타인과의 깊은 정서적 교감에 대한 사랑과 역량 등이 다른 사람을 돕는 데 있어 당신의 가장 강력한 자원이 될 것이다. 자신을 끊임없이 개발하고 계속 전진하라. 유사한 일을 하는 그 분야의 사람들과의 관계를 만들고 유지하라. 여러분을 보살펴 주고 격려해 줄 모임을 갖고 있어야 한다. 다른 사람을 잘 돌볼 수 있기 위해서 자신을 잘 돌보아야 한다.

논평

유세프는 이민자와 비백인으로서 인종주의, 차별, 불평등한 대우 등에 대한 개인적 경험을 가지고 있다. 그의 이야기는 이런 부정적 경험들이 사회정의와 옹호활동에 참여하려는 장래계획에 활용될 수 있다는 것을 보여 준다. 그의 개인적 삶과 전문가로서의 삶은 서로 영향을 주고받는다. 그는 지역사회에서 일하는 임상심리학자의 기본적 대상인 억압적인 사회문제에 대해 경험적 이해와 학문적 이해를 모두 갖고 있다. 유세프는 여러분이 자신의 열정을 돌아보고 그것이 여러분의 전문적 진로와 연결될 방법을 찾아보라고 말한다. 유세프는 서로 다르지만 연관된 두 진로여정을 가졌고, 사회정의 문제에 대한 학문적 탐구와 직접적인 사회활동 참여를 함께할 수 있는 방법을 찾았다.

성찰을 위한 질문

- 어떻게 여러분의 생활 경험을 여러분이 가장 원하는 전문가로서의 진로를 형성하는 데 도움이 되도록 활용할 수 있겠는가?
- 불평등한 대우를 받아 본 적이 있는가? 그렇다면 이런 경험이 당신에게 어떤 영향을 미쳤는가?
- 여러분의 성격, 지능, 자각 수준이 다른 사람과 효과적으로 일하는 데 있어서 가장 중요한 도구라는 유세프의 의견에 얼마나 동의하는가?

어둠에서 빛으로의 여정

Casey Huynh, MS, MFT

내가 여섯 살이 되던 1981년에 나의 가족은 보트를 타고 베트남에서 탈출하기로 결정하였다. 첫 번째 시도는 실패했지만 두 번째 시도는 성공했다. 나는 사람들이 살해당하는 장면을 보았고, 나에게 총이 겨누어지기도 했으며, 학대받을 상황에 처하기도 했고, 나의 친척들과 헤어질 위기도 겪는 등 여러 끔찍한 경험을 했다. 나는

6개월간 태국의 난민촌에 머물며 가족들과 다시 만나기 위해 살아남으려고 애썼다. 결국 나는 나보다 먼저 미국에 도착한 가족들과 만나게 되었다. 우리를 지원해 준 훌륭한 미국 가족이 우리에게 희망과 빛을 주었다.

나는 15세에 장차 치료사가 되어 주로 아시아인 특히 베트남 사람들을 도와야겠다는 신중한 결심을 했다. 내가 상담을 받을 때 상담자는 나에게 나를 학대했던 사람들을 용서하기를 바란다고 했지만 나는 그럴 준비가 되어 있지 않았다. 나는 다른 종류의 상담자가 되어야겠다고 결심했다. 이 기억으로 인해 나는 내가 될 수 있는 한 가장 능력 있는 상담자가 되겠다는 동기를 갖게 되었고, 여러 어려움에도 불구하고 대학원생활을 지속하게 되었다.

대학원 때 나는 실습 2년차를 통과하지 못했는데 이는 내가 배운 이론을 베트남어를 말하는 내담자와의 상담에 적용하려고 애쓰고 있었기 때문이었다. 이 실습 과정을 반복하는 것은 그 프로그램에서 별도로 1년을 더 있어야 한다는 것이었지만 이는 내게 시련의 모습으로 온 축복이었다는 것을 알게 되었다. 대학원 생활은 기술을 훈련하고 상담 분야의 기초를 충분히 닦을 수 있는 시기였다. 이 별도의 1년은 내가 꿈꾸었던 전문적인 상담자가 되기 위해 필요한 기술을 배우고 지식을 습득할 수 있는 기회가 되었다.

몇몇 어려움을 극복하고 3년이 지나 나는 상담학 석사학위를 취득했다. 그리고 나는 결혼 및 가족 치료사(MFT) 면허에 필요한 실습시간을 채우기 위해 2년간 일했다. 그 후 면허시험의 두 개 영역을 세 번 시도하여 합격하는 데 다시 3년이 걸렸다. 나는 과연 성공적인 상담자가 될 수 있을까 하는 마음에 시험을 통과하는 것에 대해서 양가적인 감정이 들었다. 나는 포기하고 싶었지만 나를 아는 많은 분들이 나의 전문적인 목표를 계속 추구하라고 격려해 주었다. 나는 시험에 통과하기 위해 필요한 것에 집중했고 그것은 효과가 있었다. 나는 살아오면서 여러 번 역경을 만나고 무기력하다고 느끼며, 개인적인 그리고 학문적인 환경의 한계를 경험했다. 면허를 취득하자 성취감과 독립심이 생겼다. 나는 내가 훌륭한 상담자가 될 수 있다고 내심 믿고 있었지만 전에는 그것을 인정하는 것이 두려웠다. 면허 취득으로 인해 내 꿈은 실현되었고 나는 가능성은 무한하다는 것을 알게 되었다. 나는 시련과 방황에도 불구하고 나의 가장 좋은 것을 놓치지 않았다는 사실로 인해 힘이 솟았다.

지금 나는 베트남어만 말할 줄 아는 아이들과 가족들에게 상담을 제공하는 사설 비영리 단체에서 일하고 있다. 내가 만나는 대부분의 아시아계 가족들은 아동 및 가족 서비스부(Department of Child and Family Service), 지역센터, 법원, 학교 상담자, 가정의 등으로부터 의뢰된다. 내 내담자의 대부분은 5세에서 18세 사이의 아이들이다. 이 아이들은 우울, 불안, 외상후 스트레스 장애, 정체성 형성, 부모-자녀 갈등, 약물남용 등의 문제를 보인다. 이런 문제들의 일부분은 베트남어만 말할 수 있는 부모와 영어도 말하는 자녀 간의 언어와 문화의 장벽 때문에 더 심해진다. 나는 베트남어를 말할 수 있기 때문에 언어장벽을 극복하고 자기들이 이해받는다는 느낌을 갖도록 할 수 있다. 또한 나는 부정적인 정신건강 낙인과 관련된 위협을 줄여 줄 수 있다. 나는 가족들이 다세대 경험을 이해하고 서로 다른 문화적 관점을 수용하도록 하기 위해 원가족의 주제를 다루는 가계도를 사용한다. 이런 치료적 개입을 하면 감정적인 반응이 줄

어들고, 심리적 상처가 치유되며, 가족 구성원 간에 개방적인 의사소통이 늘어나는 것을 볼 수 있다. 이런 작업을 통해 아이들의 증상을 통제하게 되어 학교에서 어느 정도 성취를 이루게 되고, 친구를 만들고 유지하며, 그들을 돌보는 사람들과 상호작용이 늘어나게 되었다. 부모들도 상담에서 배운 기법을 사용해서 가족역동이 좋아지는 것을 경험하게 되었다.

나의 여정은 내 삶을 향유하며 아시아 공동체에 기여하는 사명을 갖도록 했다. 이 사명은 내 삶의 어려운 시절에 나를 돌봐 주었던 사람들이 나에게 해 주었던 것처럼 나도 다른 사람들을 대해 주는 것이다. 나는 나의 내담자들이 보이는 진전의 한 부분이 될 수 있다는 것이 자랑스럽다. 어둠에서 빛으로 오는 나의 여정은 때로 너무나 힘들었지만 그것은 오히려 아시아계 내담자들을 상담하면서 그들을 변화시키는 자원이 되었다. 내게 있어 나의 여정을 항해하는 것은 올림픽 성화를 나르는 것과 같았다. 나는 나의 빛을 발견하고, 불을 붙여야 했고, 그것이 계속 타오르게 하는 법을 배워야 했다.

논평

카세이의 여정에서 인상적인 것은 믿을 수 없는 역경을 극복했을 뿐만 아니라 전문가가 되어 그녀의 공동체 사람들이 희망과 빛을 찾도록 돕는 일에 헌신하게 되었다는 것이다. 카세이는 대학원 생활과 면허 취득 과정에서 실패를 경험했지만 이것으로 인해 상담자가 되고자 하는 어린 시절의 꿈을 포기하지 않았다.

성찰을 위한 질문

- 카세이의 이야기 중에서 여러분에게 가장 의미 있는 부분은 무엇인가?
- 역경을 대하는 카세이에게서 무엇을 배울 수 있는가? 좌절이 올 때 어떻게 하는 것이 여러분에게 도움이 되겠는가?
- 문화적으로 그리고 인종적으로 다양한 내담자 집단을 효과적으로 상담하기 위해서 필요한 것이 무엇이라고 생각하는가?

문화적으로 깨어 있기 위해서는 계속적인 노력이 필요하다

우리의 문화적 배경에 관계없이 상담자라면 누구나 다른 집단 사람들에 대한 우리의 기대, 태도, 편견, 전제 등을 검토해 보고 이것이 상담과정에 대한 우리의 인식에 어떤 영향을 끼치는지를 고려해야 한다. 우리가 주변의 편견을 가져오면서도 이를 충분히 알아차리지 못할 수 있다. 우리의 편견과 가치를 점검하고 이것들이 우리가 내담자와의 좋은 관계를 수립하고 유지하는 것을 방해하지 않도록 하기 위해서 지속적인 노력과 관찰이 필요하다.

나는 나의 문화적 각성을 여러 집단과의 직접적인 만남, 독서, 수업, 동료의 자문과 토의, 전문가 워크숍, 여러 상황에서 서비스 제공 등을 통해 확장해 왔다. 내가 배운 것은 여러분이 문화적 각성을 확장하고 다양성에 대해 능력 있는 상담자가 되는 것은 어떤 프로그램을 졸업하면 끝나는 것이 아니라는 것이다. 오히려 그것은 계속적인 교육, 훈련, 성찰, 믿을 수 있는 동료와의 토론, 슈퍼비전과 자문을 받으려는 의지 등이 필요한 일평생 동안의 발달 과정이다. 우리는 이 영역에서 완성된 성과물이 아닌 진행되어가는 과정으로 부름을 받은 것이다.

나는 문화적 다양성을 무시하기 어려운 캘리포니아에 살고 있다. 하지만 미국의 어떤 곳과 세계의 일부분은 동질적인 사회다. 그곳은 명백한 다양성이 별로 나타나지 않으며, 지역사회에서 다양성이라는 것은 찾으려고 노력해야 발견될 것이다. 나는 여러분이 어느 곳에 살든 차이점을 찾아보기 바란다. 할 수만 있다면 세계의 다른 지역을 다녀 보라. 그럴 수 없다면 여러분이 살고 있는 도시에서 다양한 문화 출신의 사람들이 모이는 지역이나 장소로 가 보라. 여러분이 항상 알아 왔던 안전지대에서 벗어나기 위해 어떤 일이든 해 보라. 여러분의 내담자의 지평을 넓히기 위해 그들을 격려했던 것처럼 여러분 자신에게 기꺼이 도전해 보라.

CHAPTER

03

멘토링받기와
멘토링하기

🎭 들어가는 말

 이 장에서는 우리 자신이 우선 멘토링받고 나중에는 다른 사람들을 멘토링해 주는 순환 과정을 다루려고 한다. 또한 여러 학생과 초보 전문가들이 기꺼이 자신들의 개인적인 이야기를 공개하면서 그들이 목표를 달성할 수 있도록 추진력을 주었던 멘토들의 지지, 격려, 안내를 통해 배웠던 교훈을 제시한다. 여러분은 18개의 이야기를 읽으면서 그들의 전문적인 여정을 중단시켰을 수도 있었던 내적, 외적인 장애물들을 어떻게 만나 대처하게 되었는지를 알게 될 것이다. 일반적으로 그들을 믿어 주는 한 명의 멘토가 그들의 꿈을 추구하기 위해 필요한 동기를 제공해 주었다. 그들은 가능하다고 생각하지 못했던 수준에 올라섰으며, 이제는 자신들이 멘토링을 통해 다른 사람에게 그것을 돌려주고 싶다고 말한다.

 우리는 모두 개인적인 또는 전문적인 발달이 어느 수준이든지 어떤 방식으로든 멘토가 되어야 한다. 미국상담학회(ACA) 회장인 린다(Lynn Linde, 2009) 박사는 전문가들이 멘토가 되어야 한다고 도전하면서 자신의 대학원생활, 전문가로서의 경력, 그리고 미국상담학회 회장으로 있을 때 얼마나 많은 사람이 자신을 멘토링해 주고 격려해 주었는지를 이야기하는 글을 썼다. 그녀는 우리가 생각해 보아야 할 몇 가지 질문을 제시하였다. 여러분 중 많은 사람은 누군가가 전환을 쉽게 할 수 있도록 도와주고, 길을 열어 주었기 때문에 대학원이나 새로운 진로에서 성공하지 않았는가? 여러분은 여러분 스스로는 보지 못했던 여러분 속의 어떤 것을 누군가가 보아 주었기 때문에 상담자가 되지 않았는가? 여러분들은 상담전문가가 되는 꿈을 갖도록 해 준 누군가가 있지 않은가? 린다 박사는 모든 상담전문가들이 다른 사람을 멘토링할 의무가 있으므로 다음 한 해 동안 멘토링할 대상을 한 사람씩을 정하라고 제안한다. 나는 우리가 한 명의 학생, 한 명의 가족, 한 명의 동료와 지속적인 관계를 맺어서 각 개인이 자신의 전문가로서 밟고 있는 여정을 도와주어야 한다는 그녀의 생각에 동의한다. 여러분이 이제 읽게 될 개인적인 여정의 주인공들은 모두 린다 박사의 제안을 따라 다른 사람에게 방향을 제시하고 있다. 그들은 자신들이 받았던 것을 다른 사람들에게 돌려주는 것이 얼마나 소중한 일인지를 알고 있다.

🗣 내가 멘토에게서 배운 교훈

나의 멘토링은 당시에는 부정적으로 여겨졌던 경험에서부터 시작되었다. 실패에 대한 두려움, 부적절감, 내가 누구인지에 대한 고민 등이 나에게 가장 좋은 교사가 되었다. 나는 실패에 대한 일정한 책임이 나에게 있겠지만 어떤 노력이 실패했다고 해서 내가 한 인간으로서 완전히 실패한 것은 아니라는 것을 알게 되었다. 또한, 나는 실수를 하는 것이 실패하는 것과 같은 것이 아니라는 점을 알게 되었다. 사실 나는 모험을 하려 하지 않고 새로운 일을 시도하지 않는 것이 가장 큰 실패라고 생각한다. 나는 전문적 노력을 기울이는 과정에서 완벽한 안전지대란 없다고 생각한다. 열등감은 창조의 근원이라는 알프레트 아들러의 생각은 중요한 의미를 지닌다. 나는 아들러 학파 사람들처럼 수월성을 향한 추구, 개인적 유능감 등은 우리의 열등감에서 나온다고 생각한다. 나는 여러분들이 생각하는 실패나 부족한 부분들을 단점으로 보지 않기를 바란다. 이상하게 들리겠지만, 여러분이 열등감을 포함한 여러분의 모든 측면을 받아들일 때 창조성을 발견할 수 있다. 여러분이 읽을 몇몇 이야기에는 실수하는 것에 대한 걱정, 실패의 두려움, 부적절하다는 느낌과의 투쟁 등이 담겨 있다. 이 이야기들의 주인공들은 그들이 현재 성공하게 된 것은 개인적으로 그리고 전문적으로 유능해질 수 있을 것인가에 대한 자기의심과 불안을 직면했기 때문이라고 말한다.

🦹 멘토링이 나에게 의미하는 것

나는 내 꿈을 추구하도록 격려해 준 멘토의 힘을 한다. 나를 믿어 주는 사람이 있다는 것이 좌절 상황에서 내게 희망을 주었다. 나는 멘토링과 가르치는 일을 할 때 이 믿음을 다른 사람에게 전달하면서 가장 보람을 느꼈다. 여러분들에게 포기하고 싶은 마음이 들 때 이를 물리치는 가장 효과적인 자원이 격려다. 나는 특히 힘들 때에 멘토가 나를 믿어 주고 내가 계속 할 수 있도록 격려해 준 것에 대해 매우 감사한다. 우리 각자는 고유한 재능을 갖고 있어서 개인, 집단, 사회에 변화를 촉진하는 영향력을 발휘할 수 있다. 우리의 영향력은 오늘 우리가 취한 단순한 행동을 훨씬 뛰어넘어서 확장될 수 있다.

나는 오랫동안 많은 프로젝트에 친구들과 동료들을 참여시키려고 노력해서 이 프로젝트가 나 혼자의 노력이 아니라 공동으로 하는 작업이 되도록 했다. 협력적인 일을 위해서는 권한을 잘 분배해야 한다. 나는 책이나 논문을 쓰면서, 교육용 비디오 프로그램을 제작하면서, 여러 과목을 공동으로 가르치면서, 워크숍을 개최하면서, 전문 학술대회에서 발표하면서 계속적으로 동료들을 참여시켰다. 내가 포용적이 되려고 노력했기 때문에 프로젝트는 내게 더욱 의미 있었다. 나는 멘토링이란 우리 둘 모두에게 이익이 되는 협력적인 관계에 다른 사람을 참여시키는 방법이라고 생각한다. 나는 동료들이나 학생들과 이런 관계를 만들고 유지하면서 많은 것을 얻었고, 내가 멘토링을 해 주게 된 사람들이 자주 나에게 멘토링의 중요한 자원이 되어 주곤 했다.

나는 멘토링이란 멘티로 하여금 자신의 목소리를 발견하여 그것을 사용할 수 있도록 도와주는 옹호 과정이라고 생각한다. 나는 멘토링 관계에서 멘티를 위해 옹호하는 것 이상을 하려고 노력한다. 나의 목표는 내가 멘토링하는 사람이 스스로 생각하여 자신의 결론에 도달하고 스스로를 위해 말하도록 가르치는 것이다. 나는 내 복제품을 만들거나 내 제자를 원하지 않는다. 나는 그들의 여정을 안내해 주고자 한다. 나는 그들이 스스로를 멘토링해서 자신의 전문적 여정을 만들어 가도록 힘을 부여해 주고 싶다.

여러분은 어떻게 멘토를 찾을 수 있겠는가? 친구, 동료, 가족, 상담자, 교수, 슈퍼바이저 등이 당신의 멘토가 될 수 있을 것이다. 여러 사람들이 여러분이 교육적 · 전문적 경력을 쌓아 가는 과정에 안

내와 제언을 해 줄 것이다. 이들이 제공해 줄 수 있는 도움을 요청하라. 여러분의 개인적인 그리고 전문적인 여정에는 여러 길이 있을 수 있으므로 여러 명의 멘토를 갖는 것이 좋다. 서로 다른 사람들은 서로 다른 방법으로 여러분에게 도움이 될 수 있기 때문이다. 여러분이 한 멘토나 한 분야의 멘토들에게만 의지하게 되면 여러분이 되고자 하는 모습이 제한될 수 있다. 여러분의 멘토에게 할 질문을 생각하고 그들이 줄 답을 고려해 보라.

🧑‍🤝‍🧑 멘토링을 받은 사람들의 경험

나는 내 개인적인 그리고 전문적인 여정에서의 전환점에 관해 이야기했다. 이제 6명의 개인적 여정을 통해서 멘토링을 받고 멘토링을 제공하는 것과 관련된 교훈을 살펴보겠다. 이제 나탈리 멘도자 (Natalie Mendoza), 수잔 커닝햄(Susan Cunningham), 제이미 블러드워스(Jamie Bludworth), 갤로 아볼레다(Galo Arboleda), 발레리 러셀 (Valerie Russell), 메리 제인 포드(Mary Jane Ford)의 이야기를 읽으면서 여러분과 관련되는 부분을 찾아보고 그들의 경험을 통해 여러분이 배울 교훈을 생각해 보라. 각 이야기 뒤에 멘토링을 받고 멘토링을 하는 것에 대해서 내게 가장 인상 깊었던 교훈에 대해 논평을 제시하였다.

사람이 모든 것을 변화시킨다

Natalie Mendoza, MS

나는 남부 캘리포니아의 한 지역 대학에서 정년보장을 받은 상담자와 교수로 일하고 있다. 나는 특히 교육적으로나 경제적으로 빈곤한 환경에서 자라 그 가족 중에서는 대학에 처음 온 학생들(first-generation students)을 지지하고 동기를 부여하며, 격려하는 상담 유지 프로그램에서 일하고 있다. 우리는 학생들이 전문학사 학위를 취득하거나 자격을 취득하도록 해서 4년제 대학으로 편입하여 학사학위와 그 이상을 향해 가도록 돕고 있다.

나는 고등학교 때에 고등교육에 대한 열정을 갖게 되었다. 나는 평범한 학생이었고, 나의 상담자는 나에게 고등학교 이후의 교육을 추구하도록 격려하지 않았다. 그러나 내가 로스앤젤레스 연합교육청의 시카노 청소년 리더십 협의회의 살 카스트로(Sal Castro) 씨를 만난 것이 전환점이 되었다. 그는 나에게 고등교육의 중요성을 일깨워 주었으며, 나는 헌신적으로 열심히 공부하여 결국 학사와 석사 학위를 취득하였다. 그것은 내 일생에서 가장 잘한 결정이었고, 그로 인해 내 장래 진로—다른 사람이 교육과 진로 목표를 달성하도록 돕는 일—의 기초가 만들어졌다. 나는 이 경험을 통해 다른 사람을 멘토링하는 방법을 배웠다.

내 여정은 엄청난 수고와 자기 확신을 필요로 했다. 내가 고등학교에서 처음 전문적 관계를 맺을 때에 나는 내가 내 직업을 제대로 수행할 수 있을지 알아보는 '시험'을 보는 느낌을 받았다. 예를 들어, 고등학교 상담자로 일할 때 몇몇 학부모들은 당혹스러운 표정으로 나를 바라보는 것이었다. 나는 그들이 "당신은 상담자가 되기에는 너무 어려. 내가 알지 못하는 무엇을 내게 말해 줄 수 있겠어?"라고 말하고 있다고 생각했다. 이것은 내게 부담이 되었지만 나는 내가 처한 위치에서 해야 할 과제를 차근차근 수행해 나갔다. 결국 나는 학부모, 학생, 학교행정가, 지역사회 구성원들의 신뢰를 얻게 되었다. 나의 목표는 분명했으며, 나는 교육에 대한 열정을 가지고 있었다. 무엇보다도 나는 내 자신과 내가 제공해야 할 것에 대한 믿음을 가지고 있었다.

나는 어려 보이는 라틴계 상담자로서 동료들과 행정가들의 인정을 받기 위해서 열심히 일해야 했다. 그러나 이것이 기폭제가 되어 나는 내 장점을 활용하여 내 주변의 다른 사람들로 하여금 자신이 선택한 진로분야에서 나처럼 열심히 일하도록 힘을 북돋아 주게 되었다. 학교상담자로 1년을 마칠 즈음에 교장은 나에게 많은 학생과 학부모들이 다음 해에 내게 상담을 받고 싶어 한다고 알려 주었다. 학부모의 불평으로 인해 내가 다른 길을 갔더라면 이런 성공을 경험할 수 없었을 것이다. 나는 힘든 상황을 다루면서 내게 도전하는 것이 가치로운 일임을 계속적으로 배우고 있다.

상담자가 되려는 내 소망은 항상 지역사회로 돌아가서 내가 도움받았던 방식으로 사람들을 돕는 것이었다. 나는 석사학위를 지닌 멕시코계 미국인 여자로서 학생들이 그들의 교육적인 목표와 진로목표, 개인적 목표들을 달성할 수 있도록 최선을 다해 돕는 것이 나의 책임이라고 생각한다. 미국에서 라틴계 학생들의 고등학교와 대학교 탈락률이 가장 높기 때문에 나는 이 책임을 계속 지고자 한다. 이것 때문에 나는 내가 돕는 학생들의 삶에 긍정적 변화를 일으키기 위해 내가 할 수 있는 모든 것을 하게 된다.

나는 조력전문가가 되고자 하는 석사 과정 학생들에게 몇 가지 추천하고 싶은 것이 있다. 여러분 자신과 여러분이 제공할 것에 대한 믿음을 가져라. 여러분이 수줍은 성격을 가지고 있더라도 사람들과 전문적인 관계를 맺으라. 여러분이 자신을 드러내지 않으면 아무도 당신을 알아보지 못한다. 기꺼이 사람들에게 여러분 자신을 알리고 모험을 감수하라. 여러분의 진로여정을 세워 가는 데 도움이 되는 지침들을 기꺼이 제공해 줄 수 있는 자원이 될 만한 여러분 주위의 사람들을 사귀라. 지속적으로 개인적인, 그리고 전문적인 성장활동에 참여하고 여러분 분야의 최신 연구와 현장 동향에 대한 정보를 놓치지 말아야 한다. 여러분의 욕구충족을 일에만 의존하지 않기 위해서 일 이외의 영역에서도 여러분의 정체성을 가지고 있으라.

'전문가' 지지체계를 갖고 있는 것이 내 진로 방향을 계속 해 나가는 데 특별한 도움이 되었다. 예를 들어, 나는 면접에 갈 준비를 하면서 모의 면접관을 선정하여 그들이 나에게 질문을 하여 내 대답에 대한 피드백을 주도록 하였다. 또한 나는 어떤 직장에 서류를 내기 전에 몇몇 사람들에게 내 이력서와 자기소개서를 보고 피드백을 달라고 했다. 나의 지지체계에는 내가 오랫동안 신뢰를 형성해 왔고 나에게 솔직하게 말하는 사람들이 포함되어 있다. 이것은 의심이 밀려올 때 엄청난 도움이 되었다.

나는 현재 〈당신 안에 있는 지도자〉 워크숍을 진행하면서 학생들을 멘토링한다. 나는 석사학위를 취득하는 것의 유익을 설명하고 학생들이 자신 속의 힘을 발견하여서 그들의 지역사회에 돌려줄 수 있게 돕기 위해서 더 멀리 여행하기도 한다. 학생들이 편지, 카드를 통해서나 나를 개인적으로 만나서 그들의 개인적인 그리고 전문적인 여정에 내가 얼마나 의미 있는 존재였는지를 말해 줄 때 나는 매우 큰 보람을 느낀다. 내가 한 사람의 삶이 더 나아지도록 영향을 미쳤고 내 재능을 사용했다는 것을 알 때 정말 만족스럽다. 나는 내 담자나 멘티가 자기 자신을 믿고, 스스로를 존중하며, 그들의 여정에 있는 장애물들을 극복할 수 있기까지 성장했다는 것을 말할 때 자부심을 느낀다. 우리의 공동작업을 통해 얼마나 멀리까지 오게 되었는지를 그들이 알고 감사하는 것을 보는 것이 내 보상이며, 이것이 내가 계속 추구할 소중한 보물이다.

논평

나는 나탈리의 여정에서 여러 가지 교훈을 발견하였다. 비록 그녀가 고등학교 졸업 이후의 목표에 대한 격려를 받지 못했지만 살카스트로 씨가 그녀의 꿈을 넓혀 주고 학사 · 석사 학위를 추구하도록 힘을 북돋아 주었다. 나탈리는 대학에 처음 온 세대의 학생들이 자신의 한계를 확장해 나가도록 동기부여하는 일을 자신의 사명으로 삼는 지역사회 대학의 상담자로서 일하고 있다. 그녀가 현재 지위에 이르기까지 감당해야 했던 힘든 일들을 하기로 결심한 것에 대해 잘했다는 칭찬을 받을 만하다. 그녀는 고등학교 때 그녀의 멘토가 그녀에게 해 주었던 것을 많은 사람들에게 해 주고 있다.

나탈리는 자신이 받은 것을 지역사회에 돌려주고 자신 속에 있는 재능과 자원을 발견하는 과정에서 도움받았던 방식으로 다른 사람들에게 영향을 미치려고 하는 열정을 지속적으로 갖고 있다. 나는 그녀가 대학원 학생들에게 기꺼이 모험을 감수하고 주변의 자원이 될 만한 사람들과의 관계를 시작하라고 한 제안이 마음에 든다. 여러분이 나탈리의 장애와 비슷한 어려움을 만나지 않더라도 여러분의 전문적인 방향성에 대한 지지와 안내를 해 줄 사람들과 관계를 맺는 것은 도움이 될 것이다. 나탈리는 자신의 지지체계를 창의적으로 활용하여 두려움이 밀려올 때 확신을 가질 수 있었다.

그리고 나탈리는 여러분의 욕구를 일을 통해서만 충족시키지 않기 위하여 일 이외의 것에서도 정체성을 개발하라고 제안한다. 나는 여러분의 개인적인 생활에서 의미 있는 것을 가지고 그 관계를 풍성하게 하는 것이 중요하다고 생각한다. 지역사회에 돌려주고자 하는 나탈리의 열정으로 인해 그녀는 그녀가 상담하고 멘토링하는 사람들이 자신의 여정에 있는 장애를 극복하는 방법을 배우도록 돕는 일에 계속 집중할 수 있었다. 그녀의 멘티들이 스스로를 점점 더 신뢰하게 된다는 말을 듣는 것이 그녀의 보상이 되었다.

성찰을 위한 질문

- 어떤 지지체계가 여러분이 계속 집중할 수 있도록 도와주는가? 가정이나 학교, 직장에서 지지체계를 만들기 위해 무엇을 할 것인가?
- 여러분은 여러분이 필요한 도움을 기꺼이 요청하는가?
- 여러분의 꿈을 추구하도록 격려해 준 특정한 사람이 있는가?

그가 어떻게 여러분에게 영향을 미쳤는가?

• 여러분은 어떻게 스스로에게 도전하며 지금까지의 장애물을 극복해 왔는가?

• 여러분은 어떤 방법으로 지역사회에 여러분이 받은 것을 돌려 줄 것인가?

놀라운 시작을 위한 어려운 여정

Susan Cunningham

나는 지금 상담 석사 프로그램 마지막 해에 실습 프로그램을 반 정도 마친 상태로서 매주 2명의 내담자를 만나고, 2일은 수업에 참여하고 있다. 내 생애에서 여기까지 오는 데 여러 어려움이 있었다. 나는 2명의 십대 자녀를 둔 싱글맘이며, 성인이 되어 늦게 학교에 들어온 학생이다. 나는 이혼을 하게 되었을 때 자녀 양육을 위해 학교에 진학하겠다는 결정을 하였다.

나는 간호학교를 졸업할 꿈을 가지고 있었지만 이수과목이 매우 모자랐기 때문에 간호 프로그램에 들어갈 수 없었다. 다음으로 어떤 길을 갈 수 있을지를 생각해 보던 중에 전에 몇 년간 함께 일했던 전문상담자 자격이 있는 동료이자 친구인 한 명이 떠올랐다. 나는 다른 사람을 돕는 일과 자신의 일에 대한 그녀의 열정이 좋았다. 그녀는 한번은 내가 다른 사람들의 이야기를 진심으로 들어 주기 때문에 위대한 상담자가 될 수 있을 것이라고 나에게 말해 주기도 했다. 이 사람이 내가 학부의 대인 서비스 프로그램을 들어가고 그것을 마친 후 상담 석사 프로그램에 들어가게 된 계기가 되었다.

나는 인생의 어려운 시기를 겪고 있는 사람들을 돕고 싶다. 특히 나는 십대 이전과 십대의 사람들을 돕고 싶은데 이는 그들이 인생에서 아주 많은 어려운 결정에 직면해 있기 때문이다. 그들은 호르몬의 변화를 맞이하고 있는데 대부분의 경우 무슨 일이 일어나고 있는지조차 모르고 있다. 이 어린이들에게는 그들이 의지할 수 있을 만한 누군가가 그들의 이야기를 들어 주고 그들을 위해 변함없이 옆에 있어 주어야 한다.

학부 프로그램을 마친 후 나는 내가 대학원 과정을 마칠 능력이 있을지 의문이 들었다. 나는 상담자가 되고 싶었지만 그렇게 되기 위해 필요한 만큼 똑똑하지도 않고 결국에는 실패할 것이라고 생각했다. 나를 잘 아는 친구와 이 두려움에 관해 이야기하면서 나는 내가 실패에 대한 두려움 때문에 내 앞에 장애물을 놓고 있다는 사실을 알게 되었다. 이것은 나에게 대학원 프로그램에 지원할 힘과 도움이 되었다. 어려운 시기에 멘토가 되어 주는 누군가가 있음으로 인해 나와 내 교육의 여정이 전혀 달라졌다. 이제 나는 2명의 대학원생의 멘토다. 이 둘은 모두 영어를 배우고 있는데 이들이 글을 쓰거나 정보를 이해하는 데 어려움을 겪으면 나는 그들을 돕기 위해 간다. 수많은 사람이 나를 도왔기 때문에 나도 내가 받은 것을 다른 사람에게 돌려주려 한다.

내 교육적 여정에 많은 것들이 동기를 부여해 주었다. 다른 사람을 의지하지 않고 내 아이들을 기를 수 있다는 것이 가장 큰 동기가 되었다. 내 집을 갖는 것이 목표였는데 대학원에 들어가는 것이 그것을 향한 첫 발걸음이었다. 나의 친구들도 내가 교육을 계속하도록 동기를 부여해 주었다. 내가 직면하는 어려움들을 이해해 주는 친구들은 내 진로방향을 추구해 가는 데 특별한 도움이 되었다. 동료학생들의 어려움을 진심으로 들어 주면서 내가 직면한 어려움을 이해해 주는 지지집단도 생겼다. 이 친구들은 내 공부를 도와주었고, 내가 소진될 것 같으면 내가 계속할 수 있도록 밀어 주었다. 내 친구들이 소진으로 인해 어려워하면 내가 이런 도움을 주기도 했다.

싱글맘으로서 지금까지 오기 위해 많은 장애물을 극복해야 했다. 재정이 가장 힘든 장애물이었다. 대학원 프로그램은 1년간의 무급 실습을 요구했다. 이를 위해서 나는 시간제 일자리를 그만두고 은행의 학생 대출금을 늘려야 했다. 어머니와 함께 살았기 때문에 만약 내가 혼자 살았다면 부담해야 하는 엄청난 생활비를 지출하지 않고 계속 교육을 받을 수 있었다. 내가 직면해야 했던 또 다른 장애물은 일주일에 4일은 나의 아이들과 떨어져 지내야 한다는 것이었다. 십대는 정말 중요한 시기인데 나는 학교 일정 때문에 전화로 거의 모든 양육을 해야 했다. 엄마가 되어 주는 것은 내게 가장 중요한 일이었지만 매일 밤 아이들의 학교 과제를 돕기 위해 함께 있어 주지 못하는 것은 정말 힘든 일이었다. 이는 나의 아이들에게도 적응하기 힘든 일이었다. 아이들이 지난해 고등학교와 중학교에 진학하면서 학교 공부의 어려움이 더해졌다. 아이들과 시간을 보내주면 아이들의 성적이 올라가는 것이 보였다. 나는 필요할 때마다 아이들과 함께하고 싶었지만 나도 학교에 가야 하고 밤에는 일해야 하다 보니 아이들과 함께 있는 것이 극복해야 할 어려운 장애물이 되어 버렸다.

나는 처음부터 알았더라면 도움이 되었을 교훈을 이 여정을 통해서 배우게 되었다. 첫 번째의 그리고 가장 중요한 교훈은 실수해도 괜찮다는 것이다. 실수는 내가 실패했다는 것을 의미하는 것이 아니며 나는 그 경험을 통해 배울 수 있다. 좋은 지지체계를 갖는 것도 매우 중요하다. 학급에서 친구를 사귀면 여러분이 지금 겪고 있는 일을 이해할 수 있는 사람을 갖게 된다. 조력전문가 교육과정을 이수하려면 심층적인 자기탐색을 해야 한다. 같은 길을 가는 사람들이 주변에 많이 있으면 고통과 좌절을 완화시킬 수 있다. 내가 주고 싶은 마지막 조언은 즐거운 시간을 갖으라는 것이다. 한번 잠시 동안 풀어지는 경험을 하게 되면 머리가 맑아지고 몸의 스트레스가 날아간다. 가족이나 친구와 한바탕 웃으면 영혼이 치유된다.

❀❀

논평

수잔의 이야기에서 인상적인 것은 처음에 자신이 똑똑하지 않다는 신념과 실패에 대한 두려움 때문에 상담자가 되려는 꿈을 접으려고 했다는 점이다. 결국 수잔은 그녀의 두려움이 그녀의 길을 막고 있다는 것을 깨닫고 더 이상 그것이 자신을 막아서지 못하게 했다. 수잔은 자기의심과 실수할 것에 대한 걱정이라는 내적인 장애물을 가지고 있었을 뿐만 아니라 싱글맘으로서 가족을 부양하고 자신의 학비를 벌어야 하는 외적인 장애물을 해결해야 했다. 나는 수잔의 이야기에 많은 사람이 자신을 동일시하리라고 생각하는데 특히 어머니로서의 책임과 학교에서 요구하는 것 사이의 균형을 맞추어야 하는 부분에서 그럴 것이다.

수잔은 우리에게 즐거운 시간을 갖는 것과 우리 자신의 힘을 새롭게 하는 것, 친구나 가족과 한바탕 웃는 것의 중요성을 일깨워 준다. 웃으면 영혼이 치유된다는 그녀의 생각을 내 마음에 새겨 두고 싶다. 만약 여러분이 자신을 즐거워하거나 자주 웃지 못한다면 지금 여러분이 어떻게 살고 있는지를 평가해 보라.

성찰을 위한 질문

- 실패에 대한 두려움이 있다면 어떻게 하면 그것을 잘 다룰 수 있겠는가?
- 여러분은 자신의 어려움을 바로 보게 도와줄 지지집단을 가지고 있는가?

자기의심과 높은 기대

Jamie Bludworth, PhD

나는 학부에서 엄한 공사감독이라는 평판을 가진 교수의 수업을 들은 적이 있다. 나는 그 앞에서 주눅이 들었다. 그는 학생들이 우수한 성과를 보일 것을 기대했으며, 이로 인해 나는 최선을 다하게 되었다. 시간이 지나고 나서야 나는 그도 다가갈 수 있는 사람이며 나를 인간으로서 돌보아 준다는 것을 알게 되었다. 그는 나의 진로결정에 대해 멘토링해 주었으며, 내가 자신감이 없어 할 때 박사학위 취득을 추구하도록 격려해 주었다. 그는 적절한 맥락에서 대학원

응시과정을 열어 주어 내 자기의심을 극복하도록 도와주었다. 결국 나는 내게 최상의 선택이라고 할 수 있는 한 프로그램의 입학 제안을 받아들여 다른 주로 옮겨 대학원 학생의 삶을 시작하게 되었다.

박사과정 첫날 나는 너무 긴장해서 첫 수업에 들어가면서 거의 아침을 먹지 못했다. 나는 매우 높은 기대를 하고 있으며 그 분야에서 크게 존경받는 교수를 또다시 만났다. 나는 교수에 의해 기가 죽는 경험을 잘 극복했다고 생각했지만, 또다시 예전의 반신반의했던 느낌이 올라왔다. 이때 나는 내가 이 교수가 만족할 수 있는 어떤 것도 할 수 없다는 것을 "알았다." 나는 박사 과정 1년차 학생들이 연구계획서를 제출할 때 눈물을 흘리게 된다는 이야기를 이전에 들었다.

첫 학기 말에 나는 이 수업에서 나의 첫 연구계획서를 발표했다. 그 교수는 내 발표를 산산조각냈다. 발표를 마칠 무렵 내 얼굴에 땀방울이 맺혔다. 발표를 마친 후 그는 나를 옆으로 데리고 가서 결코 잊을 수 없는 말을 해 주었다. "자네 생각이 자네 자신이 아니라네. 자네에 대한 피드백이 개인적인 공격이 아니라는 사실을 진정으로 받아들일 수 있을 때 편집자의 검토 의견이나 임상 슈퍼바이저의 피드백을 받고서 반발하기보다는 적절하게 응대할 수 있을 걸세." 이때의 대화는 따뜻했고 돌봄을 받는 느낌이었다. 나는 또 한 명의 멘토를 얻은 것이다. 이 첫 번째 조언은 내가 심리학 박사과정 학생으로 살아가는 동안 크게 도움이 되었다.

나는 최종적으로 심리학자 국가면허시험을 치르면서 이 날을 위해 지난 7년간 지내 온 시간을 되돌아보았다. 심리학자가 되는 마지막 단계를 거치는 것에 대한 불안과 걱정 안에는 나의 아내에 대한 감사하는 마음이 있다는 것을 알게 되었다. 그녀는 내가 임상 슈퍼바이저를 만족시키기 위해 초조해하거나 구조방정식 모델을 배우기 위해 애쓸 때 그녀를 의지할 수 있게 해 주었다. 그녀는 모든 것에서 나와 보조를 맞추었으며, 엄청난 인내와 사랑으로 가득한 친절을 보여 주었고, 내가 포기하려 할 때 나를 따스하게 감싸주었다. 그녀는 모든 면에서 나를 지지해 주었는데, 이런 그녀의 지지를 생각한 덕분에 나는 그 지독한 시험의 첫 문제를 대하면서도 평정심을 잃지 않을 수 있었다.

나는 지금 조기 이수 대학교 상담센터(fast-paced university counseling center)에서 면허 있는 심리학자로서 일하면서 개인상담, 집단상담, 심리사회 평가, 지역사회 지원 활동, 근무시간 외의 위기개입, 광범위한 대학사회에 대한 자문 등을 제공하고 있다. 또한 나는 석사 과정 학생과 박사 수준의 수련생들에게 임상 슈퍼비전을 제공하는 것이 매우 즐겁다. 임상 슈퍼바이저로서 내 역할을 수행하면서 나는 나를 개인적으로 그리고 전문적으로 믿어 주고 존중해 주면서 내가 높은 수준으로 나아가도록 도전하고 도와주었던 멘토를 가졌던 것이 어떤 의미였나를 되돌아보게 된다. 나는 내 진로여정에 도움이 되었던 도전, 지지, 구조 등을 슈퍼바이지들에게 제공하려고 노력한다. 이는 마치 그들로 하여금 그들이 한 임상적 선택의 불확실성을 견뎌 내면서 그들이 직면하는 과제의 모호함에 접근해 가는 예시로 내 경험을 사용하게 하는 것으로 보이기도 한다.

진로 분야 심리학자가 되는 내 여정에서 내가 가장 잘한 일은 내가 스스로 설정한 한계를 뛰어넘을 수 있도록 나를 밀어붙인 멘토를 찾은 것이다. 나는 처음에는 내게 상처를 준 사람을 멘토로 삼았지만, 그들이 상처 주는 사람이 아니라는 것을 알게 되었다. 상처받은 것은 나였지 그들과는 관계없는 일이었다. 지금도 나는 내 멘토들이 전화해서 내가 할 수 있다고 생각하는 것보다 더 잘하라고 말할 것 같다. 그들은 내가 안전지대에서 나오도록 밀어붙였고, 불확실한 지역을 탐색해 나가도록 지지해 주었다. 내가 슈퍼바이저와 멘토의 역할을 할 때 내 훈련생들 역시 내 자신을 더 넓게 보게끔 해 준다. 이 관계 속에서의 성장은 상호 호혜적이다. 나는 이 점에 감사한다.

논평

제이미의 이야기에서 가장 눈에 띄는 교훈은 어떻게 하면 멘티가 안전지대에서 나와 미지의 세계를 탐색하기로 선택하는 모험을 감수하도록 멘토가 지지와 도전을 함께 제공할 수 있는가 하는 점이다. 제이미는 여러 명의 멘토가 준 이 조언을 확실하게 따라갔으며, 이로 인해 그가 학부를 시작하면서는 생각하지 못했던 그만의 고유한 전문가로서의 여정을 만들 수 있었다. 그의 여정에서 그가 계속 집중할 수 있도록 그의 아내가 수행한 역할은 헤라클레스의 과제처럼 보이는 일들을 대처하고 수행하는 데 있어 가족 구성원의 지지가 얼마나 중요한지를 보여 준다. 확실히 박사 프로그램에서 그의 멘토는 제이미가 연구계획서를 작성하는 것에 대한 두려움 때문에 수준 높은 과제를 포기하지 않도록 도전하였다. 비교적 초보 전문가로서 제이미는 대학교 상담센터에서의 일을 통해서 자신이 받은 것을 다른 사람들에게 돌려주고 있다.

성찰을 위한 질문

- 제이미의 이야기에서 어떤 교훈이 여러분에게 도움이 되었는가?
- 여러분은 여러분의 안전지대에서 나올 생각이 있는가?
- 여러분은 가족에게 여러분의 꿈을 이루어 가는 것을 격려해 달라고 요청하는가?
- 교수나 슈퍼바이저가 여러분을 혼낸다면, 여러분의 두려움을 어떻게 바로 볼 수 있겠는가?
- 여러분을 가르치는 사람이나 멘토가 여러분이 할 수 있다고 스스로 생각하는 것보다 더 잘하라고 요구한 적이 있는가?

당신의 기회를 활용하라

Galo Arboleda, MSW

나는 법정 중재자(court mediator)의 자리에 있으면서 가족법과 그 절차에 대해 배울 기회가 많았다. 나는 부모들이 자녀양육 계획에 대해 합의하도록 돕고, 어린아이들에게 가장 좋은 방향으로 양육권을 조정하도록 돕는다. 나는 아동 양육권 조사관으로서 부모를 면담하고, 친척들을 면담하며, 아동의 나이가 적절하면 아동도 면담하고, 가능하다면 경찰 보고서와 사회복지 보고서를 검토한다. 그리고 아동과 관련하여 부모가 어떻게 양육권을 조정해야 할지에 대한 평가와 제안을 담은 보고서를 작성한다. 이 직업은 힘든 일이지만 분쟁에 휩싸인 아이들의 대변인이 될 수 있기 때문에 보람 있는 일이다.

나는 부모들에게 그들의 이혼이나 별거가 아이들에게 어떻게 영향을 미치는지에 대해 가르친다. 나는 아이들이 새 집, 새 학교, 그리고 집에 양 부모가 없는 현실을 직면하면서 겪는 주요한 적응과정을 설명한다. 나는 부모들이 서로에 대해서 성숙하고 존중하는 공동양육 관계를 유지함으로써 아이들이 이 변화에 잘 적응하게 도와줄 수 있다고 알려 준다. 가장 중요한 점은 부모들이 아이들의 최선의 이익을 위해 의논하도록 하는 것이다.

나는 지금의 멘토를 전문 학술대회에서 만났는데 그는 나에게 한 일자리에 갈 수 있다고 알려 주었다. 몇 달 후 나는 지원서를 냈고 합격하는 행운을 얻었다. 이것을 통해 나는 가능한 모든 기회에 나의 분야의 다른 전문가들과 네트워크를 형성하는 것이 얼마나 중요한지를 알게 되었다.

나는 법원에서 일하기 전에 약 7년간 비영리 단체에서 상담자로서 개인, 아이, 가족, 집단 등을 대상으로 일했다. 나는 아동학대, 가정폭력, 양육, 분노 조절, 물질 남용 치료를 위해 의무적으로 이수해야 하는 집단상담을 운영했다. 이런 의무로 하는 집단상담을 운영하는 것은 힘든 일이지만 보람 있는 일이다. 자신의 의지에 반해서 억지로 무엇인가를 해야 하는 사람을 대상으로 일하다 보면 자주 저항을 받게 된다. 내담자들은 집단상담을 시작할 때는 배우자나 자녀를 학대했거나 약물을 남용한 것에 대한 책임을 인정하지 않고 자신의 현재 상황에 대해 다른 사람들을 비난한다. 이런 사람들을 효과적으로 상담하고 내담자들이 자신의 삶의 방향을 다시 세우도록 하기 위해서는 내가 단호해야 한다. 나의 임무는 그들이 자신이 한 일에 초점을 맞추고 자신의 행동에 대한 책임을 지도록 하는 것이다.

의무적인 집단상담 운영의 긍정적인 측면은 사람들로 하여금 자신의 상황을 다른 관점에서 보도록 돕는 기회를 갖게 하는 것이다. 폭력 가해자 집단을 운영할 때 나의 목표는 그들이 피해자의 관점에서 그 상황을 보도록 하는 것이다. 또한 나는 스페인어를 사용하는 내담자들을 상담하면서 큰 보람을 느끼는데 이는 내가 라틴계 사람이기 때문이다. 이 내담자들에게 치료적 경험을 제공할 수 있는 것이 만족스럽다. 내가 정말로 만족하고 즐거워하는 것은 서로 다른 인종, 사회경제적 지위, 생활 경험을 지닌 아주 많은 다른 사람들을 만날 수 있다는 것이다.

나는 다른 사람들이 내게 동기를 부여해 주기를 기다리기보다는 나 스스로 동기를 가져야 한다는 것을 알게 되었다. 나는 새로운 활동과 경험을 시도하는 것을 좋아한다. 그러나 나는 내 두려움에 맞서서 그것이 내 생각과 결정을 지배하지 못하게 해야 했다. 자기의심도 내가 통제해야 할 장애물이었다. 지금 나는 두려움과 자기의심의 생각을 도전하면서 나 자신에게 다음과 같이 질문한다. "일어날 수 있는 가장 끔찍한 일이 무엇인가?"

나는 내 목소리를 찾아 그것을 사용하는 법을 배워야 했다. 자라면서 나는 매우 수줍어하고 조용했으며, 내 생각과 감정을 표현하려 하지 않았다. 학부공부를 시작할 때 나는 활용할 수 있는 자원의 혜택을 거의 보지 못했다. 당시 나는 지도와 지지를 요청할 자기주장 기술이 없었다. 나중에서야 학급에서 말하기 시작했고, 내 생각에 성공을 위해 필요한 도움을 요청하게 되었다. 이런 단계를 거치면서 내가 나 자신을 표현할 능력을 가지고 있다는 것을 알게 되었다. 가장 중요한 점은 내가 나 자신을 위해 말하지 않는다면 아무도 그렇게 해 주지 않는다는 것이다.

나는 대학원 과정에 있는 여러분에게 여러분의 자원을 잘 활용할 것을 권하고 싶다. 학교와 여러분이 있는 곳에서 만나는 전문가들은 여러분에게 제공할 많은 정보를 가지고 있으며, 여러분이 두려움을 극복하고 그들에게 질문하면 기꺼이 자신들의 경험을 나눠 줄 것이다. 여러분의 교수를 그들의 근무시간에 만나고, 학급에서 여러분의 생각과 의견을 표현하라. 여러분 자신의 목소리를 가지고 여러분 자신을 표현하는 법을 배우라. 수준 있는 고등교육을 받기 위해 여러분이 처해 있는 상황을 최대한 활용하라.

논평

갤로의 이야기는 네트워크를 형성하는 일과, 성공하는 데 필요한 도움을 요청하는 일의 중요성을 보여 준다. 다른 많은 사람처럼 갤로는 자신의 목소리를 가지고 그것을 활용하기 위해 노력해야 했다. 갤로는 청소년기에 자신의 생각이나 감정을 표현하도록 격려받지 못했으며, 이로 인해 그가 자신을 표현하기 위해서는 많은 것이 필요했다. 그가 배운 한 가지 교훈은 그가 자신을 위해 말하지 않는다면 아무도 그를 위해 그렇게 하지 않는다는 것이었다.

갤로는 다양한 내담자 집단을 상담하면서 이들과의 상호작용을 만족스럽게 여겼다. 만약 여러분이 지역사회의 비영리 단체에서 비자발적인 내담자를 상담해야 한다면 그것이 여러분에게 어떻게 여겨질지와 여러분이 어떤 어려움을 겪게 될지 생각해 보라. 장래 일을 생각하면서 다양한 내담자들과 효과적으로 일하기 위해 필요한 지식, 기술, 생활 경험, 개인적 특성이 무엇일지 생각해 보라.

성찰을 위한 질문

- 여러분은 여러분에게 주어진 모든 기회를 잘 활용하고 있는가? 여러분의 목표를 달성하도록 해 줄 수 있는 네트워크를 만들기 위해 노력해 왔는가?
- 여러분은 어느 정도 자신의 목소리를 가지고 있으며 그것을 사용하는가?
- 여러분이 현재 학생이라면 여러분의 교육에 더 적극적으로 참여하기 위해 무엇을 할 수 있는가?

나는 더 멘토링받고 싶다!

Valerie Russell, PhD

박사 및 석사 수준의 인턴들에게 슈퍼비전을 제공하고 멘토링을 통해 지원해 주는 일은 내 일 가운데 특별히 보람 있는 일이 되었다. 또한 비자발적인 내담자를 상담하는 일이 전문가로서의 나의 삶에 의미를 제공해 주었다. '내가 왜 처음에 상담자가 되기로 했을까.'와 '왜 내가 인턴을 멘토링하고 그런 어려운 사람들을 상담하는 일에 끌리게 되었을까.'를 생각해 보는 것은 흥미로운 일이다. 아마도 프로이트가 말한 대로 이런 질문에 대한 대답은 나의 어린 시절의 경험에서 나올 수 있을 것이다.

내 동생 벤은 발달장애를 가지고 태어나 그의 생의 절반을 보호 시설에서 지냈고 내 삶에 있어 가장 영향력 있는 존재가 되었다. 나는 남을 돕고자 하는 내 관심 혹은 욕구는 내 동생을 '돕지' 못해서 생기는 무기력감에 기반을 두고 있다고 생각한다. 어릴 때 나는 엄마와 함께 동생이 있는 시설을 자주 방문했고, 사회와 격리된 이런 특별한 '환자들'에 대해 혼란과 동정의 감정을 함께 느꼈다. 또한 나는 그들을 상대로 일하고 있는 사람들에 대해 호기심을 느꼈다. 나는 초등학교 2학년 때 교사에게 장래진로로 조력전문가에 대한 관심을 말했다. "너는 자라서 무엇을 하고 싶으니?"라는 필립 선생님의 질문에 나는 "다른 사람을 돕고 싶어요."라고 대답했다. 청소년기에 경험한 다양한 자원봉사는 보람 있었으며, 장래 직업으로 조력전문가를 선택하려고 하는 나의 관심을 충족시켜 주었다.

학부 심리학과 학생으로서 첫 임상 인턴십의 대상자를 선택할 때 나는 발달장애인를 대상으로 일하는 것에는 흥미를 느끼지 못했는데 이는 내가 내 형제와 연관해서 너무 많은 아픈 경험이 있기 때문이었다. 그러나 아마도 내 동생이 마음에 있기 때문에 남자 청소년들을 대상으로 일하게 되었다. 내 내담자들은 사회와 격리되어 주거형 시설에 살고 있다는 점에서 내 동생과 비슷했다. 그러나 그들은 발달장애를 갖고 있지 않기 때문에 내 동생과는 달랐다. 오히려 그들은 다양한 위반 행위로 인해 체포되어 감금된 상태였다.

재판을 받은 남자 청소년들을 상담하기로 선택한 것은 내 눈을 새롭게 뜨는 계기가 되었다. 이는 전적인 사무직 종사자 가정에서 자란 백인 남성인 나에게 나의 어린 내담자들이 전형적으로 경험하는 전혀 다른 생활방식을 접하게 해 주었다. 이로 인해 나는 어린 시절 양육환경이 장래를 형성하는 데 어떻게 결정적인 역할을 하는지를 알게 되었다. 이 젊은이들의 환경이 달랐더라면 이들은 검정고시(GED)에 합격하려고 애쓰는 것이 아니라 대학수학능력시험(SATs)을 준비하고 있었을 것이다. 이 값진 경험이 자극이 되어 나의 관심은 비자발적인 사람들을 상담하는 방향으로 나가게 되었다.

대학원 진학 후 나는 첫 실습지로 지역사회 정신건강 기관을 선택했다. 여기에서 법원에 의해 강제로 오게 된 비자발적 성인 내담자들을 상담하기 시작했다. 나는 재판받은 남자 청소년들을 상담했던 경험을 활용했는데 두 경험은 여러 가지 면에서 비슷했다. 또한 나는 성인 가해자라는 다루기 어려운 사람들을 변화시킬 수 있는 가능성을 보게 되었는데, 이들의 변화는 수많은 아동이나 성인 여성 희생자들에게 영향을 줄 수 있는 것이었다. 이 기관에서의 경험으로 인해 비자발적인 사람들을 상담하는 내 관심이 확고해졌다. 사람들은 내가 어떻게 많은 상담자들이 만나기 꺼리는 사람들을 상담할 수 있느냐고 묻는데 이에 대해 나는 내가 여성과 아동의 대변인이라고 생각하기 때문이라고 대답한다.

조력전문가에 대한 내 관심은 내가 어릴 때부터 시작되었으며, 비자발적인 사람들을 상담하는 것에 처음부터 지속적으로 집중해 왔다. 그러나 대학원 과정과 최종적으로 지역사회 정신건강센터에서 임상심리학자가 되기까지의 여정은 일직선 길이 아니었다. 그것은 멀리 돌아가는 우회로였으며, 마치 배가 좌우로 흔들리며 가다 서기를 반복하고 변덕스러운 바람에 밀려 가야 하는 상황과 같았다. 내 학문적 경험을 돌아볼 때 뚜렷하게 드러나는 결손요소는 긍정적이고 의미 있는 멘토링 경험이 없는 것이다.

내 학문적 초점에 중요한 영향을 미친 바람직하지 않은 경험이 심리학을 전공할 목적으로 대학 첫 학기에 수강한 심리학 입문 과목에서 생겼다. 심리학 강사가 데이트를 요청해 오자 나는 꿈에서 깨어나 경영으로 전공을 바꾸었다. 나는 15년간 미국 회사에서 경제적으로는 보상되지만 개인적으로는 만족스럽지 않은 일을 한 후 심리학 공부를 다시 시작하는 것을 고려하게 되었고 대학원까지 생각하게 되었다.

나는 다시 심리학과 학부생이 되어 이 새롭고 신나는 학문적 과업을 수행해 갈 에너지와 추진력과 지력을 가지고 있었지만 정보와 방향이 부족했다. 한편 연구를 주로 하는 심리학자와 임상을 주로 하는 심리학자 사이에 분열이 있다는 것을 분명히 알게 되었다. 나는 1년 동안 내가 조교로서 도왔던 교수에게 임상전공 대학원 프로그램에 대한 추천서를 써 달라고 부탁했을 때 매우 불쾌한 경험을 했다. 그는 임상심리 전문가를 욕하면서 내가 임상심리를 전공하려고 하는 것은 큰 실수를 하는 것이라는 자신의 생각을 분명하게 표현하였다. 비록 내가 인상 좋은 젊은 학생이 아니었고 연구자가 될 생각도 없었지만, 이것은 나에게 충격적인 경험이었다. 내 자존감이 훼손되었으며 나는 연구자가 아닌 임상가가 되고자 하는 내 욕구에 대해 의문을 갖기 시작했다. 그때가 정말 내 혼란에 대해 말할 수 있는 누군가가 필요한 시기였다.

나는 나의 혼란을 그럭저럭 해결하여 임상전공 대학원에 진학하였다. 이제 고생은 끝났고, 순조롭게 나갈 수 있으리라고 생각했지만 사실은 그렇지 않았다. 나는 내 논문을 마치기까지 4명의 논문 심사 위원장을 거쳐야 했다. 그중 둘은 대학에서 해고당했으며, 한 명은 사망했다. 나는 대학원 생활 내내 지속적인 멘토링을 해 주는 학문적 역할모델을 너무나도 갖고 싶었다. 게다가 동기들에게 기대할 수 있는 지지도 우리 집단의 엄청난 경쟁적 분위기 때문에 받을 수 없었다. 나는 교수와 동료들로부터 받을 수 없는 지지를 계속 갈구하였다.

비록 이런 사례들이 힘들었고, 고통스러웠으며, 좌절을 주었지만 이로 인해 뜻하지 않게 다른 사람들을 멘토링하고 싶은 열정을 갖게 되었다. 이는 마치 상처 입은 부모들이 자신의 부모들이 그들에게 했던 것과는 달리 자신의 부모가 해 주지 않았던 것에 기초하여 새로운 양육방식을 개발하는 것과 비슷하다. 내가 전문가로 되어가는 과정에서 갖지 못했던 것들 때문에 이제 나는 다른 사람들에게 그것을 제공하려고 한다.

학교에 다니면서 멘토링을 받지 못했기 때문에 전문가로 발달해가면서 적극적으로 멘토를 찾게 되었고, 다행히도 대학원을 마치고 난 후 긍정적인 역할모델과의 보람 있고 풍성한 관계를 만들어 가게 되었다. 내가 진로를 준비하는 과정에서 더 좋은 멘토링을 받았다면 좋았겠지만, 나의 여정에서 배운 것을 다른 사람들에게 전해 주는 것도 만족스럽다.

논평

발레리의 이야기는 멘토링이 부족한 것이 어떤 경우에는 오히려 더 뛰어난 모습이 되고자 하는 욕구에 영향력을 발휘하기도 한다는 것을 보여 준다. 그녀는 박사 과정에서조차 동료들 간에 협력적인 관계를 갖지 못했다. 대신 그녀는 동료와 교수들의 지지가 없고 경쟁하는 분위기를 견뎌 내야 했다. 다른 사람들로부터 멘토링을 받지 못했는데도 그녀의 정신이 죽지 않았다는 점이 놀랍다. 내가 추측하기에는 여러분 중 많은 사람이 발레리의 이야기를 읽으면서 여러분 자신의 부정적인 멘토링 경험과 부정적인 역할모델과의 만남을 여러 가지 생각했을 것이다. 당신 과거의 부정적인 경험을 바꿀 수는 없지만, 발레리처럼 이 경험을 어떻게 해석할 것인지와 그것이 현재의 여러분에게 어떻게 영향을 미칠 것인지는 변화시킬 수 있다.

성찰을 위한 질문

• 발레리의 이야기 중 가장 여러분의 주의를 끄는 대목은 어디인가? 그녀의 이야기로부터 어떤 교훈을 여러분의 여정에 적용할 수 있겠는가?

• 여러분은 여러분이 멘토링받은 경험과 같거나 다르게 중 어떤 방식으로 다른 사람을 멘토링하고 싶은가?

• 더 나은 멘토링을 원한다면 여러분이 받지 못한 어떤 것을 다른 사람에게 주고 싶은가?

대학원의 숨겨진 선물

Mary Jane Ford, MS

나는 이제 석사학위를 받은 지 3년밖에 되지 않았지만, 대학원은 마치 다른 세상 같았다. 나는 상담에 대해 배웠던 것과 매주 내담자를 경험하는 것과의 차이로 인해 계속 놀라게 된다. 나는 3,000시간의 실습시간 중 50시간을 제외하고는 다 채웠는데 국가면허시험을 통과하고 나면 상담자가 되기 위해 참 열심히 일했다는 생각이 들 것이다. 그 과정은 긴 여정이었으며 나는 여러 차례 그 길이 이런 노력을 기울일 가치가 있는 것일까 하는 의심을 했다. 그러나 나는 그 일을 사랑했으며, 최종적인 분석 결과 그것은 내게 충분했다. 대학원 생활과 인턴으로 일하는 동안 내게 도움이 되었던 것들을 돌아보니 몇 가지 생각이 떠오른다.

학교에서 친구를 사귀라

나는 47세에 대학원에 들어가서 가장 나이가 많은 학생에 속했다. 그런데 다행히도 첫 학기에 내 또래의 2명의 여학생을 만났다. 4년간의 프로그램을 마칠 때까지 우리 셋은 거의 모든 수업을 함께 들었다. 우리는 함께 공부하고, 같이 웃고, 같이 울고, 어려움을 공유했으며, 성공을 축하했다. 가장 중요한 것은 우리가 친구가 되었다는 점이다. 졸업 후 각자 다른 길을 갔지만 우리는 계속 만나면서 우리의 관계를 새롭게 하고 있다. 나는 나의 좌절을 이해하고 격려해 주었고 또한 나도 그렇게 해 주었던 이 친구들이 없었다면 대학

멘토링을 받은 사람들의 경험 *123*

원과정을 마칠 수 없었을 것이다. 확실히 학교에 친구가 있었기 때문에 학교생활을 더 충분히 즐길 수 있었다.

교수와 슈퍼바이저에게 다가가라

학부 다닐 때 친구들 중에는 교수를 멘토로 삼는 친구들도 있었지만 나는 그렇게 하지 않고 조금 떨어져서 독립적인 모습으로 지냈다. 나는 내 스스로를 확장하지 못한 것이 후회된다. 왜냐하면 나는 상담 분야에 오랫동안 있어 왔던 사람들로부터 많은 것을 배울 수 있었을 것이기 때문이다. 다행히도 슈퍼바이저를 만날 때에는 같은 실수를 반복하지 않았다. 나는 내가 존경하고 좋아하는 슈퍼바이저와의 관계를 지속하기 위해 힘썼는데, 이는 그들이 나에게 가르쳐 줄 것이 많다는 점을 내가 알고 있기 때문이었다. 슈퍼바이저를 통해서 내 직업과 인턴십 기관으로 이끌어 준 관계를 만들 수 있었다.

희생할 준비를 하라

대학원 과정은 비싸다. 인턴십 과정은 보수가 많지 않아서 돈에 관해서는 실망하기 쉽다. 나는 대학원에 들어가기 전에 회계분야에서 일하면서 많은 보수를 안정적으로 받았다. 상담자가 되는 과정에서는 보수가 적거나 아주 없이도 많은 시간을 일해야 한다. 내담자들은 영원히 상담받지 않으며 상담 취소도 자주 있다. 상담자로 생활하면 경제적으로 불안정한데, 특히 사설 상담소를 하려고 하면 더 그렇다. 남편의 재정적인 지원이 없었다면 나는 3년 이내에 인턴십을 마칠 수 없었을 것이다. 나는 필요 시간을 채워 나가기 위해 최저임금에 가까운 상태에서 일했다. 나는 대학원이 학생들에게 인턴과정의 경제적 상태에 대한 준비를 하도록 해 주지 못하고 있다고 생각하는데 이는 특히 많은 학생이 졸업하면서 학자금 대출을 갚아야 하기 때문이다.

예상하지 못한 행운을 받아들이라

나는 대학원을 다닐 때는 약물남용 분야에서는 일하지 않겠다고 결심했다. 특히 중독자를 대상으로 일하고 싶지 않았다. 나는 지역사회 상담센터에서 일할 생각이었다. 그런데 나는 정맥주사하는 약물중독자 치료시설에서 일하게 되었는데 이곳이 내가 가장 좋아하는 인턴십 기관이 되어 버렸다. 나는 6개월간 집단상담을 운영하고, 개인상담을 하며, 대부분의 환자를 입원 기간 동안 매주 만날 수 있었다. 특히 성격장애와 애착문제를 지닌 환자들을 20년간 상담해 온 뛰어난 심리학자로부터 슈퍼비전을 받은 것이 가장 주요했다. 나는 여러 어려운 환자들을 만났지만, 정서적으로 그리고 학문적으로 매우 놀라운 지지를 받았다. 상담자로서의 내 역할은 이 경험을 통해 변화되었는데 특히 내가 환자를 '변화'시킬 것이라는 기대를 갖고 전문가로서의 경계선을 갖게 되면서 그렇게 되었다.

만약 내가 중독 분야에서 일하지 않겠다는 생각을 고집했다면 상담에 대한 내 생각과 내 일하는 방식에 큰 영향을 끼친 슈퍼바이저를 결코 만날 수 없었을 것이다. 나는 유능한 슈퍼바이저의 지도를 받았을 뿐만 아니라 아동을 대상으로 일하면서 인턴 과정에 필요한 시간을 채울 수 있는 다른 기관과 지역사회 단체를 소개받았다. 나는 앞으로 면허를 취득하기 위해 일하면서 나의 여정을 변화시킬 수도 있는 우연한 만남을 무시하지 않을 것이다.

관계를 유지하라

대학원 시절 교수들로부터 상담자가 되는 것은 외롭고 혼자 있는 경험일 수 있다는 이야기를 많이 들었다. 나는 지금 그들이 말했던 것을 경험하고 있다. 상담자 친구가 그렇게 소중할 수 없다. 대부분의 다른 직업에서는 집에 가서 직장에서 한 일을 가족들과 풀거나 축하할 수 있다. 그러나 상담은 비밀보장을 해야 하므로 내담자에 대한 이야기를 다른 사람에게 하는 것은 비윤리적 행동이 된다. 설령 내담자의 신상 정보를 감추어서 말한다 해도 친구나 가족은 내담자의 동기와 강점을 탐색하려고 하는 나의 욕구를 진정으로 이해해 주지 못한다. 내 경험에 따르면 다른 상담자와 이야기하는 것이 도움이 된다. 나는 최소한 한 달에 한 번 정도는 상담자 집단과 식사를 하면서 서로의 성공, 부적절함, 좌절, 즐거움 등의 감정을 나눈다. 나의 동료들이 내 생각이나 감정과 비슷한 것들을 많이 겪고 있다는 것을 알게 되면 외로움을 덜 느끼게 된다.

감흥을 받으라

나는 대학원 초기에 내가 무엇인가에 관심을 갖게 되면 더 열심히 공부하여 지식을 쌓고 그 수업을 듣는 데 스트레스를 덜 받는다는 것을 알게 되었다. 내담자를 상담하면서도 같은 경험을 했다. 나는 내담자들이 그들로서 사는 것이 과연 어떤 것인지를 나에게 알려 주기를 바란다. 나는 내담자의 할 일을 잘 알아서 조언을 계속 해 주는 사람이 되고 싶기도 하지만 오히려 내담자로 하여금 자기 여정의 방향에 대해 나에게 이야기하도록 할 때 유능한 상담자가 된다.

멘토링도 감흥이 필요하다. 나는 다른 사람에게 가서 지도받는 것이 항상 어려웠다. 내가 다른 관점을 허용할 수 있는 정도까지만 멘토링을 받고 감흥을 받을 수 있다. 내가 알았던 가장 훌륭한 멘토들은 내가 가장 흥미를 느끼는 방향을 나에게 알려 주는 능력을 가지고 있었다. 그들은 내가 언제든 만날 수 있었지만 그렇다고 내 주변을 떠돌아다니지는 않았으며, 나를 격려해 주었지만, 선심을 쓰는 체하지 않았다. 그들은 대부분 열정을 가지고 있어서 그 열정이 흘러넘쳐서 거기에 동참하도록 사람들을 초청하였다. 이것이 내가 되고 싶을 뿐만 아니라 갖고 싶은 멘토의 모습이다.

논평

메리 제인은 회계 분야에서 일하면서 수입이 괜찮았지만, 마흔일곱에 상담자가 되기 위해 대학원 공부를 시작했다. 그녀는 그녀의 가장 훌륭한 멘토들이 공통적으로 열정을 가지고 있는 것을 보았다. 메리 제인의 이야기에는 여러분들에게 적용할 수 있는 몇 가지 중요한 교훈이 있다. 나는 여러분이 그녀의 이야기를 읽으면서 여러분의 목표를 지속하도록 돕는 지지체계로서 친구관계를 어느 정도 만들었는지 생각해 보았기를 바란다. 메리 제인의 이야기는 다양한 특성의 내담자들을 상담하는 것에 열린 태도를 갖는 것이 좋다는 교훈을 준다.

나는 특히 내담자와 멘토로부터 감흥을 받으라는 메리 제인의 말이 마음에 든다. 그녀의 가장 훌륭한 멘토들은 열정적인 사람들로서 그녀에게 방향을 제공하고, 언제든 만날 수 있었으며, 감흥을 주고, 격려해 주었다.

성찰을 위한 질문

- 여러분의 가장 훌륭한 멘토는 누구였으며, 어떤 특성을 가지고 있었는가? 이들이 여러분에게 어떤 영향을 끼쳤는가?
- 멘토와의 만남에서 다른 사람에게 멘토가 되는 것에 대해 무엇을 배웠는가?

맺는말

이 장의 여러 개인적인 이야기들은 여러분이 열정을 따라가는 길에서 멘토링을 해 줄 사람을 만나는 것이 얼마나 중요한지를 보여 준다. 몇몇 대학원생과 초보 전문가들이 그들의 친구, 가족, 동료들이 멘토가 된 과정과 어떻게 그들의 전문적 여정을 계속하도록 도왔는지를 이야기해 주었다. 또한 이들은 다른 사람들이 그들에게 해 준 일에 대한 감사의 빚을 갚기 위해 다른 사람들을 도와주는 일을 열심히 하고 있다고 말한다.

이 생각들을 종합해 보기 위해 여러분과 내가 멘토링 관계를 맺고 있다고 가정해 보자. 여러분이 가장 원하는 전문가로서의 진로를 생각하라. 여러분 스스로가 모든 가능성을 보지 않을 수도 있으므로 이런 생각이 어려울 수 있다. 삶에 대한 여러분의 열정을 탐색해 보고 정하라. 여러분에게 무엇이 정말로 중요한가? 여러분이 가장 성취하거나 도달하고 싶은 것이 무엇인가? 어떤 유산을 남기고 싶은가? 여러분의 고유한 재능을 어떻게 사용하고 싶은가? 어떤 방법으로 남을 돕고 싶은가? 여러분이 만들고 싶은 진로가 어느 정도 정해진다면 은퇴하기 전까지 어떤 상태가 되어 있을 것인가?

여러분이 대학원 프로그램과 진로여정을 성공적으로 수행하기 위한 지침을 나에게 묻는다면 다음과 같은 제안을 하고자 한다. 그러나 내가 제안을 하기 전에 나는 여러분이 어떤 조언을 이미 들었거나 스스로에게 했는지를 알고 싶다. 내가 멘토링 경험을 통해 얻은 교훈은 다음과 같다.

- 다른 사람이 하는 대로 따라서 하지 마라. 남을 돕는 여러분 나름의 고유한 방식을 실험해 보고 만들어라.
- 여러분의 마음의 소리를 따르고 여러분 자신의 직관을 신뢰하라.
- 여러분의 멘토로부터 배운 교훈이 있더라도 그것을 여러분 자신의 여과기를 거친 후 활용하라.

- 열린 마음으로 서로 다른 많은 자원으로부터 지지와 지원을 받으라.
- 도움이 필요할 때 요청하고, 멘토와의 관계에서 여러분이 필요한 것을 적극적으로 요청하라.
- 동료, 친구, 가족 등 다양한 자원으로부터 멘토링을 받으려고 노력하라. 대학원 과정의 다른 사람들로부터 얻을 수 있는 것을 과소평가하지 마라.
- 대학원 진학을 염두에 두고 있다면 여러분에게 맞는 프로그램이 무엇인지를 적극적으로 알아보고 선택하라.
- 여러분의 두려움, 의심, 부정적인 자기평가 등을 적극적으로 살펴보라.
- 여러분의 안전지대를 벗어나서 여러분의 경계를 확장하라.
- 개인적으로나 전문적으로 모험을 감행하여 어떤 결과가 주어지는지를 보라.
- 여러분의 고유한 재능을 어디에서 가장 잘 발휘할 수 있는지, 그리고 어디에서 여러분이 가장 큰 기여를 할 수 있는지를 스스로에게 물어보라.
- 자기훈련의 태도를 기르고 열심히 일하며 가는 길이 힘들더라도 포기하지 마라.
- 여러분이 포기하고 싶을 때 여러분을 격려할 수 있는 지지적인 사람들을 찾으라.
- 여러분이 학문적으로나 경력에 있어 어느 정도까지 왔느냐에 관계없이 지금까지 여러분이 배운 것을 다른 사람에게 가르쳐 줄 방법을 찾아보라.

- 동료들과 네트워크를 형성하고 교수와 슈퍼바이저와 가까워져서 인턴 과정을 수행할 기관과 직장으로 가는 연결점을 만들라.
- 대학원 과정과 초보 전문가 시절에는 경제적 희생을 감수할 수도 있다는 점을 알라.
- 여러분 자신을 위해 원하는 멘토와 여러분이 다른 사람을 위해 되어 주고 싶은 멘토가 어떤 모습인지 생각해 보라.

여러분 중에는 멘토가 되는 과정이 어떤 것인지, 무엇이 필요한지에 대해 더 알고 싶은 사람이 있을 것이다. 멘토링에 대한 책 중에서 나는 다음 두 권을 강력하게 추천한다. 『Being a Mentor: A Guide for Higher Education Faculty』(Johnson, 2007)는 멘토링의 중요성, 멘토의 기능, 멘토링 관계, 윤리적 멘토 등을 다룬 책이며, 『Elements of Mentoring』(Johnson & Ridley, 2008)은 뛰어난 멘토가 하는 일과 멘토에게 필요한 기법을 밝히고, 뛰어난 멘토의 개인적인 성품을 이야기하며, 멘토링 관계를 만들고 유지하는 방법을 다루고, 멘토의 도덕성에 관련된 문제를 언급한다. 이는 초보 멘토나 경력 있는 멘토 모두가 읽어 볼 만한 간결한 안내서다.

상담에 대한
개인적 접근 개발

🎭 들어가는 말

개인에게 적합한 이론적 틀을 개발하는 것에 초점을 두어 이론이 어떻게 하면 상담 실제에 잘 맞도록 할 것인지를 생각해 보자. 내 저서는 대부분 학생들이 현대의 상담이론의 개념들을 이해하여 실제 상담에 적용할 수 있도록 돕는 것에 초점을 두고 있다. 나는 이론이란 지도와 같아서 내담자의 행동을 이해하고, 상담자와 내담자가 지향하는 방향을 알게 해 주며, 상담자가 상담 실제에서 하는 일이 의미 있게 하는 맥락을 제공한다고 생각한다. 명확한 이론적 근거가 없이 상담을 하려고 한다면 이는 마치 설계도 없이 집을 지으려고 하는 것과 같다. 집의 기초는 여러 방들을 지탱해 줄 만큼 튼튼하고 강해야 한다. 이론은 상담과정에서 여러분들이 하는 일의 기초로서 여러분이 무엇을 말하고 어떻게 행동할지에 대한 방향을 제시하는 청사진을 제공해 준다. 여러분이 자신의 상담 개입을 지지해 줄 틀로서 이론을 갖고 있지 않다면 여러분은 사람들이 변화하도록 돕는 시도를 할 때 이리저리 허우적거리며 나가게 될 것이다. 이론은 여러분이 전문적으로 어떻게 행동해야 할지를 처방하는 경직된 체계가 아니라 일반적인 방향을 제시하는 지도다.

나는 상담자로서 일하기 시작하면서 나 스스로에게 다음과 같은 질문을 하게 되었다. "어떤 이론이 나라는 사람에게 잘 맞을까?" "어떻게 나만의 이론적 틀을 개발해서 상담할 때 사용할 수 있을까?" 나는 이 장에서 어떻게 내가 여러 상담이론들을 이해하고 활

용해 왔는지를 설명하고자 한다. 지난 38년 동안 내가 중점적으로
했던 일 중의 하나가 상담의 이론과 실제를 가르치고, 이 이론들을
상담 실제에 적용하는 것과 관련된 여러 책을 저술하며, 최근에는
통합적 상담 접근에 관한 CD-ROM과 DVD를 제작하는 것이었다.
나는 이 여정의 핵심적인 부분을 이야기할 것인데 이를 통해 여러
분은 나의 통합적 상담접근이 발달해 온 과정을 알 수 있을 것이다.

🐾 상담의 이론과 기법을 처음 가르친 기회

내가 1962년 남캘리포니아 대학교의 박사 과정에 입학했을 때
'상담 절차'를 주로 가르치는 두 과목을 들었지만 상담이론을 전체
적으로 다루는 과목은 개설되어 있지 않았다. 나는 단지 두 가지 상
담접근만 배웠는데 그것은 지시적 상담과 비지시적 상담이었다. 그
것이 상담의 이론과 절차를 다룬 공식적인 수업의 내용이었다. 따
라서 박사 과정을 졸업한 후 다양한 상담이론에 관해 많은 서적을
읽어야 했다.

나는 CSUF에서 강의를 시작하면서 학부의 대인 서비스 프로그
램을 개발하는 데 참여하였다. 프로그램 담당교수는 이 전공에 상담
의 이론과 기법 과목이 필요하다고 결정하였다. 강의 개설 계획서는
교과과정위원회를 잘 통과하였다. 내가 1973년에 이 과목을 정규과
목으로 가르치기 시작했을 때에는 상담의 이론 및 실제를 다루는
교재가 별로 없었다. 『Theories of Counseling and Psychotherapy』
(Patteron, 1973)와 『Current Psychotherapies』(Corsini, 1973)가 당시

이용할 수 있는 주요한 교재였는데, 코르시니의 저서는 각 상담이론의 주요 인물이 자신의 전문 영역에 대해 한 장씩을 집필하여 편집한 책이었다. 나는 내 생각을 표현한 무엇인가를 원했기 때문에 당시에 내가 가르치던 다음 이론들에 대한 글을 쓰게 되었다. 즉, 정신분석 접근, 실존적-인본적 접근, 내담자 중심 접근, 게슈탈트 치료, 의사교류분석, 행동치료, 합리적 정서적 치료, 현실치료다. 이 글들은 각 이론들의 핵심 개념과 주요한 기법들을 요약하였고, 거기에 내가 각 접근에서 가장 유용하다고 생각한 내용에 대한 의견을 추가하였다. 당시에는 상담이론에 대한 책을 쓰려고 했던 것은 아니지만 나는 수업에서 이런 내용을 토론하기 전에 학생들이 상담이론에 대한 내 요약과 논평을 읽기를 원했다. 이론 강의를 준비하면서 나는 모든 상담이론에 관한 방대한 양의 책을 읽고 여러 워크숍과 학술대회에 참여하여 이 이론들이 상담 실제에 어떻게 적용될 수 있는지를 더 잘 이해하려고 노력하였다. 상담이론에 대한 진짜 공부는 박사 과정을 마친 후에 시작되었고 그 공부는 지금도 계속되고 있다.

🎭 상담이론에 대한 개관

나는 상담이론 공부를 위한 노력과 함께 여러 이론적 접근에 대한 지식을 심화시켜 줄 수 있는 동료들과 멘토들을 찾았다. 이제 내가 중요하다고 생각하는 각 이론의 특징적인 면을 살펴보고 나의 이론적 접근을 발달시키는 데 특별한 영향을 미친 사람들을 언급하려 한다. 이는 여러분들에게 각 이론에 대해 가르치려고 하는 것이 아니라, 내가 나의 상담접근을 만들면서 각 이론에서 활용한 내용을 제시하고 그것이 내 상담방식에 미친 중요한 영향을 설명하려는 것이다. 다음과 같은 많은 교재들이 이들 각 이론적 모델의 핵심 개념과 기법에 대해서 상세하게 설명해 주고 있다. 『Current Psychotherapies』 (Corsini & Wedding, 2008), 『Systems of Psychotherapy: A Transtheorical Analysis』(Prochaska & Norcro, 2010), 『Theories of Psychotherapy and Counseling: Concepts and Cases』(Sharf, 2008).

정신분석치료

나의 어린 시절 경험은 우리의 과거가 현재 성격에 어떻게 영향을 미치는지 이해하는 것이 얼마나 중요한지를 보여 준다. 정신분석 접근에 정통한 나의 친구이자 동료인 마이클 러셀은 이 접근이 프로이트 시대 이후로 어떻게 변화되어 왔는지를 나에게 알려 주었다. 마이클은 이 접근에 대한 나의 이해를 확장시켜 주었는데, 특히 전통적 정신분석의 현대적 변형에 대해 내가 주목할 수 있도록 해 주었다. 나는 치료적 관계에 나타나는 전이와 역전이의 역할을 이해하기 위해 이 접근에 관심을 갖는 것이 중요하다고 생각한다. 이 모델은 저항이 어떻게 치료의 기본적 측면이 되는지와 어떻게 저항을 치료적으로 다룰 것인지에 대한 독특한 이해방법을 제공한다. 나는 학생들에게 비록 정신분석적 기법을 상담에서 사용할 수 없을지라도 정신분석적 개념으로 생각하기를 배우고 이 훌륭한 관점으로 상담사례를 개념화할 수 있다고 이야기한다.

아들러식 치료

아들러의 상담접근에는 내가 매우 높이 평가하는 내용이 많다. 우리 분야에서 아들러의 핵심적인 공헌은 그의 생각이 여러 다른 치료체계가 발달하는 데 영향을 준 것이다. 내가 현대 상담이론들을 연구해 보니 아들러의 여러 개념이 다른 전문 용어로 다시 등장하는 것을 볼 수 있었다. 나는 내 친구이자 동료인 짐 비터(Jim Bitter)에게 큰 빚을 지고 있는데 그는 나에게 아들러식으로 상담 실제를 생각하는 법을 가르쳐 주었고, 이 개념을 개인상담과 집단상담, 집단·가족 상담에 적용하는 실제적인 방법을 알려 주었다. 아들러식 접근은 생각이 어떻게 감정과 행동에 영향을 미치는지를 깊이 이해하게 해 주었다. 나는 한 사람의 삶에 나타나는 유형을 발견하기 위해 개인 생활양식을 탐색한다는 생각에 흥미를 느꼈다.

오래전 짐과 내가 CSUF에서 교수로 있을 때, 그는 여러 학생이 지켜보는 가운데 나의 생활양식을 평가해 주었다. 실제로 이 과정을 경험해 보는 것은 나에게 새로운 것들을 알려 주었고, 단순히 생활양식 평가에 대한 글을 읽어 보는 것보다 이 평가 접근의 가치를 확실히 알게 해 주었다. 이를 통해 나는 학생들이 상담이론을 배울 때 개인적 경험을 하도록 하는 것이 중요하다는 생각을 더욱 강하게 하게 되었다.

아들러식 접근을 공부하면서 나는 우리의 과거가 아니라 우리에게 동기를 부여하는 미래를 향한 우리의 노력이 우리의 현재 행동을 결정하는 것이라고 확신하게 되었다. 우리는 우리가 추구하는 목표에 의해 이해될 수 있다. 나의 어린 시절로부터 성인기까지의 발달과정을 살펴볼 때 나의 원가족 내에서의 초기 경험에 대한 아들러식의 해석이 현재의 내 행동을 이해하는 데 큰 도움이 되었다. 나는 행복은 개인적 성취가 아니라 다른 사람들과의 관계에 달려 있다는 아들러의 생각에 동의한다. 멘토링의 과정은 여러 면에서 사회적 관심의 개념에 해당한다.

현대 상담에서 아들러식의 치료를 종합적으로 살펴보기 원한다면 『Adlerian Therapy: Theory and Practice』(Calson, Watts, & Maniacci, 2006)를 읽어 보기 바란다.

실존치료

실존심리학에 대한 관심은 대학원 시절에 시작하여 내 이론의 기초가 되었다. 이 이론에서 선택, 자유, 책임, 자기결정에 대해 강조하는 것이 나를 사로잡았다. 나는 어린 시절에 내가 내 삶의 주인이 될 수 있다고 생각하지 못했다. 선택의 자유는 불안과 연관되는데 나는 이것을 회피하고 싶었다. 나는 내면을 살펴보면서 내 삶의 선택에 대한 책임을 지려고 하기보다는 외부의 권위자가 나에게 어떻게 살라고 말해 주기를 바랐다. 나의 개인적 여정을 통해 볼 때 실존치료의 핵심 개념들이 나 자신을 이해하는 기본이 된다. 내 개인적으로나 전문적으로 중요하게 생각하는 실존적 사고에는 다음과 같은 것들이 있다. '우리는 우리의 일을 통해 우리 자신을 재창조하기 때문에 삶의 의미는 고정적이지 않다.' '불안은 우리의 길을 선택하는 자유와 함께 있으며 제거하기보다는 탐색해야 할 대상이다.' '죽음의 실체는 사는 것에 중요성을 부여하며 삶의 의미를 찾는 자원이 된다.' 나는 실존적 접근이 일련의 기법에 기초하고 있지 않다는 것을 잘 알고 있다. 실존주의 치료자로서 중요한 것은 내담자의 세계를 이해하는 것이기에 나는 여러 상담체계로부터 기법을 가져다가 사용할 수 있다. 실존적 접근에 대한 좋은 교재로는 『Existential Psychotherapy』(Yalom, 1980)가 있으며, 『The Gift of Therapy』(Yalom, 2003)는 다양한 실존적 주제를 간결하게 살펴볼 수 있는 책이다.

인간중심치료

칼 로저스(Carl Rogers)와 그가 상담과 심리치료 분야에 한 공헌에 대한 나의 존경은 박사 과정에서 상담절차에 대한 과목을 수강하면서부터 시작되었다. 나는 칼 로저스의 저서를 통해서 상담의 방향을 제시하는 내담자의 능력을 믿는다는 것이 무엇인지를 알게 되었다. 내담자의 말을 주의 깊게 듣고 내담자가 이끄는 대로 따라가는 것이 핵심이다. 내담자가 자신의 이야기를 말할 수 있는 분위기를 제공하는 것이 상담자의 역할이다. 로저스는 치료적 관계의 질이 상담의 핵심이란 점을 나에게 가르쳐 주었다. 내담자를 존중하는 태도를 보이고, 비판단적 자세를 취하며, 진솔하고, 공감하는 등의 핵심적인 치료적 조건은 상담자의 이론적 성향에 관계없이 모든 치료적 관계에 있어야 하는 기본적인 특성이다. 나는 인간중심 접근에서 제시한 상담자의 기본적 태도는 상담자와 내담자 간에 효과적인 관계를 만들기 위해 필요한 사항인 것을 알게 되었다.

몇 년 전 나는 운 좋게도 인본주의 심리학 학술대회에서 칼 로저스의 딸인 나탈리 로저스(Natalie Rogers)를 만났다. 나는 인본주의 심리학에 대한 나의 관점에 대해 주제강연을 했고, 나탈리는 청중 중 한 사람이었다. 우리는 잠시 이야기를 나누었는데, 그녀는 감사하게도 나의 상담이론 교재의 인간중심치료 부분을 검토해 주겠다고 했다. 그녀는 그녀의 아버지와 인간중심 접근의 철학을 공유하고 있지만 내담자들이 인간중심 표현예술치료를 통해서도 자신의 개인적 여정에 도움을 받을 수 있다고 생각한다. 그녀는 어떻게 표현예술이 인간중심 집단상담 접근에 효과적으로 통합되는지를 나에게 알려 주었다.

상담 전문직에 칼 로저스가 미친 영향에 대해 더 알고 싶다면 『The Life and Work of Carl Rogers』(Kirschenbaum, 2009)를 읽어 보기 바란다. 인간중심 표현예술에 대해서는 『The Creative Connection: Expressive Arts and Healing』(N. Rogers, 1993)을 보라.

게슈탈트 치료

마리안느와 나는 어브 폴스터(Erv Polster) 박사와 고 미리암 폴스터(Miriam Polster) 박사의 워크숍에 참여한 적이 있는데, 이 두 사람은 게슈탈트 치료의 두 핵심 지도자이지만 각자 다른 치료방식을 가지고 있다. 이 경험을 통해 한 이론 안에도 매우 큰 차이가 있을 수 있으며, 이는 그 이론의 대가들 사이에서도 마찬가지라는 것을 알게 되었다. 마리안느가 어브에게 "당신은 게슈탈트 치료자처럼 보이지도 않고 프리츠 펄즈(Fritz Perls)와도 같지 않아요."라고 하자, 그는 "그렇게 말해 주어서 고마워요. 프리츠는 나의 멘토였지만 나는 내 나름의 길을 찾아야 했어요. 한 이론이 구조를 마련해 주지만 우리 둘은 각자 나름대로의 치료방식을 개발했어요."라고 대답하였다. 이들은 마리안느와 내가 효과적인 상담자와 내담자의 관계를 형성하는 방법을 깊이 이해하도록 해 주었다. 미리암과 어브를 개인적으로 만나 보면서 효과적인 치료는 기법을 사용하는 것 이상이라는 것을 알게 되었다. 이들은 그들 각자가 시연을 통해 게슈탈트 상담자로서 자기 나름의 상담방식을 보여 주는 1일짜리 워크숍을 열겠다고 하였다. 그들이 자원자 내담자들을 상담하면서 매우 창의적인 방법으로 상담자의 함께함과 인간적 접촉을 조화시키는 모습에 학생들은 깊은 인상을 받았다. 이들은 같은 이론적 접근을 가지고 있는 상담자들이 그 이론을 내담자와의 상담에 적용할 때는 다양한 방식을 보일 수 있다는 것을 알게 해 주었다. 이들은 상담자가 내담자와 함께하는 것이 중요하며, 이것이 내담자와의 접촉을 만들어 가는 기초가 된다는 내 신념을 더욱 확고하게 해 주었다. 나는 게슈탈트 치료를 공부하면서 가능한 한 내담자와 충분히 함께 있는 것이 높은 효과를 얻게 된다고 생각하게 되었다.

게슈탈트 상담접근에는 다른 상담접근과 효과적으로 함께 사용할 수 있는 여러 개념이 있다. 게슈탈트 치료기법은 내담자의 과거와 현재 사건 모두에 연관되는 초기 기억과 감정을 상담장면으로 이끌어 오도록 한다. 나는 게슈탈트 치료자들이 틀에 박힌 기법이 아니라 실험적 시도를 하는 것이 좋다. 실험적 접근은 상담회기 내의 맥락에서 일어나는 일에 딱 맞는 것이며, 내담자가 통찰을 얻고, 새로운 행동을 시도하여 그것이 잘 맞는지를 알아보게 하거나, 내담자가 상담실에서 배운 것을 일상생활에 적용할 수 있게 해 준다.

내담자는 상담자와 협력하여 자신의 삶의 방향을 바꿀 결정을 할 수 있는 실험을 고안한다. 게슈탈트 치료는 실험을 통해 내담자로 하여금 무엇에 대해 이야기하는 상태에서 실제 행동을 하는 상태로 움직이도록 한다. 자각을 증진시키기 위해 제안, 구안, 실험 수행 등을 하는 창의적 태도가 필요하다. 내가 특히 이 접근을 가치 있게 여기는 것은 실존적 접근 및 인간중심 접근과 같이 내담자와 상담자의 관계를 강조하기 때문이다.

내가 강력하게 추천하는 고전적 교재는 『Gestalt Therapy Integrated: Contours of Theory and Practice』(Polster & Polster, 1973)이며, 『Gestalt Therapy: History, Theory, and Practice』(Woldt & Toman, 2005)도 게슈탈트 치료에 대해 더 배울 수 있는 좋은 자료다.

사이코드라마

나는 30대 중반에 사이코드라마 워크숍에 참여하면서 이 치료모델을 접하게 되었다. 사이코드라마 접근의 정신대로 나는 참여자로서 개인적인 체험을 통해 이 치료방식을 배웠다. 사이코드라마와 게슈탈트 치료는 몇 가지 같은 특성을 지니고 있다. 두 접근의 치료자들은 모두 행동 위주로 상담하고, 지금-여기에 집중하며, 치료적 관계를 중요하게 여기며, 내담자로 하여금 생활상황에 대해 이야기하기보다는 실제로 재연하도록 하며, 경험적인 학습을 강조한다. 사이코드라마의 표어는 "나에게 말하지 말고 보여 줘."다. 내담자는 사이코드라마를 활용해서 과거와 현재, 또는 예상하는 생활상황들과 역할들을 극으로 만들어 깊은 이해를 얻고, 감정을 탐색하며, 정서적 이완을 경험하고, 행동기술을 습득한다. 중요한 사건들을 재연함으로써 사이코드라마 집단 참여자는 지금까지 인식되거나 표현되지 않았던 감정들과 연결되며, 이런 감정과 태도를 충분히 표현할 수 있는 통로를 갖게 되고, 일상생활에서 수행하는 역할을 확대한다.

나는 사이코드라마에 참여하면서 과거문제를 지금-여기로 가져오고 생활 상황의 모습을 탐색하는 것이 얼마나 강렬한 체험인지를 알게 되었다. 문제를 지적으로 분석하는 것과 실제로 상황을 경험하는 것은 큰 차이가 있었다. 이 경험적 작업을 통해 정서적인 그리고 인지적인 통찰을 갖게 되어 새로운 행동을 하게 된다. 나는 사이코드라마에 참여하고, 사이코드라마 학술대회에 참석하며, 이 접근에 대한 책을 읽으면서 내가 운영하는 집단상담에 적용할 수 있는 여러 유용한 기법을 배웠다. 또한 나는 역할연기가 상담자 교육자로서의 내 일에 얼마나 중요한지를 알게 되었다. 사이코드라마의 개념과 기법은 내가 집단상담에서 사용하는 통합적 접근의 기초가 되었다.

나는 사이코드라마의 창시자인 모레노(J. L. Moreno)를 만나지는 못했지만 그의 아내이자 동료로서 사이코드라마의 발달에 핵심적인 역할을 했던 제르카 토먼 모레노(Zerka Toeman Moreno)가 진행하는 워크숍에는 참여했다. 그녀는 자신의 사이코드라마 참여자들과 작업하면서 함께 있음, 격려, 창의성의 전형을 보여 주었다. 그녀의 작업을 관찰하고 그녀의 저서를 공부하면서 사이코드라마에 대해 더 배우게 되었다. 제르카에 대한 책으로 『The Quintessential Zerka: Writings by Zerka Torman Moreno on Psychodrama, Sociometry and Group Psychotherapy』(Horvatin & Schreiber, 2006)

을 강력하게 추천한다.

나는 사이코드라마의 이론적 기초와 방법에 대해 광범위한 저서를 쓴 애덤 블래트너(Adam Blatner)에게서 사이코드라마에 대해 많은 것을 배웠다. 애덤은 놀이, 창조성, 자발성의 가치를 워크숍에서 강조했다. 나는 놀이에 대한 그의 워크숍을 즐겼을 뿐만 아니라 거기에서 놀이와 유머가 집단상담 안에서 집중적인 개인작업에 어떻게 통합될 수 있는지를 배웠다. 애덤은 『Theory and Practice of Group Counseling』(Corey, 2008)의 사이코드라마 부분 개정 작업 때마다 나와 함께 하였고, 각 판을 개정하는 것에 대한 제안을 해 주었다. 사이코드라마에 대한 입문서를 보고 싶다면 『Acting-In: Practical Application of Psychodramaic Methods』(Blatner, 1996)를 보라.

최근 나는 세인트루이스에서 열리는 미국 집단상담 및 사이코드라마 학회(American Society of Group Psychotherapy and Psychodrama) 연차 학술대회에서 주제강연을 부탁받았다. 나는 내가 통합적 관점에서 사이코드라마를 사용하는 방법과 사이코드라마 기법이 다른 여러 치료적 체계에서 활용될 수 있는지에 대하여 이야기했다. 3일간의 학술대회에서 나는 여러 경험적 워크숍에 참여했는데, 다시 한 번 이 접근의 힘과 개인적인 체험을 하고자 하는 참여자들의 노력에 깊은 인상을 받았다. 이 학술대회를 통해 사이코드라마의 기본철학의 가치와 이 접근의 개념과 기법을 다른 치료 접근과 통합하는 것의 유용성을 더욱 확신하게 되었다.

인지행동치료

나는 1970년대에 행동치료를 배우면서 이 접근법을 별로 좋아하지 않았는데 이는 행동치료가 너무 구조화되어 있고 어떤 면에서는 기계적으로 보였기 때문이다. 그러나 내가 처음 이 모델을 접한 이후 인지행동치료(CBT)는 매우 큰 확장을 해 왔다. 전통적인 행동치료는 소위 행동치료의 '제3의 물결'이라고 불리는 것을 포함시킬 만큼 크게 확장되었다. 내가 보기에 지금은 행동치료가 인지와 관찰 불가능한 다른 현상을 인정하기 때문에 전통적인 행동치료자들은 그리 많지 않다. 초기에는 행동치료에 포함되지 않았을 개념들을 강조하는 인지행동치료의 새로운 모습이 등장해 왔다. 이런 새로운 흐름에는 마음챙김, 수용, 치료적 관계, 영성, 가치, 명상, 현재 순간에 존재하기 등이 포함된다. 나는 행동 및 인지치료 학회(Association of Behavioral and Cognitive Therapies) 학술대회와 심리치료 발전(Evolution of Psychotherapy) 학술대회의 워크숍에서 이들에 대해 배웠다. 행동치료의 발전에 대해 더 알고자 한다면 『Contemporary Behavior Therapy』(Spiegler & Guevremont, 2010)를 읽어 보라.

최근 인지행동 접근은 임상현장에서 다양한 내담자 집단을 상담하는 데 가장 많이 사용된다. 이 일반적인 분류에는 행동치료, 인지치료, 합리적 정서적 치료(REBT) 등이 포함된다. 나는 아론 벡(Aron Beck)과 주디스 벡(Judith Beck)으로부터 인지치료에 관한 영향을 받았다. 학술대회에서 이들의 발표를 듣고 나서 나는 인지치료의 공헌에 대해 많이 알게 되었고 이들의 저서를 주목하게 되었다.

REBT의 창시자인 앨버트 엘리스(Albert Ellis)는 치료 실제에 대한 내 생각에 큰 영향을 미쳤다. 사실 그는 내게 REBT를 가르쳐 준 멘토다. 그는 외설적인 말로 워크숍을 진행하는 것을 즐기는 것 같았다. 또한 그는 직설적이며, 신경을 거슬리고, 현란하며, 괴상하다는 평가를 받고 있었는데 나는 다른 사람이 잘 보지 못했던 그의 다른 측면을 보았다. 그는 나의 딸 하이디가 당뇨병에 걸렸을 때 그런 소식을 들어 매우 슬프다는 내용의 긴 편지를 보내왔다. 그는 30년간 당뇨를 앓고 있었는데, 다음과 같은 말로 하이디를 위로하였다. "REBT의 정신에 따라 나는 별로 불평하지 않고, 바쁘게 지내며, 매우 적극적인 방식으로 삶을 즐긴단다. 나는 너도 그렇게 할 수 있다고 확신한다." 그러면서도 그는 "이런 상태에 있는 것은 정말 힘들어."라고 인정하기도 했다.

마리안느와 우리 딸들이 뉴욕 여행 중 엘리스를 만나려고 엘리스 연구소(Ellis Institute)에 들렀을 때 그는 외국에 워크숍 진행차 나가 있었다. 마라안느와 그가 연구소에 없어서 크게 실망했지만, 이 거절을 잘 극복하겠다는 농담 어린 메모를 그에게 남겼다. 엘리스는 마리안느에게 자기가 그곳에 없어서 미안했으며, 근처에 오면 다시 들러달라고 편지를 보내 왔다. 그는 상냥하게 응대해 주는 사람이었다. 나는 1970년대 후반부터 그가 93세의 나이로 2007년에 사망하기까지 그와 즐거운 인간적 경험을 많이 나누었다.

그는 자신의 일과 다른 사람에게 REBT를 가르치는 일에 헌신했고 자신의 속마음을 밝히는 것을 두려워하지 않았다. 나는 그를 CSUF에 초청하여 1일간의 워크숍을 진행하도록 하였는데 학생들이 그를 좋아하고 그의 진행방식을 마음에 들어 했다. 그는 바쁜 중에도 시간을 내서 내 이론서의 새 판마다 REBT에 해당하는 장을 읽어 주었으며, 스스럼없이 변경할 내용을 알려 주었다.

나는 그가 자신이 가르친 대로 살아가는 능력이 있다는 점을 존중한다. 그는 REBT식 생활방식을 철저히 따랐는데 특히 90세까지 여러 가지 건강문제에 잘 적응해 간 것을 포함해서 자신의 어려움을 다루는 면에서 그랬다. 『Rational Emotive Behavior Therapy: It Works for Me-It Can Work for You』(Ellis, 2004)는 그가 자신의 이론을 어떻게 자신의 삶에 적용시켰는지를 보여 준다. 내가 REBT에 대해 알고 있는 대부분은 직접 엘리스와 그의 저서를 접하면서 배운 것이다. 나는 그와 그의 저서에 대해 감사하며, 그의 많은 생각들을 내 개인적인 생활과 내 상담방식에 활용하고 있다.

인지행동접근이 매우 다양하지만 이들은 정서와 행동 문제의 중심에 생각이 있다고 본다. 나는 CBT를 공부하고 나서 우리가 생각을 바꾼다면 정서와 행동도 바꿀 수 있다고 확신하게 되었다. 나는 특히 CBT에서 상담자와 내담자 간의 협력적인 동반자 관계를 강조하는 것을 좋아한다. 변화를 일으키기 위해서는 내담자가 상담실과 일상생활에서 적극적인 역할을 해야 한다. 또한 나는 어떻게 상담자와 내담자가 협력해서 과제를 계획하고, 내담자가 일상생활에서 새 기술을 연습하도록 할 것인지를 알게 되었다.

이 주제에 대해 더 알고자 하면 『Cognitive Therapy for Challenging Problems』(Beck, 2005), 『Rational Emotive Behavioral Therapy: A Therapist's Guide』(Ellis & MacLaren, 2005)를 참고하기 바란다.

현실치료

　나는 현실치료의 창시자인 윌리엄 글래서(Willam Glasser)의 저서를 통해서 처음 현실치료를 접했으며, 글래서의 강연과 워크숍에 여러 번 참여하면서 이 접근법에 대해 배웠다. 우리는 협력적인 관계를 갖게 되었고, 그는 현실치료에 대해 내가 저술한 내용들을 검토해 주었다. 엘리스처럼 글래서도 그의 생각을 솔직하게 표현하였다. 그의 책은 읽기 쉬웠으며, 나는 나의 내담자와 학생에게 적용하고 싶은 아이디어를 그의 여러 책에서 발견할 수 있었다. 글래서는 1960년대부터 상담 분야에서 정말 개척자적인 일을 했으며, 다가가기 어려운 내담자들을 만나는 상담자들에게 호소력 있게 글을 썼다. 그는 초중등 교사들에게 영향을 끼쳤으며, 대안적인 교수법과 학습법에 관심을 갖고 있는 교사와 학교행정가들을 위한 워크숍에 심혈을 기울였다. 현실치료는 내가 좋아하는 실존 철학에 기반하고 있다. 나는 현실치료에서 강조하는 내용인 우리는 자신의 감정에 대해 개인적 책임을 져야 한다는 생각을 중요하게 여긴다. 윌리엄 글래서는 CSUF에서 1일간의 워크숍을 열어 달라는 초청을 수락하였고, 여기에서 현실치료를 여러 상담장면에 적용하는 방법에 대해 학생들과 교수들을 지도해 주었다.

　동료이자 친구인 로버트 우볼딩(Robert Wubbolding)은 신시내티에 있는 현실치료센터(Center for Reality Therapy)의 소장이며, 윌리엄 글래서 연구소(Willam Glasser Institute)의 훈련 감독자다. 그는 현실치료의 발전에 큰 기여를 했으며, 미국 내에서뿐만 아니라 전 세계에서 워크숍을 진행한다. 그는 내가 현실치료의 실제를 이해하는

데 글래서보다 더 영향을 미쳤다. 나는 그의 워크숍에 여러 번 참여하였고, 이를 통해 현실치료 개념들을 어떻게 여러 다른 종류의 상담상황에 적용하는지 배울 수 있었다. 사실 그 부부와 우리 부부는 알래스카 크루즈 여행을 같이 했으며, 선상에서 바다를 바라보며 많은 시간 동안 현실치료에 대해 이야기를 나누었다.

나는 현실치료가 우리가 하는 행동에 초점을 두어야 한다고 강조하는 것이 좋다. 이 접근에서는 감정이나 생각의 역할을 무시하지는 않지만 이런 측면은 행동을 이해하기 위한 방법으로 활용한다. 우볼딩은 내담자가 무엇을 원하는지를 질문하고, 그들의 행동이 그들의 욕구를 충족시키고 있는지를 묻고, 그들의 현재 행동을 평가하도록 요구하는 것이 중요하다는 것을 나에게 가르쳐 주었다. 내담자가 자신의 행동이 자신에게 도움이 되지 않는다고 판단하게 되면 현실치료 상담자는 내담자가 행동계획을 수립하고 그 계획을 수행하기 위해 노력하도록 돕는다. 이런 강조점은 어떤 상담에도 유용하게 사용될 수 있으며, 이 틀을 상담의 기본으로 사용하는 것이 나에게는 도움이 되었다. 나는 현실치료 접근이 행동을 통제할 수 있는 우리의 능력과 우리가 행동하는 것에 초점을 두는 것이 좋다. 이 접근의 상세한 내용을 알기 위해서는 『Reality Therapy for the 21th Century』(Wubbolding, 2000)를 참고하라.

여성주의와 체계적 치료

나는 처음 가르치던 시기에도 성, 문화, 가족에 대한 주제를 다루었는데 그래도 내 주요 강조점은 개인중심 관점과 개인상담에 적용할 수 있는 상담모델을 이해하는 데 있었다. 모든 개인상담 이론은 개인에게 체계가 미치는 영향에 우선적인 초점을 두지 않기 때문에 상담 실제의 핵심적인 요소로서 체계적 요인을 통합하는 것의 중요성에 대해서는 잘 몰랐다. 여러 동료들이 내 이해를 확장시키는 방법을 제안해 주었는데 이로 인해 여성주의 상담, 가족상담, 다문화 관점, 포스트모던 접근 등을 배우게 되었다. 이런 주제를 다루는 학술대회와 워크숍에 참여하면서 나는 어떻게 개인의 역기능적 행동이 가족, 공동체, 사회와의 상호작용을 통해 발달하는지를 명확하게 이해하게 되었다. 뉴올리언스 대학교의 내 동료인 바바라 헐리히(Barbara Herlihy)는 내가 여성주의 상담의 원리와 적용을 잘 이해하도록 도와주었다.

나는 여성주의 상담자들이 헌신적으로 노력하여서 상담관계에서의 힘의 위계를 적극적으로 무너뜨린 것에 대해 감사한다. 여성주의 입장의 상담자는 전형적인 성 역할 메시지를 알아차리는 것의 중요성을 알고 있으며, 내담자가 이런 메시지를 명확하게 구분하여서 도전하도록 돕는 데 능숙하다. 여성주의 상담자와 체계적 상담자 모두 개인의 문제는 개인 내면의 역동만을 보아서는 이해할 수 없다는 전제를 가지고 상담한다. 개인은 관계의 맥락 속에서 가장 잘 이해될 수 있다.

여성주의 상담을 종합적으로 다루는 책으로는 『Feminist Theories and Feminist Psychotherapies: Origines, Themes, and Diversity』(Enns, 2004)를 추천하고, 체계적 상담과 다양한 가족상담 이론을 잘 다룬 책으로 『Theory and Practice of Family Therapy and Counseling』(Bitter, 2009)을 추천한다.

포스트모던 접근

2005년 나는 상담접근에 대한 내 책에 포스트모던 접근에 관한 장을 포함시켰다. 포스트모더니즘은 기존에 진리라고 여겨지던 것들의 전제들을 비판적으로 검토하는 다양한 학문들의 철학적 흐름이다. 포스트모더니즘 관점에서 하는 상담과정의 핵심은 어떻게 사회적 기준과 기대가 사람들에 의해 내면화되어 그들의 삶의 질을 떨어뜨리게 되었는지를 알아보는 것이다. 포스트모던 상담자들은 내담자로 하여금 자신을 문제와 분리해서 생각하도록 하여 내담자가 문제 중심의 고정된 정체성을 갖지 않도록 한다. 상담자의 도움을 받아 내담자는 다른 시각으로 자신의 삶을 보게 되고 결국 대안적인 삶의 이야기를 만들어 낸다. 내가 포스트모던 상담을 특별히 좋아하는 것은 상담자보다 내담자가 자신의 삶에 대해 더 잘 안다는 생각 때문이다. 전문가로서의 상담자는 전문가로서의 내담자로 대체된다. 상담자와 내담자는 함께 노력해서 현재와 장래의 변화의 가능성을 높이기 위해 협력한다. 이 협력적 관계를 만드는 가장 좋은 방법은 내담자가 이미 가지고 있는 문제해결 능력과 자원을 사용할 수 있다는 것을 상담자가 내담자에게 보여 주는 것이다. 이 치료는 문제중심 대화에서 해결중심 대화로 이동한다. 효과를 내는 것에 주목하면서 내담자에게 그것을 더 하라고 한다. 나는 사람들이 능력 있고 자원이 있으며, 성장을 향한 경향성을 가지고 있다고 강조하는 것이 특히 좋다.

나는 워크숍에 참여하면서 내가 여러 해 동안 저술해 온 전통적이 모델에 대한 대안적 관점을 포스트모던 치료가 제안하고 있다는 것을 알게 되었다. 나는 포스트모던 전통에 정통한 제럴드 몽크 (Gerald Monk)와 존 윈슬레이(John Winslade)를 만나 친분을 쌓았다. 우리는 심리치료 분야에 대해 유익한 논의를 많이 했다. 나는 내 진로여정에서 만난 유능한 사람들과 교류하면서 멘토링을 받았다. 포스트모던 관점에 대해 더 알고 싶다면 『Narrative Therapy in Practice: The Archaeology of Hope』(Monk, Winslade, Crocker, & Epston, 1997)와 『Narrative Counseling in Schools』(Winslade & Monk, 2007)를 보라.

🐾 상담의 이론과 실제에 관한 교과서 집필

많은 내 저서는 학생들이 현대의 상담이론의 기본 개념을 이해해서 실제 상담에 적용할 수 있도록 돕기 위해 집필되었다. 내 저술과 강의에서 강조하는 바는 다양한 이론을 실제적으로 적용하는 것이다. 나는 수업용 자료를 만들기 시작하면서 점차 형식을 갖춘 저술을 하게 되었고, 이 일들을 통해 많은 것을 배울 수 있었다.

오래전에 브룩스/콜 출판사(Brooks/Cole Publishing Company)의 두 관리자가 의례적인 방문을 해서 내가 어떤 저술을 하고 있는지 물어보았다. 나는 즉시 학생들에게 나눠 줄 용도로 만든 자료를 보여 주면서 상담의 이론과 기법을 강의하는 것이 너무 즐겁고 이 자료들을 출판할 수도 있다고 말했다. 우리는 출판 절차에 대해 이야기를 나누었고 그들은 곧 대답해 주겠다고 했다. 거의 1년이 지난 후에 판권 담당 편집자인 클레어 베르두인(Claire Verduin)이 전화해서 이제서야 내 자료를 다른 서류들 사이에서 발견하여 대답이 늦어지게 되어 미안하다고 말했다. 그녀는 당시 브룩스/콜 출판사에 상담 이론 및 실제에 대한 책이 없었기 때문에 출판 계약을 하고 싶다고 말했다. 1975년에 나는 캘리포니아주의 몬테리로 운전해 가서 클레어 베르두인과 테리 헨드릭스(Terry Hendrix)를 만나 내 자료를 책으로 만드는 과정에 대해 이야기를 나누었다. 그들은 출판과정에서 내가 최종 원고를 내기 전에 검토가 필요할 것이라고 말했다. 이는 책 전체에 대한 일반적 검토와 함께 각 이론마다 대가들에의한 전문적 검토를 받는 것이었다. 대부분의 검토자들은 긍정적이고 지지적이었지만 몇몇 검토자들은 매우 혹독하고 비판적이며 좌절시키는 피드백을 주었다. 어떤 사람은 내 저술방식이 너무 형식이 없으며, 경험적으로 타당하지 않다고 했다. 이런 부정적인 피드백은 듣기 불편하지만 나는 그들의 구체적인 비판을 존중하였고 그들이 유익한 지적을 했다고 생각하였다.

여기에서 배운 중요한 교훈은 비판적인 의견이 있다고 해도 우리가 가치 있다고 믿는 일은 계속 수행해 가야 한다는 것이다. 좌절로 인해 최선을 다하지 못했을 수도 있었지만 나는 내 목표를 달성하기 위해서는 인내, 근면, 자기절제가 매우 중요하다는 것을 알게 되었다. 또한 나는 자기의심에 직면해서도 지속해 가는 법을 배웠다. 내가 함께 일한 편집자는 책의 전반적인 내용에 대한 믿음을 가지고 있었으며, 내가 검토자의 의견을 수용하여 더 좋은 책을 만들 수 있도록 지지를 보내 주었다. 저술에 관한 이 초기 경험을 통해 나는 교과서 집필에는 많은 사람들의 협력적인 노력이 필요하다는 것을 알게 되었다. 1975년에 최종 원고를 보낸 『Theory and Practice of

Counseling and Psychotherapy』는 1977년에 책으로 나왔고, 지금은 8판까지 나왔다(Corey, 2009c).

나는 여러 판을 개정하면서 어떤 이론을 포함시킬지 어떻게 결정했느냐는 질문을 자주 받는다. 초기에는 아들러의 생각이 멋지고, 그의 핵심 개념이 현대의 많은 상담모델에서 발견되기 때문에 아들러식 치료가 독자적인 장으로 기술되어야 한다고 생각했다. 나중에는 다양한 인지행동 접근, 여성주의치료, 포스트모던 접근(해결중심 단기치료와 이야기치료), 가족체계 치료 등을 포함시키기로 했다. 또한 나는 심리치료 통합을 향한 움직임에 주목하게 되었다. 새 판을 개정하기 전에 출판사와 함께 대학교수들을 대상으로 그들의 강의에 어떤 이론을 포함하기 원하는지를 조사한다. 이 조사 결과를 활용하여 새 책에 어떤 이론이 포함될지를 결정한다.

상담교과에 대한 이론과 실제를 개발하기

나는 상담의 이론과 실제 교과를 가르치는 다양한 방법을 계속 실험해 본다. 학생들이 이미 내 책을 사용하고 있기 때문에 학생들이 읽은 내용에 대해 강의하는 것은 수업시간을 잘 활용하는 것이 아니다. 나는 각 이론의 핵심 개념과 실제의 적용에 대해 강의를 하기는 하지만 특정 이론적 접근을 사용하여 '내담자'(그 학급에서 자원하는 학생)를 상담하는 내 상담방식을 실제 시연을 통해 자주 보여 준다. 이는 책에서 읽은 내용과 수업에서의 토론을 실제로 체험하게 해 준다. 또한 나는 『Theory and Practice of Counseling and

Psychotherapy』의 모든 판에 실렸던 스탄의 사례를 사용한다. 때로는 한 학생을 '스탄'이 되게 하여 그 주에 공부한 특정 이론의 관점에서 그를 상담하는 방법을 시연한다. 이런 수업방식은 상담원리를 실제 상담사례에 적용하는 방법을 학생들에게 알려 준다. 학생들은 소집단으로 돌아가며 몇 분씩 '스탄'을 상담하면서 상담자와 내담자가 되는 것이 어떤 것인지를 경험해 본다.

학생들은 학급 내 소집단 작업을 통해 각 이론의 개념들을 자신에게 적용해 본다. 이론을 단지 배우는 것이 아니라 각 이론이 자신의 관심사에 어떻게 적용될 수 있는지 개인적으로 생각해 보고 동료들과 함께 토론한다. 예를 들어, 가족 위치라는 아들러 접근의 개념을 배울 때 학생들은 원가족에서 무엇을 배웠으며 그것이 현재 자신에게 어떻게 영향을 미쳤는지에 대해 소집단 내에서 이야기한다.

🗣 상담 실제에 관한 사례집 만들기

1980년 여름에 나는 가족과 함께 7주간 독일에 다녀왔는데 이는 대부분의 여름마다 하는 일이다. 나는 내 아내의 고향 근처에 있는 숲과 산책길 걷기를 좋아한다. 이 산책 중에 나는 내가 가르치는 모든 이론에 사례를 적용하여 저술하는 것에 대해 생각하게 되었다. 이 생각이 결실을 맺어 1982년 『Case Approach to Counseling and Psychotherapy』 1판이 출간되었다. 나는 내가 상담했던 많은 내담자들의 공통적인 상담주제들을 생각했고, 결국 한 내담자가 상담에 가져올 법한 문제를 제시하는 내담자를 만들어내게 되었다. 내가 독일에 있는 마리안느의 집 안마당에서 글을 쓰고 있을 때, 마침 이웃집에 사는 한스가 트랙터를 몰고 집에 들어오면서 아내인 루스를 불렀다. 그는 자기가 트랙터에서 내려서 문을 열 필요가 없게 아내로 하여금 큰 문을 열도록 하곤 했다. 그는 여러 번 루스의 이름을 불렀는데 매번 부를 때마다 그의 목소리가 커졌다. 나는 그 자리에서 내 가상의 내담자 이름을 루스라고 정했다.

이 책에서 나는 내 이론서에서 설명한 각 이론적 접근으로 내가 루스를 어떻게 상담했을지를 보여 주고자 했다. 그 여름 내내 춥고 비가 많이 왔는데 이는 내가 집중할 수 있도록 도와주어서 2주만에 초고를 완성할 수 있었다. 마리안느는 개인상담도 상당히 잘하는 결혼 및 가족 치료사이기 때문에 나는 그녀로 하여금 내가 매일 쓰는 원고를 읽어 보도록 하였다. 나는 마리안느의 통찰력 있는 의견을 원고에 반영하였고, 그녀는 내가 상담 실제에 집중하며, 내담자와의 상담이 실제처럼 보이도록 만들어 주었다. 그녀는 내가 처음이 책에 대한 아이디어를 얻었을 때부터 지금 여러 해가 지나 최근의 판을 쓰기까지 이 작업에서 핵심적인 역할을 하였다. 사실 마리안느는 내가 책을 쓸 때마다 원고를 읽고 아이디어와 피드백을 주는 중요한 역할을 했는데 이는 우리가 공동으로 책을 쓰지 않을 때도 그랬다.

이 사례집의 첫째 판은 나 혼자 상담자 역할을 했기 때문에 한계가 있었으나 나는 이 작업을 통해 수업에서 상담사례를 개념화하는 도구를 갖게 되었다. 다음 판부터 나는 각 이론의 전문가를 초대하여 자신의 이론적 접근에 따라 루스를 상담하는 방법을 저술하도록 하여 최근에 나온 『Theory and Practice of Counseling and Psychotherapy』 7판(Corey, 2009b)은 처음 판에서 상당히 발전하였다. 이 책은 각 이론의 관점에서 루스를 상담하는 내 접근을 유지하고 있지만 다른 전문가들의 상담방식도 배울 수 있도록 제시하고 있다. 최근 판에서 26명의 각 이론 전문가들이 루스를 상담할 때 사용할 법한 상담기법을 보여 주었다. 어떤 이론에서는 두 명의 전문가가 루스를 상담하는 각자의 방법을 보여 주었다. 예를 들어, 현실치료를 다루는 장에서는 윌리엄 글래서가 루스에 대한 그의 관점을 서술하고 상담회기의 핵심 부분을 보여 주기 위해 상담자와 내담자와의 대화 예시를 제시하였고, 로버트 우볼딩은 현실치료자로서 루스를 상담하는 자신의 방식을 보여 주었다. 나는 같은 이론적 접근을 갖고 있는 상담자들도 매우 다른 상담방식을 가질 수 있다는 것을 보여 주기 위해 두 명의 상담자를 포함시켰다. 나는 최근의 사례집에서 26명의 이론가 및 상담자들과 함께 일하면서 각 이론의 분위기와 다양한 상담방식에 대해 알게 되었다. 이 저자들은 이론의 실제적 적용을 이해하는 데 있어 내 멘토가 되었다.

이 책이 발전해 온 과정을 돌아보면 하나의 사업계획이 시간이 지나면서 어떻게 발전해 갈 수 있는지를 알 수 있다. 사례집은 단순한 아이디어에서 출발해서 한 내담자를 평가하고 상담하는 다양한 방법을 포함하는 종합적 상담으로 발전했다. 여러분은 루스가 26명의 전문가와 나에게서 상담을 받았다면 이제는 치료되었다고 생각할 수도 있다. 아쉽게도 그녀는 1982년 그녀를 상담에 오게 했던 삶의 주제를 아직도 가지고 있다. 여러 해가 지난 후 나는 독일에서 실제 루스와 이야기하면서 어떻게 내가 그녀의 이름을 책에서 주인공 내담자의 이름으로 사용하게 되었는지를 말해 주었다. 그녀는 크게 웃으면서 저작권료를 달라고 하였고, 나는 주머니에서 1유로를 꺼내어 그녀 이름의 사용료로 주었다. 그녀는 즐거이 그것을 받았다.

🐾 통합적 상담에 관한 첫 번째 교육용 비디오

내가 저술한 이론서들은 모두 일정한 목적을 달성했지만 한 가지 부족한 점이 있었다. 나는 내 상담방식을 실제로 사용하여 루스를 상담하는 교육용 비디오를 만드는 것을 생각하기 시작했다. 나의 동료이자 친구인 로버트 헤인스(Robert Haynes)는 정신병원의 전문가 교육 담당자로서 교육용 비디오 프로그램을 제작하는 일을 하고 있었다. 우리는 루스의 삶에서 나온 주제들로 상담하면서 접근하게 되는 이론을 통합하여 상담 비디오 프로그램을 제작하는 방안에 대해 이야기를 나누었다. 이것이 해 볼 만한 작업이라고 결론이 나자 이제는 나와 상담할 루스 역을 할 사람을 구해야 했다. 나는 이전 대학원 조교였던 린 헤닝(Lynn Henning)에게 이 비디오 프로그램에서 루스 역할을 하는 것을 제안했는데, 그녀는 적극적으로 참가하고자 했다. 녹화하기 전에 아주 많은 준비를 해야 했지만 나는 연습용 대본을 사용하고 싶지 않았다. 린은 비록 내담자 역할을 연기하는 것이었지만 우리는 가능한 한 실제 같은 상호작용을 하려고 했다. 우리가 다루는 주제를 묘사하기 위해 즉흥연기에 의존했다. 우리는 전체 13회기의 매 회기마다 무엇을 보여 줄 것인지에 대한 분명한 목표와 일반적 계획을 가지고 있었지만, 각 회기마다 즉흥적인 내용이 포함될 여지를 남겨 두려고 노력했다. 이 회기들에는 상담적 관계 수립하기, 상담 목표 설정, 다양성 이해, 저항 다루기, 과거가 현재에게 미치는 영향 탐색하기, 종결 등이 포함된다. 이 비디오 자료는 내가 인지, 정서, 행동적 기법을 사용해서 루스를 통합적 방법으로 상담하는 모습을 보여 주는 데 초점을 두었다.

우리는 1995년 1월에 4일간에 걸쳐 모든 기술자, 프로듀서와 감독, 자문가 등과 함께 녹화작업을 했다. 상담회기와 각 회기 후의 논평과정에서는 모든 것이 순조롭게 진행되었다. 마지막 날 끝날 무렵에 나는 프로그램을 소개할 예정이었다. 미리 마련된 나의 대사는 간단했는데도 나는 반복해서 각 문장을 더듬었다. 카메라 기사는 지쳐 갔고 프로듀서와 감독도 마찬가지였다. 나는 잘하려고 노력했지만 암기한 문장을 자연스럽게 말할 수 없었다. 일단 녹화는 끝났지만 작업은 계속되었는데 이는 프로듀서 로버트 헤인스, 감독 톰 월터스(Tom Walters), 마리안느, 그리고 내가 4일간의 녹화 분량을 통합적 상담을 다루는 1시간짜리 교육용 비디오로 편집하는 지루한 일을 해야 했기 때문이다. 결국 우리는 프로그램을 바꾸고 일부 논평을 늘려서 〈CD-ROM for Integrative Counseling〉(Corey, with Haynes, 2005)을 제작하였다. 린 헤닝은 이제 사설 상담소에서 면허받은 결혼 및 가족 치료사로 일하고 있으며, 최근 정신분석학 박사학위를 취득했다. 그녀는 개인적으로나 전문적으로 풍부한 삶을 살고 있는 힘차고 열정적인 여성이다. 그녀는 루스의 역할을 정말 그럴듯하게 연기했지만 실제 생활에서는 전혀 이런 모습을 갖고 있지 않다.

이 일을 해 보니 교육용 비디오를 만드는 것은 책을 쓰는 만큼이나 많은 작업을 필요로 한다는 것을 알게 되었다. 많은 준비가 필요하고, 융통성을 발휘하며 예상하지 않았던 일에 잘 대처하는 것이 중요하다. 린과 나는 잘 협력해서 일을 했는데 이를 통해 좋은 관계의 중요성을 다시 한 번 알게 되었다. 이는 실제 내담자-상담자 관계에서든지 아니면 상담과정을 녹화하기 위해 협력할 때든지 마찬가지다. 이 비디오는 영상으로 학습하는 사람들에게 도움이 되었고, 그 후 마리안느와 내가 로버트 헤인스와 톰 월터스의 자문을 받아 제작한 3종을 포함한 4종의 비디오 프로그램의 시작이 되었다.

🔊 스탠 상담에 대한 DVD 프로그램 제작

나의 통합적 접근을 적용한 루스의 상담을 다룬 비디오를 제작한 후 나는 내 이론서의 주요 내담자인 스탠을 11가지 다른 이론적 접근으로 상담하는 비디오를 만들고 싶은 마음이 생겼다. 스탠의 프로그램도 13개의 분리된 '상담회기'로 구성되었으며, 각 회기마다 나는 특정 이론을 보여 주기 위해 한두 가지 기법을 활용했다.

스탠 상담 비디오에 대한 아이디어는 2000년 봄학기에 상담이론과 실제 과목을 공동으로 가르치기 위해 내 학부 학생이었던 제이미 블러드워스를 불러 이야기하면서 생겨났다. 우리는 각 이론에 대해 간략한 강의를 하고, 학생들이 각 이론적 접근을 개인적으로 적용할 수 있도록 각자 작은 토론 집단을 운영하였다. 매주 제이미는 내담자 '스탄'이 되었고, 나는 우리가 가르친 이론을 활용하여 그를 상담했다.

2006년에 나는 제이미가 역할 연기를 하는 스탄을 상담하는 DVD 프로그램에 대한 제안서를 나의 출판사에 보냈다. 출판사는 다른 종류의 프로그램에 관심을 보였는데, 이는 다른 내담자를 대상으로 하는 여러 상담자를 보여 주는 것이었다. 에드 뉴크럭(Ed Neukrug)이 이 생각에 관심을 보여 다른 내담자들을 상담하는 다른 상담자를 다룬 〈Theories in Action: Counseling DVD〉(Neukrug, 2008)가 제작되었다. 나는 어떻게 여러 상담자가 각자 자신의 접근을 적용하여 다양한 내담자들을 상담하는지를 알게 해 주는 뉴크럭의 비디오 프로그램을 추천한다.

나는 여러 이론적 접근의 상담자들이 스탄을 상담하는 것에 대한 책은 썼지만 각 이론을 적용하여 스탄을 상담하는 모습을 보여 주는 통로를 찾지 못했다. 나는 스탄과 상담하면서 각 이론에 대한 나의 해석을 보여 주고 싶었고, 나는 이 방법이 학생들로 하여금 이 이론들의 실제적 적용을 배우게 하는 효과적인 방법이라고 확신하였다. 출판사는 결국 내가 제안한 사업계획에 동의하여 〈Theory in Practice: The Case of Stan-DVD〉(Corey, 2009d)가 나오게 되었다.

녹화를 준비하기 위해 제이미와 나는 2006년 여름 2일간 자전거를 타면서 여러 부분에 대해 이야기를 나누었다. 우리는 함께 각 회기마다 탐색할 주제와 주어진 이론을 실제로 보여 줄 구체적인 기법을 선정하였다. 예를 들어, 게슈탈트 치료를 다루는 회기에서는 스탄이 꿈을 가져와 탐색하기로 하였다. 우리는 주제와 각 회기에서 달성하고자 하는 것을 정했지만 연습을 하지는 않았는데, 이는 우리 둘 다 즉흥적으로 상담을 진행하면서 회기 진행이 자연스럽게 될 것이라는 믿음이 있었기 때문이다. 우리는 13회기를 하루 만에 녹화했는데, 이는 1995년에 루스에 관해 녹화하는 데 4일이 걸렸던 데 비해 큰 발전을 한 것이었다.

🐾 자신의 통합적 상담접근 개발하기

나는 상담전공 학생들이 여러 상담모델의 기초적인 내용을 배워서 자신만의 통합적 접근을 개발하게 되기를 바란다. 여러분이 수련 중에 있는 학생이든 또는 상담전문가든 여러 이론적 접근이 여러분에게 제공하고자 하는 것에 친숙해지는 것이 좋은 훈련이다.

여러분의 고유한 인간적 모습을 반영하는 상담방식을 개발하는 것이 중요하다. 여러분의 상담이론은 여러분 개인을 보여 주는 것들과 일치해야 한다. 어떤 상담자들은 단일한 이론적 체계에 기반하여 상담하고, 어떤 상담자들은 다양한 이론적 접근을 통합하거나 다양한 기법을 구사하는 것이 가치 있다고 생각한다. 만약 여러분이 하나의 이론적 틀에 따라 상담한다고 해도 모든 내담자에게 동일한 기법을 사용하지는 않을 것이다. 우리는 다른 내담자들을 상담할 때 한 이론에서 나온 기법들을 융통성 있게 적용해야 한다. 내 경우에는 사고, 감정, 행동 모델을 활용한다. 사고와 감정, 행동은 상호작용하며, 완벽한 상담접근은 인간기능의 모든 측면을 다루어야 한다. 나는 상담의 특정 순간에 내담자가 가장 원하는 것에 주목

한다. 내담자가 무엇을 생각하는지, 그 생각이 느낌에 어떻게 영향을 미치는지, 그리고 내담자가 어떻게 행동하는지를 다루려고 한다. 내담자가 경험하는 것에 주의를 기울이면 어떤 영역을 탐색해야 할지를 알 수 있다.

각 이론마다 강점과 약점이 있으며 다른 이론과 다르다는 점을 받아들이면 여러분은 여러분에게 맞는 상담모델을 개발하기 시작할 수 있다. 내가 여러 이론에 대한 개관에서 보여 주었듯이 나는 다른 이론적 입장의 지지자들을 직접 만나고 풍부한 독서를 해서 나의 개인적인 상담관점에 통합할 여러 이론체계의 요소들을 발견하게 되었다.

여러 상담이론을 배우라

모든 상담이론은 한계뿐만 아니라 고유의 장점도 가지고 있다. 어떤 개념과 기법을 여러분의 상담에 통합할지를 정하기 위해 모든 주요 상담이론을 공부하는 것이 좋다. 나는 '정답'이라고 할 수 있는 이론적 접근은 없기 때문에 여러분의 인간됨에 적합한 접근을 찾아 사고, 감정, 행동을 다루는 통합적 접근으로 상담하는 것이 좋다고 생각한다. 이런 통합은 여러분이 여러 이론적 체계와 상담기법에 대한 기본적 지식을 가지고 있다는 것을 전제로 한다. 통합적 관점을 개발하기 위해서는 여러 이론에 정통해야 하며, 이 이론들이 어떤 방식으로 통합될 수 있다고 생각할 수 있어야 하며, 여러분의 가설이 실제로 작동하는지를 검증하려고 해야 한다. 한 이론의 한계 내에서 배타적으로 일하면 다양한 내담자 집단과 관련된 복잡한 문제들을 창의적으로 다루기 위해 필요한 치료적 융통성을 갖을 수 없다.

몇 개의 연구에 의하면 상담자의 이론적 접근에 관계없이 상담 효과는 대체로 비슷하다. 지난 20여 년간 상담의 경향은 단일이론 기반 상담에서 상담접근의 통합으로 움직여 왔다. 심리치료 통합의 모습은 단일이론 접근에서 벗어나 서로 다른 관점으로부터 무엇을 배울 수 있으며 내담자들이 어떤 유익을 얻을 수 있는지를 알아보고자 노력하는 것에서 알 수 있다. 통합적 접근은 다양한 이론과 기법을 통합하는 다양한 방법에도 열려 있는 모습에서 나타난다.

하나의 주 이론을 정하고 그것에 정통하라

여러분 중에 상담진로를 시작하는 사람들은 한 이론을 가능한 한 철저하게 배우면서 동시에 다른 이론들도 깊게 살펴보려는 열린 마음을 갖기를 바란다. 여러분의 세계관과 가장 가까운 주 이론 틀 안에서 상담하기 시작한다면 여러분은 개인적인 상담방식을 개발할 기초가 되는 고정지점을 갖게 된다. 그 후에 현대의 여러 이론적 접근으로부터 필요한 개념과 기법들을 선택해서 이것들이 여러분의 주 이론의 기본적인 철학 안에서 어떻게 조화를 이룰 것인지를 알아 나갈 수 있다.

다양성을 효과적인 상담의 일부로 인식하라

상담전문가로서 여러분이 만나게 될 주요한 도전 중 하나는 문화적 다양성과 유사성이 여러분의 일에서 보이는 복합적인 역할을 이해하는 것이다. 모든 상담 개입은 다문화적이다. 내담자와 상담자는 매우 다양한 태도, 가치, 문화적으로 학습한 전제, 신념, 행동들을 상담관계에 가져온다. 윤리적이고 임상적인 관점에서 여러분의 상담은 여러분이 만나는 내담자에게 정확하고 적합하며 의미 있어야 한다. 이는 모든 내담자에게 동일한 방식으로 경직되게 상담기법을 적용할 것이 아니라 내담자의 독특한 욕구를 충족시키기 위해 이론에 대해 다시 생각하고 기법을 수정해 나가는 것을 의미한다.

여유를 가지라

여러분이 현재 수련 중인 학생이라면 지금 잘 정의된 통합적 이론 모델을 갖기를 바라는 것은 비현실적이다. 통합적 관점은 상당한 양의 독서, 공부, 경험적 개인 작업, 슈퍼비전, 임상 실습, 연구, 이론화 등을 통해서 만들어진다. 시간을 들여 성찰하는 공부를 해야 여러분은 앞으로 만날 다양한 기법들 중에서 여러분 자신의 것들을 선택할 기반이 될 안정적인 개념적 틀을 개발할 수 있다. 여러분의 상담을 이끌어 줄 개인화된 접근을 개발하는 일은 임상 경험, 슈퍼비전, 계속적인 공부를 통해 계속 새로워지는 일생에 걸친 노력을 필요로 한다.

나는 상담에 대한 통합적 접근에 매료되었기 때문에 내 통합적 접근의 기초를 서술한 책을 집필하였다. 이 주제에 대해 더 관심이 있다면 『The Art of Integrative Counseling』(Corey, 2009b)을 읽어 보

라. 통합적 접근을 더 종합적이고 깊게 다른 책으로는 『Handbook of Psychotherapy Integration』(Norcross & Goldfried, 2005)이 있으며, 『A Casebook of Psychotherapy Integration』(Stricker & Gold, 2006) 도 좋은 자료다.

CHAPTER

05

집단상담으로의
여정

🐾 들어가는 말

이 장에서 나는 집단상담 분야에 관여해 온 과정을 살펴볼 것이다. 나는 집단상담 참여자로, 집단상담 지도자로, 집단상담 교육자로, 집단 훈련에 대한 자문가로, 집단상담 관련 서적의 집필자로 활동해 왔다. 소집단에 대한 나의 관심의 시작은 40년 전 초급 심리학 강의를 가르치면서 다양한 교수법을 실험할 때로 거슬러 올라간다. 그때 나는 학생들이 단순하게 어떤 주제에 대해 아는 것에 그치지 않고 배운 것을 생활에 적용하도록 노력했다. 나는 여러 집단상담에 참여하면서 배웠던 것을 활용하였는데 이를 통해 집단작업 분야를 연구할 자극을 받았고, 결국 집단상담 진행, 교육, 저술 등에서 전문가가 되었다.

🐾 집단상담 참여자 경험이 준 교훈

나는 30대와 40대에 밤샘 마라톤 집단, 전통적인 주별 치료집단, 숙박형 개인성장 워크숍과 참만남 집단(1박 2일 프로그램에서 10일간 프로그램까지 다양한 길이로 진행) 등 여러 종류의 집단에 참여했다. 처음 집단에 참여하여 통찰을 얻고 생활에서 변화를 경험한 후 나는 여러 집단상담에 참여하려고 노력하였다. 집단상담 진행의 기술이나 방법을 배우려고 한 것은 아니었지만 이 경험은 나중에 집단

상담 전문가로 활동하는 데 많은 도움이 되었다. 지도자의 스타일이나 진행방식에 동의하든, 동의하지 않든 집단 참여자로서의 경험을 통해 집단상담 진행에 대한 중요한 교훈들을 얻었다.

마라톤 집단

1960년대 후반, 몇 년 동안 나는 한 상담자가 진행하지만 서로 다른 참여자들로 구성된 여러 개의 밤샘 마라톤 집단상담에 참여했다. 여기에서 나는 감정과 생각을 통합하는 강한 경험을 하였다. 이 집단상담은 나에게 특별한 의미가 있었는데 이는 내가 뒤에 앉아 관찰하기만 하거나 추상적인 지적 유희를 하고 있을 수 없었기 때문이다. 대신 나는 나 자신에 대한 작업에만 아니라 다른 사람들의 이야기에도 정서적으로 참여했다. 나는 마라톤 집단상담과 다른 집단상담 경험이 개인상담 경험보다 내게 훨씬 더 유용하다는 것을 발견했다. 나는 공동체 의식을 만들고 응집성을 강화시키는 일정한 틀의 가치를 알게 되었다. 이 모든 것은 내가 집단상담 지도자로 활동하는 데 활용되었다.

같은 시기에 나는 1년 동안 매주 만나는 전통적인 집단상담에 참여했다. 우리는 90분간 상담자와 함께 집단상담을 하였고, 그 후 한 시간 동안 소위 '집단상담 후 만남' 형태로 참여자들끼리 집단상담을 하였다. 이 집단상담도 대체적으로 좋았지만 나는 비교적 조용한 집단원으로 참여하였으며 나를 다루는 시간을 갖으려고 하지 않았다. 내가 참여했던 마라톤 집단에 비해 이 집단에서는 듣는 사람으로 남아 있는 것이 편했다. 그러나 마라톤 집단과 주별 집단을 병행한 것은 나의 개인적 성장에 도움이 되었다.

숙박형 워크숍

1970년대와 1980년대에 나는 캘리포니아주 빅 서(Big Sur)에 있는 에살린 연구소(Esalen Institute)에서 주최한 3개의 주말과 주중 숙박형 워크숍에 참여했다. 이 연구소는 여러 가지 혁신적인 프로그램을 개발하고 있었는데 이런 종류의 워크숍은 당시 참만남 집단상담 분야에서 유행이었다. 8일의 기간 중 5일 동안은 깊은 정서적 이완과 재통합을 하는 신 라이히안 신체 접근(Neo-Reichian body approach)을 다루는 워크숍에 참여하고, 3일 동안은 명상, 호흡, 성장 활동, 집중 등에 대한 워크숍에 참여했다. 이 워크숍에서 나는 명상 훈련과 집중기법을 통해 개인적 주제들을 탐색하고 신체 반응을 경험하며 내 마음을 평온하게 하는 방법을 배웠다. 약 5년 후 나는 게슈탈트 상담, 상호작용 집단작업, 신체작업, 명상 등을 통합한 5일간의 인간 잠재력 집단(human potential group)에 참여하였다. 여기에서는 대인관계 작업을 하고, 개인적 관심을 탐색하며, 신체작업과 명상을 훈련하였다.

나는 이 기간 동안 여러 다른 성장 집단에 참여하였다. 나는 새로운 상황에 들어가는 것을 기대하며 흥분이 되었다. 나는 나의 지평을 확대시키는 새로운 여정을 실험해 보려고 노력하였다. 나는 이런 워크숍을 선택하여 참여하면서 개인적인 통찰을 얻었고, 개인적이고 전문적인 삶에 적용할 수 있는 것들을 발견하였다. 나는 나의 몸에 관심을 갖는 것이 얼마나 중요한지를 알게 되었고, 몸과 심리적 기능 간의 중요한 연결에 대해서 배웠다. 비록 머리로는 스트레스와 나의 심리적 상태가 몸에 영향을 미친다는 것을 알고 있었지만, 정서적 연결을 생생하게 체험하기 위해 노력하는 다른 참여자들의 작업에 대한 관찰과 나의 신체작업을 통해 직접 이것을 경험하게 되었다. 정서를 경험하고 방출하면 자유를 경험하며, 통찰을 얻고 행동이 변하기도 한다. 나는 감정을 억압하는 것이 얼마나 신체에 피해를 입히는지를 관찰하였고, 카타르시스의 치료적인 힘을 경험하였다. 그러나 또한 정서적인 분출만으로는 근본적인 변화가 일어나기 어렵다는 것도 알게 되었다. 자각의 증진과 치유과정에는 인지적 작업이 필수적이다. 참만남 집단에 대한 흥미로운 설명이 『Carl Rogers on Encounter Groups』(C. Rogers, 1970)에 소개되어 있다.

1990년대 초에 나는 애리조나주 세도나(Sedona) 근처의 대농장에서 열린 10일간의 워크숍에 참여했는데 이 워크숍은 의학박사인 브루 조이(Brugh Joy)가 진행하였고 개인적 변혁을 강조하였다. 이 워크숍은 상호작용 집단이나 참만남 집단, 과정 집단 또는 치료집단이 아니었다. 여기서는 집단상황에서 지도자가 한 번에 한 사람씩 개인 작업을 하였다. 우리는 매일 아침 동트기 전에 만나 명상을 하였는데 이는 마음을 차분하게 하며 자신에게 집중하는 데 확실한 도움이 되었다. 이 경험을 통해 나는 명상 훈련의 유용성을 새롭게 알게 되었고, 명상이 개인 및 집단 상담에 어떻게 활용될 수 있는지를 알게 되었다. 아침 식사 후 몇 시간 동안 집단으로 만나 지도자와 함께 우리의 꿈을 이야기하고 탐색하였다. 여기서는 지도자와 일대일 작업을 하였고 나머지 구성원들은 관찰자로 참여하였다. 나는 내가 꿈을 많이 꾸지 않았으며, 또한 그것들을 기억할 수 없다고 여러 번 말했다. 그러나 나의 꿈을 몇 개 이야기하고, 다른 참여자들이 이 집단에서 꿈 작업을 하는 것을 관찰하면서 내 생각이 바뀌었다. 나는 나의 꿈이 어떻게 내 무의식적인 역동을 표현하는지를 알게 되었고, 내 꿈의 일정한 패턴과 의미를 이해하는 틀을 개발하게 되었다. 이 경험이 개인적으로는 의미 있었지만 내가 익숙하게 진행해 온 집단상담과는 확실히 다른 것이었다. 때로는 내가 이 집단의 지도자라면 저렇게 하지 않고 다르게 하겠다는 생각에 빠지기도 했다. 그럴 때면 나는 지금 지도자를 비판할 것이 아니라 새로운 경험에 나를 개방하고 자기이해를 깊게 하며, 더 자발적인 행동으로 실험해 보자고 마음을 다잡았다.

브루 조이는 깜짝 놀랄 일을 기대해 보라고 말했는데, 어느 날 아침 우리는 세도나로 가서 열기구를 타고 하늘로 올라가 경이로운 일출 광경을 보게 되었다. 나는 나의 안전지대를 벗어나서 새로운 경험에 나를 열어 놓는 경험을 통해 중요한 개인적인 가르침을 받았다. 나는 정해진 틀에 익숙해져 있었고, 이 집단에서 무엇이 일어날지 예측하기 어려워서 불편한 마음을 가지고 있었다. 나는 좀 흔들어 놓을 필요가 있었다. 때로는 불안을 경험하고 미지의 것을 다루는 것이 개인적 성장의 촉매가 된다는 것을 알게 되었다. 이 워크숍은 개인적 회복의 느낌을 주었고 내 경험의 폭을 확장하도록 하였다.

개인적이고 전문적인 교훈

이런 집단상담 경험이 개인적으로 가치 있었던 것처럼 나는 내가 대학 장면에서 개발하여 발전시키던 집단상담에 활용할 수 있는 것들을 많이 배울 수 있었다. 나는 새로운 기법들을 배웠고 내 전문적 작업에 유용한 새로운 아이디어들을 접했다. 물론 나는 집단 지도자로서 다르게 기능하며 집단을 다른 식으로 구성하기도 한다. 나는 집단이 형성되거나 촉진되는 과정에 관심이 있는데, 이 과정이 상담 집단을 구성하는 틀을 제공한다는 것을 배웠다. 예를 들어, 나는 내가 참여했던 집단의 지도자들보다 집단 참여자 선별, 초기 오리엔테이션을 더 강조하고, 집단에 대한 정보 그리고 집단상담에서 도움을 얻는 방법 등을 더 이야기한다. 나는 신뢰의 분위기를 만들고 참여자들이 위험을 감수하도록 하는 구조를 제공하는 지도자의 중요성을 믿게 되었다. 내가 배운 박사 과정 프로그램은 집단상담에 대한 훈련이 많지 않았는데, 이런 집단상담에 참여자로 그리고 촉진자로 있으면서 배운 실제적 가르침은 나의 부족한 부분을 채워 주었다.

🗣 자기탐색 과정: 성격과 갈등

내가 1972년 CSUF의 대인 서비스(human service) 학부 프로그램에서 처음 강의를 시작할 때, 나의 주요 과업은 1960년대 말 대학에서 인기가 있게 된 자기탐색 과정을 가르치는 것이었다. 성격과 갈등(Character and Conflict)이라는 이 과목은 CSUF의 대인 서비스 프로그램의 초기 설립자이며 임상심리학자인 윌리엄 리온(William Lyon)이 처음 개설하였다. 이 과목은 개인적 자율성을 성취하기 위해 노력하는 과정에서 생기는 생활의 선택에 대해 경험적이고 주제

중심적인 집단으로 운영되었다. 여기에서는 아동기와 청소년기, 성
인기와 자율성, 일과 여가, 신체이미지, 성 역할, 성 정체성, 사랑,
관계, 결혼과 기타 헌신적인 관계, 고독과 소외, 죽음과 상실, 의미
와 가치 등의 주제를 다루었다.

　리온이 처음 강좌를 개설했을 때 등록하려는 학생과 교수들로 강
의실이 넘쳐났다. 리온은 모든 사람을 수용할 창의적인 방법을 생
각해 냈는데 그것은 앞의 1시간 동안은 그가 강의하고 뒤의 2시간
은 등록한 교수들이 집단 지도자가 되어 소그룹 토론을 인도하게
하는 것이었다. 그는 매주 각 소집단을 관찰하고 수업이 끝날 때마
다 집단 지도자들을 만나 슈퍼비전을 하였다. 후에 그는 집단 지도
자가 되는 것에 관심이 있는 8명의 학생들이 참여하는 집단 지도자
실습(Practicum in Group Leadership)이라는 과목을 개설하였다. 이
초기 시절에는 많은 다른 학문 분야(생물학, 심리학, 정치학, 철학, 공
학, 종교학, 수학 등)의 교수들이 '성격과 갈등' 과목과 '집단 지도자
실습' 과목을 모두 등록하는 것이 흔한 일이었다. 이런 교수들은
집단 지도자로서 배운 것들을 자신의 수업에 적용할 창의적인 방법
들을 발견하였다.

　집단 지도자 실습 수업은 25시간짜리 주말 훈련 워크숍으로 시
작했다. 여기에서 학생들은 집단의 참여자로서 자신에 대한 개인적
인 작업을 할 뿐만 아니라 자기 집단의 보조 지도자로서 역할을 해
보기도 하였다. 이 워크숍은 각자 살아온 삶의 여정에 초점을 맞추
어 진행되었는데 그 전제는 다음과 같은 것이었다. 다른 사람의 어
려움을 이해하는 능력은 그에 대응하는 자신의 어려움을 발견하는
능력에서 나온다. 집단 지도자 실습 과정 참여자들은 소집단의 보

조 지도자 역할을 수행하였는데 이는 나중에 성격과 갈등 수업의 한 부분이 되었다. 이 두 과목은 개인 내적 그리고 대인관계적인 학습에 초점을 맞춘 이 경험적인 자기탐색 과목의 적합성에 대해 수많은 도전이 있었음에도 불구하고 40년 이상 대인 서비스 프로그램에 남아 있었다. 결국 성격과 갈등 과목은 일반교육과정으로 편성되어 다양한 전공의 학생들이 매력을 느끼며 참여하게 되었다. 매 학기마다 다양한 내용들이 제공되었고 학생들은 자신과 타인에 대해 더 깊이 이해할 수 있는 장을 경험하게 되었다.

내가 CSUF에서 처음 강의를 시작했을 때 단지 리온과 함께 교수직을 수행한다는 것 자체가 하나의 도전이었다. 그는 그 프로그램을 어떻게 계획해야 하는지, 그리고 그 강의가 어떻게 진행되어야 하는지에 대한 명확한 생각을 가지고 있는 카리스마 있는 사람이었다. 성격과 갈등 과목을 듣는 집단 지도자들은 리온과 함께 일을 하면서 우리 둘을 비교하곤 했는데 여기에서 나는 내가 리온과는 다르게 일하고 있다는 점을 알게 되었다. 나는 내 자신의 방법을 찾으려고 노력하여 결국 이 과목을 구성하고 가르치는 나만의 방식을 찾게 되었다. 하지만 나는 학생 지도자들에게 소집단 내에서 상호작용하는 형식으로 슈퍼비전을 받는 훈련을 제공한다는 기본적인 생각은 유지하였다. 나는 성격과 갈등 수업을 성장 지향적인 경험으로 제시하였는데 여기에는 자기탐색과 개인적 발달을 향한 초청이 포함되어 있다. 나는 학생들에게 각 주제(관계, 삶의 의미)가 자신에게 개인적으로 어떻게 적용되는지를 신중하게 생각해 보도록 격려하였다. 나는 만약 참가자들이 이 개인적인 주제들에 관계된 자신의 감정, 생각, 행동을 개방적이고 정직하게 탐색할 수 있는 분위기를 각 소집단에 만들어 줄 수 있다면 그들의 삶의 과정을 바꿀 수 있는 의미 있는 선택을 할 수 있을 것이라고 생각했다. 각 주제는 짤막한 강의로 소개되었으며, 학생들은 수업시간의 대부분을 소집단에서 그 주제에 대해 토론하였다. 학생들은 그 과목의 주제들에 대한 읽기 과제를 수행하고, 매주 경험보고서를 쓰고, 이 소집단 내에서 다른 사람들의 이야기를 듣고 자신에게 연결시키는 방법을 배웠다. 학기말에 학생들은 성격과 갈등 수업에서의 경험에 대하여 보고서를 냈는데, 여기에는 자신과 다른 사람에 대해 배운 점들과 이 수업을 마친 이후에 개인적 발달을 계속할 계획이 포함되었다.

이 과목은 대인 서비스 전공 학생들에게는 필수과목으로, 다양한 학문적 · 직업적 관심을 가진 다른 학생들에게는 선택과목으로 지금도 3학점으로 개설되어 있다. 학생들에 대한 평가는 소집단에서의 활동이나 자기개방의 양 또는 질에 근거하지 않는다. 그러나 여기에도 성적 부여의 명확한 기준이 있는데, 여기에는 출석, 읽기 과제, 읽기 과제와 집단에서의 경험에 대한 매주 보고서 등이 포함된다.

나는 성격과 갈등 과목이 집중적인 심리치료를 대체할 수 있다고 생각하지 않으며, 그 과목이 집단상담 경험을 주려는 목적으로 개설된 것도 아니다. 이 과목은 학생들의 개인적인 관심과 경험을 탐색하는 것에 초점을 두고 있으며, 이들이 이 주제에 대해 개인적인 방법으로 이야기하도록 격려하였다. 학생들은 자신의 강점과 함께 그 강점이 발휘되지 못하게 하는 장애에 대해서도 알게 되었다.

나는 여러 해 동안 성격과 갈등 과목을 가르치면서 처음에는 자신에 대해 말하기를 주저하던 학생들이 나중에는 아주 활발하게 말하는 집단 참여자로 변화되는 과정을 많이 보아 왔다. 많은 학생들에게 이처럼 개인적인 이야기를 나눌 수 있는 수업에 참여하는 것은 새롭고도 가치로운 경험이었다. 학생들이 자신에 대해 배운 것을 가족이나 친구들에게 말하기 시작했다는 이야기를 자주 들을 수 있었다. 나는 수업이라는 맥락이 개인적 경험과 연결되어 교실의 벽을 넘어 확장될 수 있다는 것을 배울 수 있었다. 성격과 갈등 수업에 참여한 많은 학생들이 다음 수업에서는 집단 지도자가 되고 싶은 마음을 표현하였고, 실제로 이들은 이어서 집단 지도자 실습 과정에 등록하였다.

나는 성격과 갈등 과목에서 다루는 주제들에 대해 자주 묵상하며 여러 종류의 책도 읽는다. 나는 학생들이 소집단에서 탐색했던 주제들에 대해 글을 쓰기도 한다. 나는 우리들이 매주 탐색했던 주제들에 대한 내 경험과 생각을 다룬 책을 써야겠다는 생각이 들어 결국 『The Struggle toward Realness: A Manual for Therapeutic Groups』(Corey, 1974)라는 책을 출간하기도 했다. 나는 여러 출판사에 원고를 보냈지만 출판사의 방향과 맞지 않는다는 대답만 들었다. 내 노력을 계속하라는 지지를 받지 못했지만 나는 내 생각을 포기하지 않았고 결국 이 책을 직접 출판하였다.

이후 마리안느와 협력하여 『Struggle toward Realness』에서 다룬 주제들을 확장하여서 1978년에 『I Never Knew I had a Choice』라는 새 책을 냈고, 이 책은 현재 9판까지 개정하였다(Corey & Corey, 2010). 이 제목은 나의 내담자가 자신의 상담 경험을 이야기하는 것에서 떠오른 것이다. "내가 상담에서 배운 것은 내가 선택권을 가지고 있다는 것을 모르고 있었다는 것이었어요." 그 책에 나온 여러 아이디어는 마리안느와 내가 공동으로 진행했던 집단의 참여자들이 표현했던 주제들에서 나왔는데, 특히 당시에 우리가 진행했던 숙박형 개인 성장 워크숍의 자료들이 많이 활용되었다. 우리가 지난 32년간 다룬 주제들은 아동기와 청년기, 성인기와 자율, 신체 이미지와 행복, 스트레스 관리, 사랑, 인간관계, 당신 되고 싶은 여성 또는 남성이 되기, 성 정체성, 일과 휴식, 외로움과 고독, 죽음과 상실, 의미와 가치 등이다. 그 책은 아마 우리의 가장 개인적인 이야기를 담은 책일 것이다.

🗣 숙박형 치료집단 과정 개발

나는 1970년대 초에 CSUF에서 몇 가지 혁신적인 과목을 개발하였는데 그중 하나가 산속에서 진행하는 주말 숙박형 치료집단 과목이었다. 나와 동료들(마리안느, 패트릭, 칼라난, 마이클 러셀 등)은 CSUF의 평생교육센터에서 25년간 매년 여름마다 이 치료집단 과목을 2개씩 개설하였다. 집단 구성은 참가자 16명과 전문가 자격 있는 4명의 촉진자로 제한되었다. 촉진자는 결혼 및 가족 치료사, 사회복지사, 정신분석자, 심리학자로 구성되었다. 매년 여름 이 숙박형 집단의 공동 촉진자로 참여하는 것은 우리들의 전문가로서 가장 보람된 활동 중 하나였다. 집단의 힘에 대해서 배운 대부분의 내용은 이 치료집단에 참여한 경험에서 나왔으며, 이것은 우리들의 개인적인 생활과 상담전문가로서의 삶에 매우 소중한 것이었다.

이 성공적인 경험은 학생과 촉진자 모두 많은 준비를 했기 때문에 가능했다. 학생들은 다른 수업처럼 단지 출석확인만 하면 되는 것이 아니었다. 성격과 갈등 수업을 수강해야 이 주말 집단 과목을 신청할 수 있었다. 나는 수강신청한 모든 학생을 면담하여 이 과목 경험이 그 학생에게 적합한지 여부를 결정하였다. 나는 다음과 같은 질문을 하였다. "성격과 갈등 수업에서 당신에게 도움이 된 경험은 무엇입니까? 주말 집단상담에 대해 어떤 경로로 알게 되었으며, 어떤 내용을 들었습니까? 무엇을 기대합니까? 이 집단상담에서 탐색하고 싶은 당신의 개인적 주제는 무엇입니까? 이 집단상담에 대해 알고 싶은 내용은 무엇입니까?" 학생이 개인상담을 받고 있는 중이라면 나는 상담자에게 학생이 이런 집중적인 숙박형 집단상담에 참여하는 것을 추천하는지를 확인하였다. 나는 이 특별한 집단이 각 참여자들에게 적합하고 어떤 부작용도 없기를 바랐다. 예를 들어, 현재 위기 상황에 있거나, 우울과 불안 증상을 다스리기 위해 약을 복용하거나, 심리적으로 손상된 사람들은 이런 집단에서 도움을 받기 어렵다. 이렇게 집단 참여자를 선발하는 결정을 하면서 나이, 문화, 인종, 관심, 그리고 여러 배경 요인이 다른 이질적인 16명의 참여자들로 집단이 구성되도록 최선을 다하였다. 이 집단경험을 수강신청한 대부분은 조력전문가 과정의 학생들로서 이들은 자신의 개인적 발달에 관심이 있을 뿐만 아니라 여기서 배운 것을 자신의 전문적 활동에 적용하고 싶어 하였다.

집중 워크숍 2개월 전에는 사전모임을 갖고 참가자들이 서로 소개하며 집단에 참여하는 목표를 이야기하면서 친숙해지도록 하였다. 이 첫 모임에는 네 그룹 지도자들이 다 모여서 비밀보장, 집단의 기본적인 규칙, 워크숍 준비방법 등을 논의하였다. 또한 우리는 참가자들이 제기하는 관심과 질문에 대해서도 이야기를 나누었으며, 누구든 사전모임 후 2주 안에는 단순한 연락만으로도 집단에서 빠질 수 있다는 것을 명확하게 하였다. 학생들은 집중적인 상담작업 전에 생활에 적용할 수 있는 몇 권의 책을 읽고 자신에 대해서 글을 쓰고, 개인적 일기를 작성하여야 했다. 주중 집단상담 중에도 우리는 참가자들이 계속 일기를 쓰도록 하였다. 학생들은 주중 집단상담 후에도 이 경험에서 배운 중요한 것들에 대해서, 그리고 그 배운 것을 어떻게 일상생활에 적용하고 있는지에 대해서 글을 써야 했다. 추수 집단 모임은 3개월 후에 열렸는데 여기서 집단원들은 이 경험을 다시 한 번 돌아보고 이 집단 경험의 장기적인 효과를 평가하였다. 이 집단 후 만남을 통해 참가자들은 그들이 배운 것을 중요한 인간관계에 어떻게 활용했는지를 나눌 수 있었다.

나는 참가자들이 학습 경험을 통해 유익을 얻도록 하기 위해 일정한 지침과 안전장치를 만드는 것이 필요하다고 생각한다. 이 과정은 대체로 다른 종류의 집단에도 적용될 수 있지만 내 경험으로 볼 때 이 과정은 잘 수행되지 않는다. 내가 집단원에 대한 사전 검토, 선별, 사전 교육 등을 하지 않았을 경우 나중에 문제가 발생하는 경향이 있다. 구성원들이 집단에 참여하기 전에 충분한 정보를 갖지 못하면 그들은 이 집단이 그들에게 적합한지를 알 수 없다. 주지된 동의절차는 개인 구성원의 권리를 보호해 주고 집단에 전체적으로 유익이 된다. 자신이 집단을 운영하는 이유와 집단에서 성취하려는 것이 무엇인가에 대해 깊이 생각함으로써 집단 구성원들이 생산적인 작업에 참여할 기회가 크게 많아진다. 당신이 운영하려는 집단이 어떤 것이든 집단 참여자들을 준비시키는 것은 그들에게 당신이 그들의 복지에 관심을 가지고 있다는 점을 보여 주게 된다.

어떤 숙박 치료시설이나 외래 환자 대상 병원에서는 현실적으로 이러한 선별 과정을 거치거나 사전모임을 하기 어렵다. 그러나 이 경우에도 선별 과정과 사전교육을 대신할 만한 것을 찾아보아야 한다. 만약 내가 그렇게 사전검토와 선별을 할 수 없는 기관에서 일한다면 나는 집단상담을 시작하기 전에 간단하게라도 참가자들을 만나려고 노력할 것이다. 그리고 이들에게 집단의 목적이 무엇이며 이 집단에 참여하여 개인적인 유익을 얻으려면 어떻게 해야 하는지를 열심히 가르쳐 줄 것이다.

참가자들은 이 집중적인 집단상담 과정을 통해 자신이 관심 있어 하는 것에 대한 깊은 탐색을 하게 되고, 일상의 요구로부터 물러나 휴식을 갖게 되며, 이 집단 내에서 공동체를 경험하며 응집성을 증가시키는 기회를 갖게 된다. 통상 일과는 오전 8시에 시작하여 오후 10시에 마친다. 우리는 1시의 점심 식사 때까지 집단상담을 진행하며, 오후 시간에는 비구조화된 시간을 보내면서 각자 일기를 쓰든가, 그저 산에서 누릴 수 있는 것들을 즐기거나 한다. 그리고 좀 이른 시간에 저녁 식사를 하고 오후 6시에서 10시까지 집단상담을 진행한다. 『Gruop Techniques』(Corey, Corey, Callaman, & Russell, 2004)에 집단상담의 구성, 탐색하는 주제들, 사용된 기법, 집단 발달의 단계 등이 제시되어 있다.

집단상담에 참여하는 각 사람은 각자 독특하지만 전체적으로는 일정한 공통적인 주제와 삶의 경험이 나타나게 된다. 우리는 집단 참가자들이 집단을 떠날 때에 자신들이 자신의 생활세계에서 전형적으로 행동하고 반응하는 방식, 그들이 중요한 관계에서 변화시키고 싶어 하는 모습, 일상적인 모습을 변화시키기 위해 할 수 있는 행동을 많이 알게 되기를 원한다. 우리의 또 다른 과제는 집단 구성원들이 자신을 어떻게 제한시켜 왔고, 다른 사람들이 부당하게 그들에게 영향을 끼치도록 어떻게 허용해 왔는지를 알 수 있게 하는 것이다. 요즈음 흔히 쓰이는 비유를 사용한다면 집단 경험은 참가자들에게 자신의 삶의 이야기를 다시 쓰는 기회를 제공한다. 결국 집중집단은 역동적인 공동체로 진화하여서 서로 정직하게 되고 참가자들이 자기 자신이 될 수 있도록 격려한다.

우리는 집단에 경계를 정하고 안전한 분위기를 만들기 위해 많은 노력을 기울였다. 이는 참가자들 간에 신뢰를 형성하여 의미 있는 방식으로 자신을 드러내는 데 필요한 모험을 하기 위해 필요하다. 그래서 참가자들 중에는 가끔 집단이 이상적인 가족처럼 여겨진다고 말하는 사람들이 있다. 이 새로운 가족 안에서 참가자들은 안전함, 이해받음, 서로를 신뢰함, 판단받는 느낌 없이 자신을 표현함, 수용받으며 보호받음, 새로운 행동을 하도록 격려받음 등의 경험을 한다.

이 숙박형 상담의 여러 원리는 여러 상황에서 운영되는 다양한 집단에 적용될 수 있다. 집단을 잘 계획하면 서로 돌보는 공동체를 형성하여 그 구성원들이 서로에게 희망을 주고, 의미 있는 변화를 시도하도록 서로 격려하게 된다. 물론 상담실에서 매주 만나는 집단도 매우 생산적일 수 있다. 사실 그런 집단은 배운 기술을 직장과 가정에서 실천하도록 잘 계획된 과제를 부여할 수 있다는 장점이 있다. 만약 당신이 전통적인 상담분야 이외에서 활동하고 있더라도 창의성을 발휘하여 당신에게 의미 있는 집단상담을 기획해 보기를 바란다.

나는 몇 년간 여러 차례에 걸쳐 대학행정가들을 만나서 이 특별한 숙박 과정을 계속할 수 있도록 허용해 주기를 요청했으나 대학 당국의 책임에 대한 우려로 인해 1998년 이래로 이 과정은 중단되었다. 나는 내게 매우 소중했던 이 특별한 집단상담 경험을 상실하게 되어 매우 아쉬웠다.

🐾 집단상담에 대한 교육용 비디오 제작

마리안느와 내가 대학이나 학회에서 워크숍을 진행할 때, 여러 사람들이 우리가 실제 집단을 운영하는 모습을 비디오로 제작하자는 제안을 했다. 여러 해 동안 우리는 그런 비디오 제작에 대해 생각하게 되었고, 이런 일을 할 때 연관되는 윤리적·실제적 문제들에 대해 조심스럽게 고민하였다. 비밀보장과 사생활 보호의 주제가 관심의 대상이었으며, 최종적으로 이 프로그램에 참여하기로 한 8명의 집단 구성원을 보호할 안전장치를 계획하기 위해 동료들의 자문을 받았다. 우리의 걱정거리가 해결되고 나서 우리는 이 새로운 프로젝트를 실시하기로 하였다.

우선 우리는 3일간의 주말 동안 녹화가 되는 집단상담에서 자신의 진정한 관심사를 탐색할 자원자를 구하였다. 우리는 배우나 참가자들이 각본을 사용하여 단지 역할극을 수행하는 것을 바라지 않았다. 대신 우리는 우리가 선발한 사람들이 실제 치료집단의 맥락에서 구성원이 되어 줄 것을 원했다. 참가자들은 집단 상호작용을

24시간 이상 녹화하는 것에 동의하였고, 출판사가 적절하다고 생각하는 어느 부분도 사용할 수 있다는 권리포기 각서에 서명하였다. 이 각서가 법적인 측면에서 우리를 보호해 주지만 우리는 참가자들의 권리를 보호할 수 있는 몇 가지 전략을 구상하였다. 실제 주말 워크숍이 진행되기 몇 주 전에 첫 집단 모임을 갖은 자리에서 우리는 참가자들이 무엇을 해야 하는지를 설명하고 그들의 걱정과 질문에 대해 이야기를 나누었다. 3일간의 주말 워크숍 동안에도 우리는 여러 차례에 걸쳐 참가자들에게 녹화되는 것 중 최종 프로그램에 포함되지 않았으면 하는 것은 언제든지 말해도 좋으며, 우리는 그런 요구를 존중할 것이라고 말하였다. 녹화를 마치고 나서 몇 주 후에 추수모임을 통해 참가자들은 2시간 분량의 비디오 프로그램 초안을 살펴보았으며, 다시 자신의 개인적인 내용을 삭제할 기회를 가졌다. 이렇게 이 첫 프로그램인 〈Evolution of a Group〉은 윤리적 관심사에 대한 자문을 거치치 않았다면 만들어지지 못했을 것이다.

〈Evolution of a Group〉은 여러 발달 단계—초기, 과도기, 작업, 종결—의 집단 특성에 초점을 두고 있는데, 이에 대해 우리가 집단 작업을 너무 쉽게 보이게 만들었다는 피드백을 받았다. 몇몇 교수와 상담자들이 집단상담자가 자주 직면하는 다양한 범위의 도전들을 다루는 다른 프로그램을 만들 것을 제안했다. 우리는 비공식적인 조사를 통해서 교수들이 보고자 하는 문제가 무엇인지를 확인하고 집단 안의 여러 문제행동을 다루는 것을 보여 주는 집단을 구성하기로 하였다. 이 두 번째 프로그램인 〈Challenges Facing Group Leaders〉는 집단에서 일어나는 문제행동과 심각한 사건들을 대본 없이 즉흥적으로 보여 주고 있다. 우리는 이 두 번째 프로그램 참여자들에게 비록 때로 문제되는 집단 구성원으로서 다른 역할을 하기도 하지만 가능한 한 자기 자신이 되어 달라고 부탁하였다. 역할 연기를 했던 시나리오에는 집단과정에 참여하지 않으려는 집단원 다루기, 별로 진전하지 않는 집단 다루기, 갈등 다루기, 침묵 다루기, 이전 집단회기에서 해결되지 못한 감정을 가진 채 남겨졌던 것에 대한 참가자의 반응 다루기, 감정을 표현하기 힘들어하는 집단원 다루기, 말하라고 압력을 받는 감정에 대한 집단원의 걱정 다루기, 보조 리더의 역할을 하는 집단원 다루기, 신뢰의 주제와 비밀보장에 대한 걱정 다루기, 침묵하는 집단원 다루기, 다양성이 집단과정에 영향을 미치는 방법에 대해 언급하기 등이 있다.

이 두 번째 작업은 2006년에 완성되어 출판사는 두 프로그램을 각각 워크북과 DVD로 제작하였다. 이 연결된 프로젝트는 〈Groups in Action: Evolution and Challenges-DVD and Workbook〉(Corey, Corey, & Haynes, 2006)으로 나오게 되었다. 이 집단 프로그램을 만들기까지 준비, 공동 작업, 녹화, 편집, 워크북 집필 등 많은 수고를 했으나 이는 충분히 의미 있고 만족스러운 작업이었다.

마리안느와 나에게 이 프로그램 개발은 책을 한 권 집필하는 만큼 시간이 소요되었으나 우리는 집단지도 기술교육을 향상시키는 유용한 결과물을 갖게 되었다고 생각한다. 그녀와 나는 아이디어를 나누고 우리가 개발하기 원하는 집단 저변에 흐르는 주요한 가르침을 선택하기 위해 녹화 단계 이전에 수많은 시간을 보냈다. 이 성공적인 결과물은 이 프로젝트를 계획하면서 보인 이런 협력으로 인해 나올 수 있었다.

🎭 집단상담의 이론과 실제에 대한 과목 교육

1980년대 초부터 나는 대인 서비스 학과 내에 '집단상담의 이론과 실제' 과목을 개설하여 왔다. 이 과목은 '집단 지도자 실습'과 함께 들어야 하는 과목으로서 이 두 과목 수강생들은 C & C 과목의 소집단 공동 지도자로 활동하였다.

'집단상담의 이론과 실제' 과목은 집단상담에 대한 11가지 현대이론적 접근에 대한 비판적인 평가와 집단 작업의 기본적 주제인 집단지도 기술, 집단 지도자의 인간적 측면, 집단작업의 윤리, 집단의 발달단계 등을 다룬다. 나는 슈퍼비전을 받으면서 기술을 연마하고 이론과 기법을 실제 집단에 적용하는 것을 강조한다. 매주 다음 이론들 중 하나의 개념과 기법을 배우고 적용한다. 즉, 정신분석 집단, 아들러학파 접근, 사이코드라마, 실존주의 접근, 인간중심 접근, 게슈탈트 집단, 교류분석, 인지행동 접근, REBT, 현실치료, 해결중심 단기치료, 이론들 간의 비교 등을 다룬다. '상담이론과 기법' 과목이 선수과목으로 요구된다. '집단상남의 이론과 실제' 과목에서 학생들은 이 이론들 각각을 집단 과정에 적용해 보면서 전반적인 이론에 대한 이해를 높여 간다.

'집단상담의 이론과 실제' 과목은 한 학기 동안 매주 3시간씩 진행된다. 전반기 동안 나는 각 이론들에서 내가 발견한 가장 유용한 측면에 초점을 둔 강의를 진행하고, 이론을 집단에 실제적으로 적용하는 것에 대한 토론을 하며, 우리가 다루는 특정 이론의 정신에 충실한 시연을 진행한다. 학생들은 한 학기 동안 두 집단으로 나누어져서 후반기 동안 집단별 토론을 통해 집단 지도자와 참가자의 관점 모두에서 이 기본 개념과 기법을 어떻게 집단에 적용할 것인지를 배우게 된다. 경험적 훈련은 집단 과정을 배우는 기본단계로서 치료집단은 아니다. 나는 학생들의 적극적인 참여를 도울 수 있는 작고 현실적인 목표를 세우도록 한다. 학생들은 집단 지도자로서의 효과성에 연관되는 개인적인 주제를 각 이론적 모델과 연관해서 선정한다. 예를 들어, 인지행동 접근과 관련해서는 집단 구성원이나 지도자로서 집단 과정에 참여하는 것을 방해하는 신념들을 찾아볼 수 있다. 현실치료를 다루면서는 일상적인 자신의 행동이 자신이 원하는 것을 이루어 내는지에 대해 이야기해 볼 수 있다. 해결 중심 단기치료를 배우면서는 기적이 일어나 특정 문제가 더 이상 존재하지 않는다면 삶이 어떻게 달라질 것인지를 생각해 볼 수 있다. 학생들은 자신에 대해 알고 있는 것이 집단 지도자로서의 능력에 어떻게 영향을 미칠 수 있는지를 생각해 보게 된다. 학생들이 상담자가 되어가는 과정에서 나타나는 개인적인 강점과 한계에 초점을 두면서 집단은 구조를 갖추어 가게 된다.

1972년부터 CSUF에서 알아 왔던 친한 친구인 패트릭 칼라난(Patrick Callanan)이 자원해서 나와 함께 소집단을 슈퍼비전해 주었다. 학생들은 한 학기 동안 두 번 특정 이론을 사용하여 소집단을 공동지도하는 수업계획에 동의하였다. 학생 공동 지도자들은 집단이 시작되기 전에 만나서 준비를 하고 서로를 알아 간다. 그들은 45분간 집단을 인도하고 슈퍼비전을 받는다. 다음 30분 동안 나와 패트릭이 집단 진행을 지도하면서 그 회기에 대한 관찰과 의견을 제시한다. 패트릭과 나는 매주 집단을 바꾸어 진행하여서 학기 말에는 학생들이 격주로 우리들을 슈퍼바이저로 만날 수 있게 된다. 우리는 집단과정을 시작하면서 통상적으로 공동 지도자들로 하여금 지난 45분간이 어떠했으며, 집단을 지도하면서 특별히 주목한 것이 무엇인지에 대해 집단 앞에서 서로 이야기하도록 한다. 우리는 슈퍼바이저로서 공동 지도자에게 피드백 주는 방식에 주의하려고 노력하는데 이는 집단을 공동지도하는 데 불안이 있을 수 있다는 것을 잘 알고 있기 때문이다. 우리는 자주 학생들에게 그들은 집단지도에 대해 배우기 위해 거기에 있는 것이며, 집단에 무슨 일이 일어나든지 간에 거기에는 배울 것이 있다는 말을 한다. 학생들은 집단을 얼마나 잘 진행했는지나, 집단원으로서 얼마나 잘 참여했는지에 따라 성적을 받지 않는다. 그런 성적 부여의 윤리적 어려움 때문에서만이 아니라 우리는 학생들이 성적 때문에 열심히 하는 것을 최소화하기 위해 노력한다.

이 과목을 30여 년간 가르치면서 나는 특정한 주제가 드러나는 것을 발견했다. 비록 슈퍼바이저가 있는 상황에서 공동지도를 하는 것이 불안할지라도 그들은 실수를 하는 것에 대한 두려움을 기꺼이 직면해 나간다는 것이다. 패트릭과 나는 참여집단과 관찰집단 접근을 사용하여서 한 집단이 작업을 하고 있는 동안 다른 집단은 관찰을 하도록 하였다.

반영 팀(reflecting team)이라고 불리는 이 진행은 관찰집단으로 하여금 집단과정을 관찰하게 해 주며, 이 관찰을 통해서 그리고 각 집단이 관찰집단과 참여집단을 다 경험한 후에 진행되는 토론을 통해 개입기술에 대해 배울 수 있도록 한다. 또한 학생들은 자신들의 공동 지도자로서의 개입을 경험도 하고 관찰도 할 수 있다.

이 시연 집단 중 하나에서 우리는 학생들로 하여금 슈퍼바이저가 있는 가운데 소집단의 참여자가 되는 것과 공동 지도자가 되는 것에 대한 불안을 이야기하도록 한다. 공통적으로 나오는 불안의 내용은 이론적 틀 안에서 집단을 잘 진행할 만큼 이론을 잘 알지 못한다는 것, 동료와 슈퍼바이저 앞에서 실수를 하는 것, 정서적으로 연관되어서 집단을 진행하지 못하게 되는 것 등이다. 학생들은 집단 구성원과 지도자로서 경험하는 두려움을 이야기하면서 더 안정적인 상태가 되어 덜 불안하게 된다고 말한다. 다른 회기에서 우리는 학생들이 소집단의 참여자로서 탐색하기 원하는 개인적인 목표를 이야기하도록 한다. 학생들이 내놓는 목표들에는 자신의 목소리를 찾고 그것을 사용하기를 두려워하지 않기, 다른 사람들이 자신에 대해 어떻게 생각하는지에 대해 덜 신경 쓰기, 집단 상담자로서의 역할을 방해하는 역전이를 탐색하기, 갈등에 대한 두려움 때문에 멈추지 않기, 스스로 한계를 짓는 신념(예를 들어, 학교를 졸업할 만큼 똑똑하지 않아)을 탐색하기 등이 있다. 학기 말에 학생들은 일반적으로 이 과목의 경험적인 부분이 집단원이 되는 것과 집단을 지도하는 것에 대해 배우는 데 크게 도움이 되었다는 것을 알게 된다.

🗣 훈련 워크숍과 집중 집단상담 과목

1980년대 초반기에 마리안느와 나는 집단 지도자들을 위한 5~6일간의 훈련 워크숍을 운영하기 시작했다. 일반적으로 이 집중 훈련과 슈퍼비전 워크숍의 참여자들은 집단 진행 과정에 대해 더 배우기 원하며 집단진행에 대한 슈퍼비전 경험을 갖기 원하는 숙련된 학생이거나 정신건강분야의 실무자들이었다. 이 워크숍은 중독분야 상담자, 군대에서 일하는 전문가들, 집단상담에서 고급훈련을 받기 원하는 상담자들의 계속 교육의 한 과정으로 운영되었다. 우리는 독일, 벨기에, 멕시코시티, 아일랜드 등에서도 이 워크숍을 진행했다. 대부분의 워크숍은 숙박형으로 진행되어서 참가자들이 6일간 직장과 가정으로부터 벗어나서 집단에 참여하고 슈퍼비전을 받으며 집단을 진행하는 것으로부터 배우는 것에 집중할 수 있도록 하였다.

나는 또한 여러 미국 대학에서 믿을 수 있는 동료들과 함께 6일간의 집중적인 대학원 집단 과목을 공동으로 수업한다. 나의 동료는 대개 그 대학의 교수로 그 주간 동안 나를 방문 교수로 초청한다. 나의 동료는 이 특별한 집단상담 과목을 위해 학생들을 모으고 준비시킨다. 우리는 학생들에게 사전준비가 매우 중요하다고 강조한다. 과목 수강생은 16명으로 제한되고, 주지된 동의가 핵심 사항이다. 학생들은 이 과목을 듣기 전에 『Groups: Process and Practice (Corey, Corey, & Corey, 2010)』을 읽고, 『Groups in Action: Evolution and Challenges-DVD and Workbook』(Corey, Corey, & Haynes, 2006)을 살펴보고, 워크북 경험을 다 마칠 것이 요구된다. 그들은 이 과목이 개인적으로나 학문적으로 헌신이 필요하며, 이 과목의 집중적인 과정 전후로 깊은 생각과 글쓰기가 요구된다는 것을 알게 된다.

나는 과목을 집중적으로 운영하기 몇 달 전에 오리엔테이션을 위한 3시간의 사전모임을 갖도록 그 대학의 교수 요원에게 부탁한다.

여기에서 강의계획서를 배부하고 학생들이 개인적으로 그리고 학문적으로 해야 할 일들을 설명한다. 학생들에게 이 과목의 독특한 특성에 대해 충분하고도 적합하게 설명해 주는 것이 중요하다. 다음과 같은 과목 운영의 기본적인 지침들이 설명된다. 주요 책임으로서 비밀보장의 특징, 모든 회기에 참여하기 위해 헌신하는 것의 중요성, 자기탐색 집단에 기꺼이 참여하기, 학문적 요구사항, 성적 부여의 기본 원칙, 오후의 소집단 경험은 성적 부여의 자료로 사용되지 않는다는 점 등이 있다. 우리는 학생들이 소집단에 자기 나름대로 적극적으로 참여하기를 기대하지만 자신의 어떤 부분을 이야기할 것인지는 자신의 선택이라고 강조한다. 그들이 공개하고자 하는 내용의 수위도 그들이 결정할 부분이다.

이 과목은 오전 9시부터 오후 5시까지 진행된다. 오전 시간은 과제로 부여된 독서에 대한 토론, 공동진행 교수의 짧은 강의, 시연 집단을 위해 자원한 학생들과 공동운영하는 실제 시연 등으로 진행한다. 시연 후에 우리는 학생들에게 우리가 사용한 구체적인 개입 기술에 대해 이야기하도록 하고 그 개입의 근거와 타당성에 대해 토론한다. 또한 『Groups in Actions』 DVD를 보며 각 내용에 대해 토론하고 집단 진행 과정에 대해 가르친다.

오후 시간에는 나 또는 내 동료의 슈퍼비전을 받으며 학생들이 집단을 공동운영한다. 이것은 90분짜리 두 회기로 구성되는데, 1시간 동안 두 학생이 공동으로 집단을 진행한다. 다음 30분간은 집단을 진행하면서 슈퍼바이저가 지도자에게 피드백을 제공한다. 잠시 휴식한 후에 다른 슈퍼바이저와 함께 동일하게 90분간 집단을 진행한다. 이런 구조로 우리는 매일 오후마다 각 집단을 슈퍼비전할 수 있다.

학생들에게 이 소집단의 목적이 집단치료는 아니지만 그 경험이 치료적이거나 개인적으로 중요한 학습 경험이 될 수 있다고 이야기해 준다. 우리는 학생들에게 지금-여기에 집중할 것과 집단에서 일어나는 일에 대한 자신의 반응에 집중하도록 한다. 이렇게 지금-여기에 집중하게 되면 소집단에 있는 것에 대한 두려움, 걱정, 희망, 목표 등을 다루게 된다. 참여자들은 집단 내의 다른 사람을 판단하기보다는 자신이 어떤 영향을 받는지를 이야기하도록 격려받는다. 이 소집단 내에서 특정 주제가 드러날 때 그 주제와 관련된 집단의 한 부분이 된 것이 자신에게 어떻게 경험되는지가 초점의 대상이 된다. 학생들은 자기 자신의 이야기를 하도록 요구받으며, 우리는 진실한 상호작용이 이루어지도록, 그리고 학생들이 이야기하고자 하는 관심사항을 탐색할 수 있도록 안전한 분위기를 제공하고자 노력한다.

나는 상담학 박사 과정의 한 부분으로 집단상담 과목을 들어야해서 이 과목에 참여한 학생들을 만난 적이 있다. 비록 소수였지만 그 자리에 있고 싶어 하지 않는 학생들이 포함된 과목을 가르치는 것은 억지로 상담에 의뢰된 내담자를 상담하는 것만큼이나 힘들었다. 사실 학문적으로나 개인적으로 참여하기 원하지 않는 학생들을 다루는 것은 언제나 힘든 일이다. 나는 주지된 동의를 제공하고 안전한 환경을 만들기 위해 노력하면서 학생들이 집단 훈련 경험에 준비되도록 최선을 다하지만 학생들로부터 열정적이지 않은 반응을 받게 되면 그런 노력이 오히려 부정적으로 내게 영향을 미친다. 나는 학생들이 이 집단 과목에서의 학습에 열린 마음으로 참여하도록 초청할 수는 있지만 이 맥락에서 그들로 하여금 배우게 할 수는 없다는 것을 계속 경험한다. 의무적으로 수강해야 하는 집단상담 과목을 가르치는 경험을 통해 나는 비자발적 내담자를 상담하는 상담자들을 더 존경하게 되었다.

🐾 한국에서의 집단 훈련 워크숍

몇 년 전 마리안느와 나는 한국집단상담학회의 초청으로 한국에서 정신건강 분야 전문가들과 상담전공 대학원 학생들을 위해 3회의 집중 워크숍을 진행하였다. 집단상담 실무자들에게 훈련 워크숍을 진행하고 우리의 접근을 가르쳐 달라는 초청에 답하기 전에 우리는 미국에서의 집단상담 실행의 기초가 되는 철학과 개념, 가정 등이 한국문화에 적합한가에 대해서 주의 깊게 살펴보았다. 여러 논의 후에 우리는 한국에서 일련의 워크숍을 진행하기로 하였다.

우리의 주요 목표는 학생과 전문가 모두에게 도움이 될 수 있는 집단상담에 대한 태도를 알려 주는 것이었다. 한국의 청중과 만나는 일은 매우 의미 있는 전문적 경험이었지만, 그것은 또한 부담스럽고 힘든 일이었다. 통역을 사용하는 강의에 익숙해져야 하는 것에 더해서 우리는 우리의 접근을 한국 사람들에게 주입하지 않으면서 집단작업의 개념과 실제적 적용을 제시하는 효과적인 방법에 대해 생각하여야 했다. 우리는 워크숍에 참여하는 사람들에게 우리가 가르치는 것을 그들의 문화적 맥락과 상담현장에 적용할 수 있는 방법을 찾아보라고 말하였다.

4일간 진행된 한 워크숍에서 8명의 자원자를 대상으로 집단상담을 공동으로 진행하면서 집단 진행 과정을 가르치기도 하였다. 이 집단진행은 녹화되어 가까운 독립된 공간에 있는 80여 명의 대학교수, 상담전문가, 상담심리와 사회복지 전공 대학원생들에게 상영되었다. 8명의 자원자들은 우리를 초청한 사람에 의해 선별되었고, 그들이 우리에게서 기대할 수 있는 것과 그들에게 요구되는 것에 대한 오리엔테이션을 받았다. 그들은 역할 연기를 하는 것이 아니라는 점을 알고 있었고, 자신의 개인적인 관심사를 탐색하는 것에 동의하였다. 그들은 상담이 녹화될 것이라는 것과 많은 관찰자들이 다른 방에 있다는 것을 사전에 들었다. 이 8명을 선별하는 하나의 기준은 우리가 영어로 집단상담을 진행할 때 영어로 말하며 집단에 참여할 수 있는가였다. 비록 우리가 이 참가자들의 선별과 준비에 관여할 수는 없었지만 집단상담을 하기 하루 전에 마리안느와 나는 이들을 만났다. 이것이 그들의 불안을 상당히 감소시켜 준 듯하였다.

소집단은 분명 다른 사람들이 다 보는 '어항 속 경험'과 같은 것으로서 2명의 통역자가 관찰자들에게 집단상담 진행에 대해 계속 요약을 해 주었다. 이는 분명 유능한 통역자들에게도 힘든 일이었을 것이다. 이 둘은 상담심리학 박사로서 한국 대학교의 교수였다. 당연히 마리안느와 나는 이 워크숍을 하기 전에 어느 정도 불안하였고, 소집단 구성원들과 집단상담의 실제적인 적용을 배우고자 온 80여 명의 관찰자들에 대한 상당한 중압감과 책임감을 느꼈다. 매일 마지막 시간에 우리는 소집단을 종결하고 대집단과 만나 그 날을 정리하면서 우리의 개입에 대한 질문을 받았다. 우리는 한 개인의 작업이나 역동에 대해 말하는 것은 적합하지 않다고 강조하였다. 대신 집단의 주제와 공동 지도자로서 한 일에 대한 관찰을 명료화하고 토론하는 것에 초점을 두었다. 이 시간은 상당히 활발하게 진행되었으며, 우리는 관찰자 중 일부는 소집단 구성원의 작업에 정서적으로 영향을 받았다는 것을 알 수 있었다.

우리는 집단상담 진행 시 문화적으로 우리와는 다른 집단 구성원들을 대하면서 '잘 알지 못한다는 자세(not-knowing position)'를 취하려고 노력하였다. 우리는 내담자에 대한 가설을 세우는 데 주저하였고, 우리의 세계관이나 가치를 그들에게 요구하지 않았다. 대신 우리는 집단 구성원들을 수용, 관심, 연민, 존재의 태도로 만났다. 우리는 이 집단 참여자들이 내적으로나 대인관계에서, 그리고 사회적 환경의 맥락에서 경험하는 문제들을 해결하는 것을 최선을 다해 돕기 위해 협력하였다. 우리는 어려움들에 대해 수용과 이해의 태도를 유지했으며, 지적인 수준에서만이 아니라 정서적이고 행동적인 수준에서도 문화적으로 예민하기 위해 노력하였다.

이 경험을 통해 일반적으로 집단상담과 상담 실무에 대한 서구적인 접근에 대해 관심이 있다는 것이 분명해졌다. 우리는 한국문화의 여러 가치가 우리의 집단상담 실제를 구성하는 여러 아이디어와 통한다는 것을 알게 되었다. 우리는 집단상담에 대한 우리의 접근이 비록 미국에서 만들어졌지만 우리 책에 나타난 기본 철학은 청중으로 참여한 학생, 교수, 정신건강 전문가들에게 잘 받아들여진다는 것을 알게 되었다.

우리는 한국인들이 보여 준 존중과 자비로운 태도에 깊이 감명받았다. 우리가 만난 사람들은 따뜻하고 개방적인 태도를 보여 주었으며, 매우 친절하고 수용적이며 자비로웠다. 한국에서의 경험은 우리가 일정한 가치와 삶의 주제들을 공유하고 있다는 우리의 신념을 확인시켜 주었다. 사람들이 경험하는 고통과 즐거움에 대해 작업하면서 우리는 한 문화에서 고통이나 즐거움을 유발하는 것이 다른 문화에서는 다른 결과를 낳는다는 것을 알게 된다. 그러나 그런 인간의 정서 경험은 보편적인 것이다.

이런 문화 경험을 통해 내가 전하고자 하는 것은 우리가 일하는 사람에게 열린 마음과 자세로 다가가는 것의 중요성이다. 우리는 자신의 개인적인 주제를 내려놓고 우리가 만나는 어려움을 개인적으로나 집단적으로 대하면서 수용적인 태도로 작업해야 한다. 우리가 생각하는 방식이 우리가 만나는 모든 사람에게 적합하지 않다는 것을 잊기 쉽다. 차이의 의미를 알아 갈수록 상담자로서의 깊이가 더해진다.

집단상담 교재 집필

나는 오랫동안 집단작업을 하게 된 자연스러운 결과로 집단상담의 어려운 측면들에 대한 글을 쓰게 되었다. 나는 세 권의 집단상담 교재에 얽힌 간략한 이야기와 이 저술 경험을 통해 배운 몇 가지 교훈을 서술하고자 한다.

집단: 과정과 실제

마리안느와 나는 숙박형 워크숍을 공동진행하면서 집단 단계의 유형을 보게 되었으며, 치료집단을 촉진하는 여러 아이디어를 개발하게 되었다. 우리는 집단 진행과 실제에 대한 우리의 생각을 나누고 싶어졌으며, 집단상담에 대한 우리의 첫 저술인 『Groups: Process and Practice』를 브룩스/콜(Brooks/Cole)에서 출판하였다. 클레어 베르두인(Claire Verduin)은 초기부터 우리를 지도해 주었고 은퇴할 때까지 25년간 집필진으로 함께해 주었다. 1977년의 1판은 우리의 집단작업에 기초하여 우리가 생각해 온 주제들을 다루었는데, 여기에는 인간으로서 그리고 전문가로서의 집단 지도자, 집단작업의 윤리적 주제들, 특별한 유형의 집단을 지도하기, 집단의 진행단계(초기 단계부터 종결 단계까지) 등이 포함된다. 우리는 집단작업에 대한 우리의 생각을 새로운 판마다 개정했으며, 우리의 딸 신디 코리가 8판부터는 공동저자로 참여하여(Corey, Corey et al., 2010), 다양성과 다문화 분야에서 그녀의 경험과 전문성을 제공해 주었다.

집단상담의 이론과 실제

1970년대 후반 산악자전거를 타면서 나는 내가 저술했던 개인상담이론을 떠올리며 이것이 집단상담 실제에 어떻게 적용될 수 있을지 생각하기 시작하였다. 집단 진행 과정에 대한 책을 저술하였지만 집단상담 이론에 대해서는 별로 쓰지 않았다. 자전거 타기를 마칠 때쯤 나는 새로운 책에 대한 생각으로 가득 차서 집에 돌아와 마리안느에게 "나 다시 임신했어! 새로운 책에 대한 계획을 갖게 되었어."라고 말했다. 그러자 그녀는 "오, 싫어. 나한테 말하지 말아. 다시는 안 해."라고 대답하였다. 나는 11개의 개인상담 이론을 집단상담 이론으로 바꾸어 쓰면서 여러 종류의 집단상담 실제에 어떻게 적용할 것인지를 포함하는 집필계획서를 작성하였다. 『Theory and Practice of Group Counseling』(Corey, 2008)은 7판에 이르렀으며 앞에서 기술한 교과목의 교재로 사용되고 있다.

집단기술

『Group Techniques』(Corey et al., 2004)는 현재 3판까지 이르렀는데 이 책에 대한 생각은 마이클 러셀, 패트릭 칼라난, 마리안느와 내가 참여했던 학술대회 후에 자연스럽게 생겨난 것이다. 우리는 집단에서의 기법 개발과 사용에 대해 발표를 하였는데, 많은 사람들이 그들이 진행하는 다양한 집단에서 기법을 만들어 내는 방법에 대해 큰 관심을 보였다. 우리 네 사람은 1972년부터 함께 일해 왔기 때문에 집단 참가자, 지도자, 교사, 워크숍 지도자 등 집단작업의 거의 모든 역할에 관여했다. 오랫동안 함께해 오면서 우리는 집단에서의 기술에 대해 자주 다음과 같은 의문을 갖게 되었다. 즉, 집단상담에서 기술의 위치, 집단의 여러 단계에서 기술의 유용성, 기술을 잘못 사용할 가능성 등에 관한 의문이었다. 여러 훈련 워크숍에서 초보 지도자들이 기법을 적합하고 효과적으로 사용하기 힘들어하는 것을 보게 되었다. 그래서 집단에서 기법의 계획, 사용, 평가 등에 대한 우리의 생각을 책으로 쓰는 것에 대해 이야기를 나누게 되었다. 우리는 곧 계획서를 작성하였고, 1980년에 공동으로 집필을 시작하였다. 우리 4명이 모두 모여 서로 다른 장에 대한 아이디어와 사례를 만들어 가면서 첫 집필을 많이 하였다. 우리는 우리끼리 진행하는 집중 집단상담을 2주간 진행하고 몇 년간 우리가 진행한 집단에서 일어났던 구체적인 사건들을 회상하며 특정 기법에 대해 생각하는 바와 그 기법이 서로 다른 상황에 적용되는 방법에 대해 자유롭게 이야기를 나누었다. 마이클이 우리 중에 가장 타이핑이 능숙했으므로 우리가 아이디어를 이야기하면 그가 기록하였다. 나는 추가분량을 집필하고 편집을 했으며, 우리 각자는 개별적으로 각 장을 완성한 후 변화된 내용과 새로운 자료를 공유하였다. 그 후 전체 책에서의 협력을 위해 다시 4명이 만났다.

우리는 조립식 기법의 운용서 같은 교재를 만들고 싶지 않았기 때문에 기법에 대한 책을 집필하는 것에 대해 걱정을 하였다. 우리는 기법이 어느 집단에서나 핵심이 아니라는 우리의 신념을 따랐으며, 참여자와 지도자, 그리고 그들 간의 상호작용에 초점을 두었다. 우리의 관점에서 볼 때 기법은 지도자의 욕구가 아니라 참가자의 욕구를 충족시키기 위해 사용하는 것이며, 집단 상호작용을 촉진하기 위해 구조화된 연습이나 집단활동을 사용하려 하지 않았다. 우리는 집단 지도자로서 우리의 독특한 스타일을 제시하고자 하였으나, 이와 동시에 집단 지도자가 어떻게 다양한 이론으로부터 개념과 기법을 가져와서 자신의 독특한 개인적 스타일과 접근을 개발할 수 있는가에 대한 아이디어도 제시하고자 하였다. 사례를 만들고 우리가 우리의 집단에서 사용했던 기법에 대해 설명하면서 구성원들이 자신의 문제를 직면할 준비 수준, 구성원의 문화적 배경, 구성원의 가치체계, 지도자로서 우리에 대한 신뢰, 집단의 발달 단계 등을 고려하는 것의 중요성을 자주 생각하였다.

분명 많은 집단 지도자들은 다양한 현장에서 아동, 청소년, 성인들을 대상으로 구조화된 활동과 연습을 사용하며, 많은 저자들이 집단 상호작용을 촉진하기 위해 사전에 계획된 활동을 사용하는 방법에 대해 서로 다르지만 유용한 관점들을 가지고 있다. 집단상담에서의 활동과 연습을 선택하고 계획하고 지도하고 진행하는 것에 더 관심이 있다면 다음의 책이 도움이 될 것이다.

- 『Group Counseling: Strategies and Skills』(Jacobs, Masson, & Harvill, 2009)
- 『Group Techniques: How to Use Them More Purposefully』 (Conyne, Crowell, & Newmeyer, 2008)
- 『Active Interventions for Kids and Teens: Adding Adventures and Fun to Counseling!』(Ashby, Kottman, & DeGaaf, 2008)
- 『Group Work Experts Share Their Favorite Multicultural Activities: A Guide to Diversity-Competent Choosing, Planning, Conducting, and Processing』(Salazar, 2009)
- 『School Counselors Share Their Favorite Group Activities: A Guide to Choosing, Planning, Conducting, and Processing』 (Foss, Green, Wolfe-Stiltner, & DeLucia-Waack, 2008)
- 『Group Work Experts Share Their Favorite Activities: A Guide to Choosing, Planning, Conducting, and Processing』(DeLucia-Waack, Bridbord, Kleiner, & Nitza, 2006)

🗩 마지막 생각

　나의 전문적 열정은 집단상담 과목을 가르치고, 집단 지도자로서의 기술을 향상시키고자 하는 전문가 대상 훈련을 진행하며, 집단상담에 대한 교재를 집필하는 것이다. 나는 이 모든 것들이 통합된다는 것과, 마리안느와 내가 집단상담에 대해 저술한 것은 우리가 실시한 훈련 워크숍에서 자료를 얻었다는 것을 알고 있다. 가르치는 것은 여러 집단의 참여자로서 경험적으로 배우면서 시작된 전문적 관심의 주요 영역이다. 나는 가르치고 집단을 진행하는 것이 매우 도전적이면서도 보상이 주어지는 일이라는 것을 계속 경험한다.

CHAPTER
06

윤리적인
상담자 되기

🎭 들어가는 말

　윤리적인 상담자가 된다는 것은 짧은 한 장으로 다루기에는 매우 큰 주제다. 나는 내가 생각하는 것이 윤리적인 전문가가 되는 과정과 관계가 있다는 것을 이야기하기 원하며, 학생들이 훈련 과정에서 해결하려고 애쓰며, 초보 전문가들이 경력을 쌓아 가는 중에 만나게 되는 윤리 관련 주제에 대한 나의 생각을 설명하고자 한다. 상담 실제에서의 윤리와 관련된 많은 서적들이 내가 여기에서 소개하는 주제들에 대한 심도 있는 논의를 제공한다.

　윤리에 대한 나의 관심은 1970년대 중반 나와 동료들이 전문직업으로 상담을 하는 것에 대한 토론을 하면서 촉발되었다. 나는 마리안느, 패트릭 칼라난과 한 전문 학술대회에서 상담에서의 윤리에 대한 발표를 하게 되었고, 이후 여러 주제를 토론하기 위해 자주 만났다. 이 토론의 결과물이 1979년 발간된 『Issues and Ethics in the Helping Professions』나. 지금 우리 셋은 30년 넘게 계속 정기적으로 만나며 상담에서의 윤리적 · 법적 주제들에 대해 논의한다. 지난 30년간 윤리 영역이 계속 발전해 왔으므로 이 기간 동안 우리는 모든 윤리의 영역에서 우리의 지식을 심화시키고 생각을 다듬어 왔다. 『Issues and Ethics in the Helping Professions』(Corey, Corey, & Callanan, 2011) 8판은 그동안 우리가 한 논의의 결과이며, 윤리문제에 대한 우리 생각의 발전을 보여 준다.

　오늘날 상담 실무의 모든 측면에서 윤리가 강조된다. 그러나 우리가 윤리에 대해 저술하기 시작한 1977년 당시에는 이 주제를 다루는 서적이나 논문이 거의 없었다. 현재는 대부분의 상담자 교육 프로그램에 독립된 윤리 과목이 개설되어야 하며, 정신건강 전문가에 관련한 윤리의 모든 측면에 대한 교재와 다양한 정보가 넘쳐난다. 나는 이렇게 윤리에 관심을 기울이는 이유 중 하나가 윤리적 위반사례가 정신건강 전문가들 사이에 자주 나타나기 때문이라고 생각한다. 조력전문가의 잘못된 개입이 늘어나기 때문에 대학원 프로그램에서 법과 윤리에 대한 과목이 개설되어야 하고, 상담자, 심리학자, 사회복지사 자격 갱신 과정에 법과 윤리에 대한 1일 워크숍이 개설되어야 하는 것이다.

윤리에 대한 나의 생각이 여러 해 동안 변화해 온 과정을 살펴보면 나는 애매한 상황을 훨씬 더 인정하게 되었고, 윤리는 윤리적 문제에 대한 하나의 정답을 찾는 것 이상이라는 것을 알게 되었다. 그러나 처음부터 그런 것은 아니었다. 틀이 잘 짜여진 사람으로서 나는 처음에는 방향과 명백한 대답을 찾는 것을 선호했으나, 초등학교부터 대학원까지 독선적인 종교를 접하면서 독립적인 사고를 방해하는 독선적인 언급에 대한 반감을 갖게 되었다.

윤리강령은 때로 독선적인 방식으로 제시되기도 하는데, 이는 전문적 윤리강령의 정신을 따르지 않는다. 윤리적인 상담실천이란 우리가 직업상 여러 번 만나는 복잡한 딜레마에 대해 명쾌한 답변을 찾는 것이 아니다. 윤리강령은 판단과 윤리적 추론이 필요 없게 만드는 청사진을 주지 않는다. 공식적인 윤리지침이 윤리적 책임을 충족시키기 위한 적극적이고 사려 깊은, 창조적인 접근을 대치하는 것이 아니다. 윤리강령이 내담자에게 최선인 것을 행하고 내담자에게 해를 가하지 않는 것의 틀을 제시하기는 하지만, 윤리적 실천에 대한 많은 질문에 대한 명확하고 확정적인 답변은 거의 없다. 또한 나는 윤리적 결정은 혼자 내릴 필요가 없다는 것을 알게 되었으며, 여러 해 동안 내가 가르치고 저술하는 문제들에 대해 전문가와 동료들의 자문을 자주 구하고 있다.

우리 분야의 윤리적 기준을 아는 것이 중요하지만 지식만으로는 윤리적인 상담전문가가 되기에 충분하지 않다. 윤리적 결정을 내리기 위해서는 회색지대와 애매함을 다루는 인내가 필요하다. 우리 모두는 윤리적으로 일한다는 것이 무엇인가에 대한 나름대로의 관점을 수립할 필요가 있는데, 이는 우리가 우리의 일에서 건전한 윤리적 결정을 내리려 할 때 우리의 가치체계와 개인적인 윤리가 개입하기 때문이다. 내게 핵심적인 원칙은 우리에게 법적 또는 윤리적 행동을 취하는 것을 피하기 위한 최소한의 기준을 세우는 것이 아니라 내담자에게 무엇이 가장 최선인가 하는 것이다. 윤리와 법에 대한 워크숍에서 제시되는 위기관리 전략이 우리로 하여금 문제에 빠져들어 우리 경력을 망치지 않게 하기 위해 수립되는 경우가 너무 많다. 나는 이런 목표가 윤리적인 사람이 되는 것의 핵심을 담고 있다고 생각하지 않는다. 이 장에서 나는 윤리적인 전문가가 되기 위한 40년간의 여정을 설명할 것이다.

🎭 윤리 과목을 기획하고 가르친 경험

시작

1980년대 초 대인 서비스를 전공하는 학부 학생들의 선택과목인 '대인 서비스 분야에서의 윤리와 전문적 주제'라는 과목을 기획하였다. 그 과목이 승인되기 위한 첫 단계는 제안서에 대한 지지를 확보하기 위해 대학원 상담학과 학과장에게 자문을 받는 것이었다. 그러나 학과장은 내가 제안한 과목을 지지하기보다는 '학부 대인 서비스 전공자가 윤리적 문제에 대한 결정을 내려야만 하는 것은 아니다.'라는 이유로 그 과목이 부적합하다고 보았다. 이 행정적인 방침은 윤리 과목이 대학원 프로그램에만 해당되는 것이라는 확신을 반영한 것이었다. 상담학과에서는 지지를 받지 못했지만 대학 교육과정 위원회는 이 과목을 승인하여 나는 이 학부 윤리 과목을 여러 해 동안 가르쳤다.

만약 내가 대학원 프로그램 학과장의 지지를 받지 못하였을 때 중단하였다면 나는 이 과목을 가르칠 기회를 영영 갖지 못했을 것이다. 게다가 이 과정에 등록한 많은 학생들은 윤리적 자극을 주는 선택과목을 들을 수 없었을 것이다. 나는 중단하기보다는 내가 생각하는 바를 가치 있는 프로젝트가 되게 할 방법을 강구하였다. 앞이 막혀 있을 때는 때로 포기하고 싶어진다. 50년간의 교육 경험을 통해 내가 배운 바는 제도 안에서 일하면서도 내가 원하는 것을 이룰 수 있는 방법이 있다는 것이다.

현재 수업 진행

나는 현재 CUSF의 상담 프로그램 석사 과정에서 1년에 한 번 윤리 과목을 가르친다. 나는 윤리에 관련된 주제를 학생들에게 소개하는 것을 매우 즐거워하는데 이는 내 생각에 그것이 상담 프로그램에서 가장 중요한 과목 중 하나이기 때문이다. 학생들이 윤리적인 상담자가 되어 가는 과정을 돕고, 그들의 생각을 명확하게 할 수 있으며 윤리와 관련된 복잡한 상황을 다루어 나가는 방법을 배울 기회를 제공하는 것은 내게 매우 중요한 일이다. 또한 예전 학생들을 만나서 그들이 윤리 과목에서 배운 것을 실무에서 어떻게 사용할 수 있었는지 듣는 것은 매우 즐거운 일이다. 나는 이 과목이 교수나 학생에게 모두 즐겁고 유익하다고 생각하며, 의미 있고, 자극을 주며, 도전적인 윤리 과목은 훌륭한 전문적 활동을 진정으로 향상시킨다고 굳게 믿는다.

나의 동료이자 친구인 패트릭 칼라난은 몇 년간 자원해서 이 윤리 과목을 나와 공동으로 가르치고 있다. 우리는 학생들이 윤리적인 실무자가 된다는 것이 무엇인가에 대해서 비판적이고도 윤리적으로 생각할 수 있도록 하기 위해 설명방식과 경험적 접근을 혼합하여서 수업한다. 학생들은 매주 성찰 보고서를 작성하고, 윤리의 다양한 측면에 대해 한 장씩 읽고 철저히 공부하며, 과제로 주어지는 퀴즈를 완성하고, 『Issues and Ethics in the Helping Professions』(Corey et al., 2011) 책 전체에 대한 객관식 최종 시험을 치르며, 윤리적 문제에 대한 CD-ROM 프로그램을 보고 반응 보고서를 쓰는 등 일반적인 과제를 수행한다. 『Lying on the Couch: A Novel』(Yalom, 1997)이 과제도서로 제시되는데 이 책은 학생들의 주의를 사로잡고 학생들로 하여금 역할연기, 토론, 비판적 생각을 하게 하는 다양한 윤리적 문제들을 다루는 치료에 대한 매력적인 이야기다. 이 책은 상담 실무자들이 직면할 수 있는 일반적인 윤리적 딜레마를 생생하게 보여 준다. 또 다른 좋은 책은 『The Gift of Therapy』(Yalom, 2003)인데 여기에서는 치료자를 위한 개인치료, 지금-여기에서 작업하기, 내담자에게 정직하기, 치료자 자기개방의 여러 측면, 삶의 의미와 죽음 등의 여러 영역의 주제를 간략하게 다룬다.

이 과목에서 강조하는 것은 토론, 소집단, 윤리적 딜레마 시연, 자신의 가치 점검 등이다. 우리는 다양한 관점을 제시할 강사를 초청하고, 전체 학생들이 토론과 상호작용하는 연습에 참여하도록 한다. 때로는 지역사회 정신건강 분야나 사설 상담소에서 일하는 이 학과 출신 선배들이 윤리적 상담자가 되어 가는 자신들의 여정에 대한 경험을 이야기하기도 한다.

우리는 자주 간략한 역할연기 상황을 만들어 학생들이 주어진 상황에서 내담자와 상담자의 역할을 해 보도록 한다. 물론 이 역할 연기가 성적에 반영되지는 않지만 내가 보기에 학생 스스로는 자신을 엄격하게 평가하며 수행불안을 잘 극복해 낸다. 이는 실제 상담현장에서 윤리적 딜레마를 만나기 전에 그것을 어떻게 다룰 것인지를 생각하게 하는 좋은 방법이다. 역할연기 시나리오는 대개 활발한 토론을 이끌어 내고, 윤리적 결론에 이르는 다양한 방법에 대한 아이디어를 이끌어 낸다. 이는 윤리적 상황에 대처하는 방법을 배우는 효과적인 방법이다.

윤리에 관한 교육용 비디오 프로그램 제작

10여 년 전에 마리안느와 나는 윤리적 딜레마를 다루는 교육용 비디오 프로그램 제작에 참여하였다. 이 비디오의 제작자인 나의 동료 로버트 헤인스(Robert Haynes)와 함께 우리는 학생들이나 숙련된 상담자 모두에게 명쾌한 해답이 없는 여러 가지의 윤리적 주제와 상황을 제시하였다. 〈Ethics in Action: CD-ROM〉(Corey, Corey, & Haynes, 2003)에서 우리는 십대 임신, 역전이 작업, 문화적 가치의 충돌, 이혼과 가족의 가치관, 외도 문제, 종교적 가치 간의 갈등, 낙태, 임종시의 결정, 성적 정체성, 경계선 주제, 상담에서의 성적 유혹, 상담료 대신 다른 서비스를 제공하는 것, 선물 증정 등의 영역에서 윤리적 결정을 내려야 하는 일화들을 만들었다. 우리는 우리의 윤리교재에서 개발한 윤리적 의사결정 모델을 비디오 프로그램의 각 일화에 적용하였고, 학생들이 다양한 윤리적 상황을 다루기 위해 취할 수 있는 행동을 찾아내고 학생들의 사고 과정을 지도하였다. 학생들은 상담자와 내담자로 역할연기 해 볼 기회를 여러 번 가졌다. 우리는 긱본을 갖고 있지 않았지만 각 일화마다 윤리적 영역에 초점을 두었으며, 내담자를 윤리적 의사결정 과정에 참여시키는 것을 강조하였다. 우리는 학생들에게 훌륭한 상담기법을 연기하지 말고 상담자들이 흔히 하는 실수들—예를 들어, 내담자가 문제를 탐색하도록 돕기보다는 상담자의 가치를 강요하거나 충고를 하는 등—을 보여 줄 것을 요청했다. 또한 상담자가 생각할 수 있는 어떤 것을 말로 표현하지 말고 그 자체로 드러나게 하기를 요청하였다. 상담자와 내담자의 역할을 다 취해 봄으로써 학생들은 상담자가 직면하는 도전이 무엇이며, 내담자가 되는 것이 어떠한 것인지를 알게 되었다.

　프로그램에 참여한 학생들은 처음에는 연기하는 각 딜레마마다 구체적인 해결책이 있을 것이라고 예상했으나 곧 모든 상황은 다양한 윤리적 방법으로 다루어질 수 있다는 것을 배우게 되었다. 학생들은 내담자와 작업할 방법을 찾는 대신 조급하게 내담자를 다른 곳에 의뢰하려고 하기도 하였다. 우리는 의뢰 이외의 다양한 선택에 대해 생각하도록 학생들을 안내하는 것이 중요하다는 점을 깨달았다. 그들이 다른 가능성에 대해 생각해 보도록 격려를 받자 비로소 윤리적 선택을 할 수 있다는 것을 알게 되었다. 그들은 자신의 개인적인 가치들이 다양한 상황에서 그들이 말하는 것과 행동하는 것에 영향을 끼칠 수 있다는 것을 여러 번 반복해서 보게 되었다. 이 경험을 통해 단지 우리가 내담자의 가치 체계가 불편하다고 해서 의뢰하는 것은 적절하지 않다는 것을 확신하게 되었다.

　나는 훈련 프로그램 시작부터 윤리적 의사결정 과정을 가르치는 것이 필요하다고 생각한다. 윤리적인 실무자가 되는 것은 학생시절에 다양한 전문 조직의 윤리강령을 배우는 것에서 시작하지만 그것으로 끝나는 것이 아니다. 나는 규칙에 매인 윤리나 옳고 그름의 원칙에 기초하여 윤리 과목을 가르치지 않는다. 나는 실무의 기초로서 덕목 윤리(virtue ethics)를 강조하는데, 여기서는 구체적인 규칙보다는 상담자의 성격 특성과 전문가가 열망하는 비의무적인 이상(monobligatory ideals)에 초점을 둔다. 덕목 윤리는 다음과 같이 질문한다. "나는 내 내담자에게 최선인 것을 행하는가?" "나는 올바른 이유로 올바른 일을 행하는가?" "어떻게 하면 내 행동이 문제에서 벗어나기 위해 필요한 최소한의 것이 아니라 가능한 한 가장 높은 수준의 기준을 반영할 것인가?" 나는 윤리적 상담자가 된다는 것은, 곧 사랑하고, 측은히 여기며, 돌보고, 비판단적이며, 공감적인 사람이 되는 것이라고 생각한다. 확신, 능력, 용기, 차이를 만들고자 하는 열망 등의 개인적인 품성을 개발해 나감으로써 우리는 윤리적이고 도덕적인 딜레마를 다루어 갈 준비를 하게 된다. 윤리적 임상가가 되려면 덕이 있는 사람이 되어야 한다.

내가 가르치는 모든 과목에서 나는 윤리적 문제를 알아차리는 것이 효과적인 상담의 핵심이라는 점을 강조한다. 윤리적인 상담자가 되는 것은 단지 잘못된 상담을 하지 않는 것이 아니라 삶을 변화시키는 차이를 만드는 상담을 하기 위해 필요한 길이다. 나는 집단상담에서 참여자들이 원하는 변화를 일으키기 위해 필요한 위험을 집단원들이 감수하도록 격려하는 분위기를 만드는 것을 항상 지침으로 삼아 왔다. 예를 들어, 나는 자주 대학 밖의 숙박시설에서 워크숍을 진행하는데 이에 대해 어떤 사람들은 책임의 소재 문제를 제기한다. 나도 법적 문제의 가능성 때문에 편하지만은 않지만 이런 걱정으로 인해 내가 생각하는 최상의 상담을 포기하지 않는다. 나는 내담자와 강한 관계를 형성하는 것이 가장 좋은 위기관리 전략이라고 생각한다.

나는 저술과 강의를 통해 이 분야의 최신 발전과 동향을 접하게 된다. 저술은 윤리적 교육자로서의 일을 향상시키고, 학생 및 정신건강 전문가와의 교류는 윤리적 상담에 대한 그들의 관심사를 내게 일깨워 준다. 나는 내가 가르치는 과목에서 윤리에 대해 토론하는 다양한 방법을 발견하였으며, 상담자 교육 교과과정 전체를 통합한 윤리를 가르쳐야 한다고 주장한다.

🦟 윤리적 전문가가 되어 가는 나의 여정

나는 1970년대 초 파트 타임으로 일했던 사설 상담소에서 여러 윤리적 문제를 접하였다. 당시 윤리강령에는 구체적인 규칙이나 기준이—특히 경계선이나 다중관계에 대해서는— 별로 없었다. 그동안 윤리적 상담실무에 대한 관점이 상당히 변화하였다. 몇 개의 간략한 사례를 통해 1970년대부터 지금까지 윤리에 대한 나의 생각이 어떻게 변화하여 왔는지를 보여 주고, 각 사례에 대해 생각해 볼 수 있는 몇 가지 질문을 제기하도록 하겠다.

우울한 내담자 사례

몇 해 전 나는 한 내담자를 비교적 장기상담으로 만났다. 테드는 특별히 말할 것이 없는데도 매주 상담에 오곤 했는데, 나는 그가 무엇을 바라고 상담에 오는지 알아보아야겠다고 생각했다. 그는 별로 말이 없었고 나는 그와 상호작용하기 위해 여러 질문을 하였다. 테드 주변에는 사람이 거의 없었고, 그는 살아갈 이유가 없다고 자주 말했다. 테드는 우울했고 자신에 대해 큰 희망을 갖고 있지 않았지만 상담에는 성실하게 왔다. 나는 그와의 상담이 크게 어렵지는 않았으며, 그가 왜 상담에 오는지와 우리의 상담의 결과로 매일의 생활에서 어떻게 다르게 행동하고 있는지에 대해서 충분히 물어보지 않았다. 그가 상담에서 무엇을 배우는지 이야기하자고 했을 때 그는 우리의 만남에서 많은 것을 얻는다고는 했지만 구체적으로는 말하지 않았다.

어느 시점에선가 테드는 그의 삶을 마치는 것에 대해 이야기하기 시작했다. 그의 우울과 정말 오래 살고 싶지 않다는 말은 내게 매우 충격적이었다. 나는 나를 도와주는 슈퍼바이저에게 이 사례를 가지고 가서 내가 개인적인 반응을 하지 않아서 테드에게 정직하지 않았거나, 그의 행동을 직면하지 않아서 그에게 도움이 되지 않았는지를 알아보았다. 그러나 내 개인치료에서는 테드가 나에게 미치는 영향에 대해 이야기했다. 치료자의 도움으로 나는 테드와 나의 아버지와의 유사성을 발견하였다. 둘은 죽음에 대해 자주 이야기하는 우울한 사람이었고, 나는 둘에 대해 무기력감을 느꼈다. 이 사례에 대해 살펴보면서 나는 테드가 나에게서 도움을 받지 못한다는 것과 이 상담에서 별 진전이 보이지 않는데도 그를 계속 만나는 것에 대해 윤리적인 고려가 필요하다는 것을 알게 되었다. 나의 역전이가 테드를 직면하는 것을 방해하고 있었으며, 이 경험으로 인해 나는 역전이를 알아차리고 이 반응을 다루기 위한 조치를 취하는 것이 매우 중요하다는 것을 확신하게 되었다. 나는 내 개인적인 문제를 자극하는 내담자를 잘 상담하지 못하게 하는 나의 미해결 과제를 다루는 것이 중요하다는 것을 배웠다.

만약 당신의 개인적인 문제를 보여 주는 내담자를 상담하게 되면 어떻게 할 것인지를 생각해 보라. 만약 당신이 테드의 상담자인데 그가 이 상담관계에서 별 유익을 얻지 못하는데도 이 치료관계를 계속 유지할 것인가? 테드가 당신에게 자신은 살 이유가 별로 없다고 할 때 어떻게 반응할 것인가?

상담자의 자녀를 돌보는 내담자 사례

몇 개월간 만난 내담자가 자신의 학비를 벌기 위해 시간제 일자리를 얻고 싶다고 말했다. 슈는 미혼이고 부모와 함께 살고 있는데도 나에게 의존적이었고 자주 나의 조언을 구하였다. 그녀가 나의 자녀를 돌보아 주는 것에 대해 이야기했을 때 나는 잠시 동안 그녀를 고용하기로 하였다. 이것은 슈가 상담시간에 자신이 어릴 때 무엇이 부족했는지와 나의 딸에 대해 부러움을 느낀다는 말을 할 때까지는 모든 면에서 잘 되어 가는 것 같았다. 나는 나에 대한 그녀의 느낌—특히 그녀가 나를 그녀의 아버지 모습으로 본 것—을 제대로 알아차리지 못했던 것이다. 나는 나에 대한 그녀의 전이가 우리 집에서 나의 아이들과 함께 있음으로써 더 복잡해진다고 생각했다. 이 관계가 슈에게 문제가 있다는 것이 명확해지자 아이 돌보는 것을 그만두기로 합의했다. 그녀는 나와의 상담을 계속하면서 우리 집에서 일한 것이 그녀에게 무엇을 가져왔는지에 대해 이야기하였다.

지금 내가 슈를 상담한다면 그녀가 우리 아이들을 돌보는 것으로 인해 생길 수 있는 문제들 때문에 그렇게 하지 않을 것이다. 이는 내담자에게 해로울 수 있고 효과적인 상담관계를 위해 필요한 경계선을 흐리게 할 수 있는 이중관계다. 나는 이것이 내담자에게 줄 수 있는 이익과 위험을 충분히 고려하지 못했을 뿐만 아니라 이것이 상담진행을 어떻게 방해할지에 대해서도 잘 몰랐다. 되돌아보면 나는 이 실수를 통해 배우게 되었고 내가 슈에게 부당한 짐을 지웠다는 것도 알게 되었다.

당시 윤리강령은 치료와 자녀양육과 같은 혼합된 변인과 관련된 이중관계에 대해서는 언급하지 않았다. 누군가 믿을 만한 사람이 나의 자녀와 함께 있어야 한다는 나 자신의 필요로 인해 슈에게 가장 이익이 되는 것을 생각하지 못했던 것이다. 슈가 나의 아이들을 나의 집에서 돌볼 생각을 한 것이지만 그녀는 그것이 그녀 자신에게 일으킬 수 있는 감정과 그것이 나와의 상담에 끼칠 영향은 알지 못했을 것이다. 내가 지금 알고 있는 것을 당시에 알았더라면 그녀의 전이의 영향에 대해서 더 고려하였을 것이다.

이 사례를 보면서 상담자가 어떤 종류의 일로든 내담자를 고용하는 것이 윤리적인가에 대해 생각해 보라. 만약 그렇게 한다면 슈가 이 일에서 얻는 이익은 무엇이라고 생각하는가? 이런 관계가 슈의 치료에 어떤 도움이나 방해가 될 것인가? 슈와의 상담을 마친 후라면 그녀를 고용하는 것은 윤리적이거나 현명한 일일까?

상담용 물품 구입 비용을 써 버린 내담자

한번은 집단상담에 참여하는 내담자에게 돈을 주고 우리에게 필요한 물품을 구입하도록 하였다. 랄프는 우리가 연습용 물품이 필요하다는 것을 알았고, 우리에게 자기 친구가 이런 사업을 한다고 알려 주었다. 우리가 돈을 주고 얼마 지나서 랄프는 배달이 지연이 되어서 그 물품을 전해 주지 못해 미안하다고 하였다. 그리고 얼마 지나지 않아 그가 우리 돈을 마약 구입하는 데 썼다는 것을 실토하였다. 랄프는 자신의 문제가 재발했으며, 우리가 지불한 금액의 물품을 제공한다는 약속은 수행하겠다는 뜻을 밝혔다.

이 일을 돌이켜 보면 이런 상황이 내담자와 상담자에게 어떤 문제를 야기할 수 있는지가 명확해진다. 우리 편에서는 그에게 이 연습용 물품을 구입하도록 하는 것에 대한 판단이 부족했다. 이 경험으로 인해 나는 이런 진행에 대해 조심하게 되었다. 이는 랄프에게 문제가 되는 것이었으며 우리도 이 결과에 실망하였는데 특히 우리가 랄프를 크게 신뢰하였기 때문이다. 우리는 그의 문제의 재발과 우리가 이것을 인식하지 못했다는 점을 직면하여야 했다. 우리가 어떻게 이것을 놓쳤는지 의문스럽다.

이 사례를 볼 때 어떤 윤리적 딜레마가 관련된다고 생각하는가? 랄프에게 이 연습용 물품을 구입하도록 한 것은 현명한 일인가? 그렇게 한 것이 랄프에게 어떤 문제를 일으켰는가?

선물 받기

몇 년 전 한 주말 숙박형 집단의 참가자들이 우리 결혼기념일에 2인용 자전거를 선물하여 우리를 놀라게 하였다. 당시 대부분의 윤리강령은 내담자에게서 선물받는 것에 대해 다루지 않고 있었다. 우리는 내담자들의 이런 마음 씀씀이에 감동하여 감사하는 마음으로 선물을 받았다. 그렇게 하는 것이 문제라고 여겨지지 않았는데 이는 이들이 우리에게 이렇게 하기로 선택했기 때문에 만약 선물을 거절하면 부정적인 영향을 끼칠 수도 있다고 생각했기 때문이다. 돌아보면 이 상황은 우리가 내담자들이 우리에 대해 갖고 있는 감정을 이용한 것으로 보일 가능성이 있다.

오늘날 일부 전문학회 윤리강령은 내담자에게서 선물을 받을 것인지 결정할 지침을 제공한다. 이런 상황을 다시 만나면 나는 이 선물의 금전적 가치, 선물을 받거나 거절할 때의 임상적 의미, 우리에게 선물을 주는 집단 상담원의 동기, 선물을 받거나 거절하는 나의 동기 등을 깊이 생각할 것이다. 나는 이 상황과 연관된 윤리적 측면을 다루는 공개토론에 이 집단 구성원들을 참여시킬 것이며, 그런 의미 있는 선물은 받지 않을 것이다.

당신이 이 상황에 처하면 선물을 받을지 말지를 결정하기 위해서 어떤 것을 고려할 것인가? 선물을 거절하면 어떤 문제가 생길 것이라고 생각하는가? 선물이 별 금전적 가치가 없다면 다르게 행동할 것인가?

이전 내담자 고용

건축가인 알은 우리 집단상담의 참여자였는데 마리안느와 내가 우리 집에 방 하나를 더 만들기 원한다는 대화를 나누는 것을 들었다. 그는 얼굴이 밝아지며 자신이 방을 추가하고 리모델링하는 것의 설계도를 기꺼이 그려 줄 수 있다고 이야기하였다. 알과의 집단상담이 끝난 후에 우리는 알과 이 문제를 이야기하였고 상호 합의한 보수를 주고 건축 프로젝트 계획을 제공받기로 했다. 알은 시간에 맞추어 설계도를 그려 주었고 우리는 그것에 만족했다. 우리는 그의 일에 대한 보수를 주었고 그는 우리에게 도움이 된 것을 기뻐하였다.

이전 집단상담 참가자를 고용하여 이 일을 시킨 것은 그와 우리에게 좋은 결과를 주었다. 그러나 이 상황을 생각해 보면 여기에 몇 가지 함정이 있다는 것을 알 수 있다. 만약 알이 완벽주의자였다면 설계도가 어떻게 나왔든 그가 우리와 자신을 좌절시켰다고 느꼈을 것이다. 이전 내담자를 고용하면 다양한 문제가 생길 수 있기 때문에 정당화하기 어렵다. 알의 설계도가 만족스럽지 않았다면 어떻게 할 것인가? 알이 약속한 시간 내에 설계도를 납품하지 않았다면 어떻게 할 것인가? 비록 이런 문제가 실제로 나타나지는 않았지만 잠재적인 위험은 존재하고 있었다. 나는 다시는 이전 내담자를 고용하지 않겠다고 말하지는 못하겠으나 이런 계약을 하기 전에 제공될 서비스와 내담자의 특성에 대해 주의 깊게 살펴볼 것이다.

30여 년 전에는 전문가의 경계를 유지하는 것과 관련된 구체적인 윤리지침이 별로 없었다. 최근 들어 우리 분야의 윤리 관련 분위기가 변화하였고 이런 상황에 대한 내 생각도 변하였는데 이는 단지 윤리강령이 더 구체적이 되었기 때문만이 아니다. 나는 치료관계에 어려움을 줄 수 있는 어떤 사례라도 동료의 자문을 받는 것과 예방적으로 생각하는 것이 얼마나 중요한지를 배우게 되었다. 내 관심은 법적인 성격의 것이 아니며, 위기관리 관점에서 행동하고자 하는 것이 아니다. 대신 나는 작은 위험이나 해로움이라도 내담자에게 주어지거나, 상담자가 내담자의 취약성을 활용할 수도 있는 잠재적 문제상황을 주의 깊게 생각하는 것이 매우 중요하다는 것을 알게 되었다. 나의 상담에 대해 진문가의 지문을 구하고 동료들과 솔직하게 논의하는 것뿐만 아니라 나는 어떤 형태의 경계선 침범문제라도 사전에 내담자와 잠재적 결과에 관해 논의하게 되었다.

당신은 어떤 이유로라도 이전 내담자를 고용하여 서비스를 받는 것을 생각해 보았는가? 나의 이전 내담자가 내게 서비스를 제공한 것에 대해 어떤 잠재적 문제가 있다고 생각하는가? 현재 내담자를 당신이 원하는 서비스 제공을 위해 고용했을 때 어떤 문제가 예상되는가?

윤리적 추론과 의사결정에 대한 발달적 접근

상담자로서 발달해 가는 초기 단계에서 복잡한 윤리적 문제를 해결했더라도 경력이 더해 가면서 이런 문제들은 새로운 모습을 보이기도 한다. 윤리에 대한 관심은 개방적이고 자기 비판적인 태도를 통해 계속 새로워져야 한다. 나는 자주 법과 윤리에 관한 워크숍에 참여하면서 그렇게도 배울 것이 많다는 것에 계속 놀란다. 윤리적인 상담자가 되어 가는 과정이 얼마나 복합적인 것인지를 날이 갈수록 절감한다. 우리가 윤리적 문제에 직면할 때 적용할 수 있는 윤리적 의사결정 모델을 갖는 것이 중요하다. 동료와 슈퍼바이저에서 자문을 받는 것은 전문가라는 표식이며, 이를 통해 볼 때 윤리적인 전문가가 된다는 것은 우리가 최종적으로 다다를 수 있는 어떤 지점이 아니라 계속 되어 가는 과정이라 할 수 있다.

1970년대 후반에 정신병원의 전문가 교육책임자가 나에게 그곳의 주된 치료모델이 집단치료이기 때문에 집단 진행 과정에 대한 워크숍을 진행할 수 있을지 물어 왔다. 나는 그 제안을 받아들이기 전에 그 결과에 대해 생각해 볼 필요가 있다고 말했다. 내가 마리안느와 이 문제를 상의하자 그녀는 "당신이 어떤 일을 하려고 하는지 알고 있나요? 성 범죄자 환자들을 상담하는 것이 어떤 것인지 알고 있나요?"라고 말하였다. 그녀의 질문은 나로 하여금 잠시 멈추어서 이런 상황에서 집단작업에 대한 훈련을 실시하는 나의 능력에 대해서 생각하게 하였다. 나는 그런 환자집단에 대한 경력은 없으나, 집단치료 훈련 워크숍에 대한 능력과 경험은 있다. 나는 치료자들이 집단을 운영하는 더 좋은 방법을 발견하고 집단상담의 개념과 기술을 자신들의 치료에 적용하는 것을 도울 수 있을 것이라고 생각했다.

패트릭 칼라난과 내가 집단 지도에 대해 가르치러 갔을 때 교육 책임자는 우리에게 소집단을 대상으로 하는 실제적인 워크숍을 진행해 달라고 하였다. 결국 나와 패트릭 칼라난, 마리안느는 몇 년간 집단 치료자들을 위한 4일짜리 집단상담 워크숍을 여러 번 진행하게 되었다. 이 워크숍 참여자들은 우리의 훈련 과정이 집단 지도 기술을 개발하고 개선하는 데 효과적이었다는 피드백을 주었다.

이를 통해 얻은 중요한 교훈은 내가 내담자와 전반적인 치료 프로그램에 대해 충분히 알지 못하는 새로운 상황에서도 내 자신을 확장하는 것이 가치 있다는 것이다. 내가 쉽게 이 제안을 받아들였다면 나와 동료들은 우리 자신의 능력을 평가해 볼 기회를 갖지 못했을 것이다. 나는 자문을 구하고 그 자문을 수용하는 것의 장단점을 살피는 과정에서 자신을 정직하게 돌아보는 것이 얼마나 중요한 일인지를 깨달았다. 상담자에게 핵심적인 윤리는 특정 사안에 대한 자신의 능력을 평가하는 방법을 배우는 것이다.

개인적 경계선과 전문적 경계선 관리하기

개인적 영역과 전문적 영역에서 적절한 경계선을 만드는 것은 서로 밀접한 관련이 있다. 만약 개인적인 생활에서 경계선을 만들고 유지하는 데 어려움을 겪는다면 전문직업에서도 경계선을 관리하는 데 어려움을 겪을 가능성이 많다. 내담자가 상담관계에서 안전과 신뢰의 느낌을 갖기 위해서는 일관되면서도 유연한 경계선을 수립하고 유지하는 것이 필요하다. 나는 경계선이라는 주제가 상담을 배우는 학생과 숙련된 전문가 모두의 주요 관심사라는 것을 발견하였다. 전문 학술지를 잘 읽어 보면 경계선 문제가 매우 일반적이라는 것과 이로 인해 자주 윤리적이고 법적인 문제가 발생한다는 것을 알 수 있다.

1960년대의 정신건강 전문가들에게는 전문가로서의 경계선이라는 개념이 거의 없어서 결과적으로 내담자에 대한 착취가 일어났다. 이런 비윤리적인 행위에 대한 반향으로 1980년대의 일부 전문가 윤리강령에서 어떤 종류의 경계선 침범도 금지하고 다중 관계에 대한 일반적인 금지를 내세우는 등의 새로운 움직임이 일어났다. 그 이후로 어떤 경계선 침범은 피할 수 없으며, 어떤 다중 관계는 유익할 수도 있고, 다중 관계를 금지하는 것보다는 관리하는 방법에 초점을 두는 것이 더 적합하다는 인식이 점차적으로 생겨났다.

우선 원가족에서 당신 개인의 경계선이 어떠했으며, 지금 개인적인 생활에서 경계선을 어떻게 관리하고 있는지를 생각해 보라. 시간을 내서 다음 질문에 답해 보라. 당신은 다른 사람과 관계하면서 그들의 경계선에 대해서 얼마나 민감하고 존중하는가? 가족 및 친구들과 관계에서 경계선을 세우는 데 어려움을 경험하는가? 만약 당신이 명확한 정체감을 갖는 것에 어려움을 겪고 있으며, 당신을 수용해 주는 다른 사람들이 별로 없다면 당신은 전문가로서의 생활에서 건전한 경계선을 수립하는 데 어려움을 겪을 수 있다. 당신이 다양한 개인적인 삶의 영역에서 경계선을 잘 만들고 있다면 내담자와 건전한 경계선을 수립할 좋은 토대를 갖고 있는 것이다.

전문상담에서 효과적인 경계선을 만들고 유지하는 것은 주요한 윤리적 주제로서 다년간의 경력이 있는 상담전문가라도 이 부분에서 어려움을 겪을 수 있다. 적절한 전문적 경계선을 유지하는 중요한 한 가지 방법은 일단 경계선 접촉(boundary crossing)을 알아차리고 이것이 경계선 침범(boundary violation)이 되지 않도록 예방하는 것이다. 경계선 접촉이란 일반적으로 실시되는 상담을 벗어나지만 내담자에게 유익이 될 수도 있는 상담활동이다. 반면 경계선 침범이란 내담자를 해롭게 하는 심각한 침해로서 비윤리적인 것이다. 유연한 경계선은 윤리적으로 활용된다면 상담진행에 유용할 수 있다. 어떤 경계선 접촉은 윤리적 문제를 일으키지 않으며 상담관계를 증진시킬 수 있다. 그러나 어떤 경계선 접촉은 전문가로서의 역할을 불명확하게 만들어 결국 문제가 될 수도 있다.

상담의 대가로 다른 물건이나 서비스를 받는 일은 문제가 될 수 있는 경계선 접촉이다. 이는 오해를 불러오거나, 상담의 효과를 감소시키고, 결국 내담자를 착취하는 결과를 낳을 수 있다. 현재 윤리강령은 이런 교환을 전체적으로 금시하고 있지는 않지만 이런 관계로 들어가기 전에 취할 몇 가지 지침을 제공하고 있다. 만약 어떤 교환이 내담자에게 손해나 착취가 된다면, 또는 어떤 식으로든 금

기시되는 것이라면 하지 않아야 한다. 내담자가 이런 교환을 먼저 제안해야 하며, 이런 관계가 당신의 전문가 집단에서 인정되는 행위일 것인지를 판단하는 것이 중요하다. 주어진 제안을 공평성, 임상적 적합성, 잠재적인 유해한 다중 관계 등의 기준으로 당신이 신뢰하는 동료들의 객관적인 평가를 받는 것이 좋다. 또한 이런 교환의 문화적 의미를 고려하고, 내담자와 관련된 사항에 대해 논의하는 것이 필요하다. 물론 이 모든 것은 문서화되어 분명한 서면계약에 따라 진행되어야 한다.

경계선 접촉은 내담자에게 유익할 수 있다는 것이 명확할 때에만 이루어져야 하며 관련된 위험과 잠재적인 이익을 고려하여 각 사례별로 평가되어야 한다. 앞서 제시한 자녀 돌봄 서비스를 제공했던 나의 내담자 사례에서 윤리적 문제를 예방하기 위해 내가 취할 수 있었던 조치는 자문 구하기, 자녀양육 서비스를 제공하는 것에 따른 이익과 불이익에 대해 내담자와 논의하기, 또는 아예 그런 관계 들어가지 않기 등이 있다. 그 관계는 명백하게 나의 내담자에게 유익하지 않았으므로 우리는 곧 그 관계를 종료하였다.

다중 역할과 다중 관계

전문가로서 경계선을 잘 만들기 위해 여러 역할과 관계를 윤리적으로 관리하는 방법을 배우는 것이 필요하다. 다중 관계는 상담자가 일차적인 내담자-상담자 관계에 더해서 하나 또는 그 이상의 관계에 관여할 때 발생한다. 이는 하나 이상의 전문적 관계를 취하거나 전문적인 관계와 비전문적인 관계를 혼합하는 것일 수 있다.

이러한 다중 관계를 이중관계와 비전문적 관계라고 지칭한다. 상담자와 내담자 간의 성적 접촉은 언제나 비윤리적이고 비전문적이며, 미국 내 여러 주에서는 불법 이중관계다. 1960년대 대부분의 윤리강령에는 치료에서 성적 접촉이 비윤리적이라는 명백한 언급이 없었다. 사실 1960년대 후반 내가 토론자로 참석한 한 학술대회에서 어떤 토론자는 내담자와의 성관계는 유익이 될 수도 있으며, 돌봄의 표현일 수도 있다는 입장을 취하기도 하였다. 얼마 후에 모든 정신건강 전문직의 윤리강령에는 전문가와 현재 내담자 간의 성적 관계를 금지하는 기준이 포함되었다. 대부분의 윤리강령은 전문적 관계가 끝난 후에도 최소한 몇 년(통상 3년에서 5년) 안에는 성적 관계를 금지한다. 이 기간이 지난 후에라도 이전 내담자가 피해를 입거나 착취당하지 않았다는 증명을 할 책임이 상담자에게 있다. 몇 년전에 어떤 상담자는 다르게 주장한 적도 있었지만, 성적 관계가 전문적 관계의 적합한 일부분이라는 주장은 있을 수 없다.

성적인 관계가 아닌 다중 관계도 다루기 어려운 경우가 많다. 이런 예로는 가족이나 친구를 내담자로 받기, 슈퍼바이저와 치료자의 역할을 동시에 하기, 상담을 진행 중인 내담자나 이전 내담자와 사업 계약하기, 개인상담과 사회적 관계를 동시에 하기 등이 있다. 현재 성적인 관계가 아닌 다중 관계가 비윤리적이라고 하는 윤리강령은 없으며, 이런 관계의 복잡성도 인정하는 추세다. 어떤 다중 관계는 피할 수 없으며, 해롭지 않고 내담자에게 도움이 될 수도 있다. 내가 보기에 다중 관계가 있다는 것 자체만으로는 비윤리적 행동이 있다고 할 수 없다. 어떤 식으로든 내담자를 착취하거나 해를 끼치는가가 중요한 것이므로, 내담자 착취문제를 예방하기 위해 모든 이중/다중 관계를 금지하는 것이 최선의 방법은 아니다. 사실 다중 관계의 딜레마를 해결할 수 있는 절대적인 대답은 별로 없다.

상담자와 상담 교육자로서 나는 내담자와 상담할 때 한 가지 역할만을 수행할 수 없으며, 나는 나를 한 가지 역할에만 제한시키는 것이 반드시 필요하다고 생각하지 않는다. 많은 경우 내가 일하는 상황은 전문적 관계 내에서 상담자, 멘토, 코치, 슈퍼바이저, 대변인, 교사 등의 여러 역할을 균형 있게 수행할 것을 요구한다. 내가 한 내담자나 한 학생과 다중 관계를 형성하는 것이 반드시 비윤리적이라고 여기지는 않지만, 그런 경우에는 착취가 일어나지 않도록 하기 위해 스스로를 주의 깊게 점검한다. 나의 자기점검을 확인하는 전략으로 나는 슈퍼바이저나 몇몇 동료에게 자문을 구한다. 그리고 다중 역할과 관계를 효과적으로 수행하는 방법에 대해 내담자나 학생과 가능한 여러 번 이야기하는 것이 좋다. 나는 잠재적 이익이 잠재적 위험을 능가하는지를 결정하기 위해 잠재적 문제가 일어나기 전에 그것에 대해 주의 깊게 고려해 본다. 나의 동료들 중 일부는 다중 역할에 대한 분명한 윤리적 정당화가 없다면 그런 관계를 피하는 것이 좋다고 주장한다. 그들은 이런 경우 주지된 동의, 자문, 슈퍼비전, 문서화 등 내담자를 보호하기 위한 조치를 취하는 것이 현명한 방법이라고 말한다.

경계선 문제 및 다중 관계와 역할에 대해 『Dual Relationships and Psychotherapy』(Lazarus & Zur, 2002), 『Boundaries in Psychotherapy: Ethical and Clinical Explorations』(Zur, 2007), 『Boundary Issues in Counseling: Multiple Roles and Responsibilities』(Herlihy & Corey, 2006b)와 같은 자료를 통해 상세한 논의를 할 수 있다.

🗣 상담자의 가치와 윤리적 상담

우리 자신의 가치체계는 우리의 상담에 영향을 미치므로 윤리적 상담을 고려할 때 우리의 가치에 대한 검토를 해야 한다. 윤리 수업에서 학생들은 비밀보장 위반, 내담자 방치, 내담자와의 잘못된 성적 접촉, 상담자의 능력범위 밖의 상담 등 윤리적 위반에 대해 관심을 기울인다. 그러나 학생들은 자신의 가치가 상담관계에 미치는 영향에 대해서는 별로 관심을 두지 않는다. 우리는 우리의 가치를 미묘한 방식으로 내담자에게 요구할 수 있는데, 어떤 학생들은 그들이 자신의 가치를 내담자에게 가르치는 것은 적합한 일이라고 주장한다.

가치체계는 우리의 개인적인 생활이나 전문가로서의 활동에서 우리의 행동에 영향을 미치는 핵심 신념을 말한다. 개인적인 가치는 우리의 전문적 활동에서 우리가 상담을 보는 방식과 행동하는 방식에 영향을 끼친다. 우리의 가치체계는 내담자를 평가하는 방식, 상담목표에 대한 관점, 선택한 개입방법, 상담회기에서 논의하려는 주제, 상담에서의 진전을 평가하는 방식, 내담자의 삶을 이해하는 방식 등 상담의 모든 측면에 영향을 미친다.

내담자의 가치를 존중하기

상담자로서의 내 역할은 내담자 자신의 가치를 명료화하는 것을 돕는 것이지 내 가치체계를 받아들이라고 내담자를 설득하는 것이 아니다. 나는 내 신념과 핵심 가치가 상담의 모든 측면에 어떻게 영향을 미치는지 아는 것이 내 윤리적 책임이라고 생각한다. 내담자의 가치에 내가 동의하지 못하는 경우가 있지만 그 경우에도 나와는 다른 가치를 추구하는 그들의 권리와, 그들 삶의 지침이 되는 그들의 가치를 존중해야 한다. 특히 내담자가 나와는 다른 문화적 배경을 갖고 있는 경우 더욱 그렇다. 그들이 나의 관점에서 세상을 보도록 설득하는 것보다 그들의 관점을 이해하고 존중해 주는 것이 필요하다. 나의 역할은 내담자가 자신의 가치와 행동 간의 일치성을 탐색할 수 있는 안전하고 허용적인 맥락을 제공하고, 자신의 행동을 변화시키거나 가치를 수정하기 원하는지를 결정하도록 돕는 것이다.

학생들 중에는 자신의 가치를 갖지 않고 모든 가치체계를 받아들여야 한다고 잘못 생각하는 사람도 있다. 내가 학생들에게 가르치고 싶은 것은 그들도 자신이 선택한 가치체계에 따라 살 권리가 있지만, 내담자도 다른 가치체계에 따라 살 권리가 있다는 점을 존중해 줄 필요가 있다는 것이다. 동시에 나는 내담자의 선택이나 결과에 대해 얽매일 필요가 없다고 강조한다. 마찬가지로 당신이 학생이든 상담자이든 자신의 가치에 대해 면밀히 검토해 보고, 당신의 행동방식에 영향을 미치는 가치에 대해 질문해 보고, 당신의 가치에 대해 자신감을 갖기 바란다.

당신이 호기심을 잃지 않고 삶의 의미를 열린 태도로 계속 검토하면 수시로 당신의 생활방식을 변화시킬 수 있고 또 그렇게 할 것이다. 소크라테스는 검토되지 않는 삶은 살 가치가 없다고 하였다. 이 격언을 받아들인다면 이를 당신 삶에 적용하고, 당신이 상담하는 사람들로 하여금 그들의 가치가 자신에게 도움이 되는지 검토해 보도록 격려하라.

상담자로서 나의 역할과 기능

누군가 내게 상담받기 원한다면 그가 이 관계에서 무엇을 기대하는지 알아 내는 것이 중요하다. 내가 내담자와 어떻게 상담할 것인지 미리 계획하게 되면, 내담자는 치료에서 적극적인 파트너가 될 기회를 빼앗기게 된다. 치료의 목표를 정하는 것은 내담자의 몫이다. '내담자가 왜 상담에 오는가?'는 깊이 생각할 좋은 질문이다. 이것에 계속 집중하게 되면 나의 관심사보다는 내담자의 관심사가 중요하게 된다. 한 학생이 "나는 내 삶을 알아 가느라 많은 고생을 했어요. 그래서 상담자로서 내가 알고 있는 것을 내담자에게 이야기해서 그들이 불필요하게 고생하지 않도록 하고 싶어요."라고 말한 적이 있다. 만약 내담자가 상담자에게 자신의 문제에 대한 답변을 원할지라도, 장기적으로 볼 때 그것은 그들에게 도움이 되지 않는다. 상담자로서 나의 역할은 내담자에게 힘을 북돋아 주어 자기 삶의 결정을 스스로 내리도록 상담하는 것이다.

여러 가지 측면에서 나는 내담자에게 희망, 안내, 격려 등을 제공하면서 내담자를 도와주지만 단지 충고와 답변 주는 것보다 훨씬 더 많은 것을 한다. 나도 나의 상담자가 나에게 충고와 답변을 주기를 바랐었다. 그가 나에게 이야기해 줄 많은 경험을 했기에 내가 혼란과 불확실성 속에 살 필요가 없을 것이라고 생각했다. 나는 '잘못된' 삶의 선택을 할까 봐 두려웠다. 나에게 타인이 내 삶을 이끌어 주기 바라는 성향이 있다는 것을 생각하면 자신의 길을 스스로 찾을 수 있다고 믿지 못하는 사람들에 대한 동정심을 쉽게 느낄 수 있다. 다른 사람에게 지시하는 것은 상담이 하는 일이 아니다.

나의 개인적 가치의 발전

1장에서 초등학교부터 고등학교까지의 학교생활이 나의 가치와 성격에 미친 영향에 대해 말했다. 가톨릭 학교에서 대부분의 시간을 보냈지만, 그것만으로 삶에 대해서나 어떻게 살아야 할 것인지를 심각하게 생각해 보지는 않았다. 내가 배운 내용은 올바른 삶의 길이 있으며, 권위에 대해 질문해서는 안 된다는 것이었다. 나의 많은 가치는 협소하고 완고했으며, 교사들은 내가 배운 올바른 삶의 길에 대해 의문을 제기하는 것을 허용하지 않았다. 내가 감히 질문을 하거나 그런 문제를 생각하기만 해도 나는 불안해졌다. 내 안에서 답을 찾을 권리를 갖고 있지 않다고 생각했기에 나는 외부의 권위로부터 답을 얻으려 하였다.

고등학교 교사생활을 시작할 때 세상에 대한 다양한 관점을 갖고 있어서 내가 크게 존경하게 된 몇몇 교사들을 만나 함께 일하게 되었다. 이들은 매우 '자유로워' 보였고, 나는 '제한된 틀을 벗어나서' 생각할 수 있는 그들의 능력이 부러웠다. 몇몇 동료교사들은 나의 편협한 생각에 문제를 제기했다. 우리는 가치에 대해 많은 토론을 했는데, 이로 인해 나는 더 비판적으로 생각하기 시작했고, 의심의 여지가 없는 진리라고 배워 왔던 것들에 대해 의문을 제기하는 불편한 과정을 밟아 가게 되었다. 몇 년간 답을 찾아 가면서 실재에 대한 다양한 해석을 만나게 되었다. 나는 실재에 대한 하나의 관점을 갖고 있으면서 그것이 세상을 보는 유일한 길이라고 생각했던 것이었다. 다른 사람들이 나에게 문제를 제기하기 전에는 내가 협소한 관점을 갖고 있다는 것을 몰랐다. 세상에 대한 협소한 관점을 가졌던 경험으로 인해 나는 상담자가 진리를 알고 있다고 생각하면서 그것을 내담자에게 가르치는 것이 상담자가 할 일이라고 생각할 때 생기는 문제에 대해 주의를 기울이게 되었다. 내 생각에 대해 스스로 의문을 제기해 보니 상담관계에서 상담자의 가치의 역할에 대한 생각이 달라졌다. 내담자가 원할 경우 그들의 가치에 대해 의문을 제기하고, 명확하게 하며, 때로 수정할 수 있도록 돕는 것이 내가 할 일이지, 나의 가치를 알려 주거나 내담자에게 어떻게 살아야 하는지를 알려 주는 것이 나의 역할은 아니다.

상담에서의 가치에 대한 질문과 답변

내가 대학원 학생이나 신임 교수들에게 강의할 때, 또는 전문가로서의 여정을 밟아 가는 것에 대한 나의 생각을 소집단에서 학생들과 이야기할 때, 상담과정에서 가치의 역할과 상담에서 발생할 수 있는 가치 갈등 상황에 어떻게 대처해야 하는지에 대한 질문이 나온다. 상담자의 개인적 가치가 상담자-내담자 관계에 어떻게 영향을 미칠 수 있는지에 관한 공통된 질문과 이에 대한 나의 답변을 제시하고자 한다. 독자 스스로도 다음의 질문에 대해 생각해 보기 바란다.

질문 당신의 가치를 가르치는 것(imposing)과 표현하는 것
(exposing)의 차이는 무엇인가?

답변 가치를 가르친다는 것은 내담자가 당신의 가치, 신념, 태도,
행동 등을 받아들이도록 적극적으로 노력하는 것이다. 대
부분의 전문가 윤리강령은 전문가가 자신의 가치를 가르치
지 않도록 경고한다. 어떤 경우에는 내담자에게 나의 가치
를 밝히는 것이 적절하다고 판단되지만, 다른 경우에는 내
가치를 표현하는 것이 비생산적인 결과를 낳을 수 있으며,
그것이 은밀하게 내담자에게 영향을 미치는 것으로 보일
수 있다. 예를 들어, 내담자가 이혼을 하기로 결정하였다면,
나는 이 의사결정 과정에 내 가치가 어떻게 연관되는지 알
수 없다. 나의 가치를 밝히기 전에 그것이 내담자에게 미칠
수 있는 영향에 대해 다음과 같이 평가할 것이다. "나는 왜
내담자에게 나의 가치를 밝히고, 이야기 나누려는 것일까?
내담자에게 어떻게 도움이 되거나 또는 반대로 방해가 될
까? 나의 행동이 내담자에게 부당하게 영향을 미치는 것인
가?" 나는 나의 가치를 밝히면서 내담자가 그것을 받아들
여야 한다는 메시지를 주지 않기 위해 노력한다. 이 경우 나
는 내담자가 자신의 선택에 대해 가질 수 있는 모든 생각을
탐색하는 것에 관심을 둔다.

질문 나의 가치가 내담자를 생산적인 방향으로 이끌어 줄 수 있
다고 생각되면 내 가치에 대해 이야기할 수 있는 것인가?

답변 완전히 가치 중립적이 되기는 어렵다. 예를 들어, 나는 운

동, 자기돌봄 활동, 인생에서 자신의 길을 선택하기 등을 가치롭게 생각하는데, 삶을 든든하게 해 준다고 생각하는 나의 가치들을 내담자가 받아들이게 설득하려는 시도를 하지 않도록 주의를 기울여야 한다. 내담자가 자신을 돌보지 않고 있다면, 그가 자신을 더 잘 돌보도록 설득하는 것이 나의 역할인가? 내담자가 운동을 하지 않으면서 둔해진다는 불평을 한다면 그의 운동계획을 짜 주는 것이 내가 할 일인가? 내담자가 자신의 진로를 의미 있는 타인이 결정하도록 허용하고 있다면, 내담자가 자율성 확보를 위해 노력하도록 논쟁해야 하는가? 이럴 때 내 마음 한 구석에서 소위 '건강한 삶의 선택'을 다른 사람이 채택하도록 영향을 미치고 싶은 것은 아닌지 조심해야 한다. 다른 사람의 삶을 만들어 주는 것이 아니라 그들이 왜 상담을 받으러 왔는지를 알아보는 것이 상담자로서의 내 역할이라는 것을 명심해야 한다.

질문 나의 가치와 내담자의 가치가 갈등을 일으킬 때 어떻게 해야 하는가?

답변 다양한 내담자를 만나다 보면 문화, 성적 지향, 가족생활, 이혼과 별거, 성역할 행동, 혼외 관계, 사귀는 관계 이외에서의 성적 행동, 종교와 영성, 낙태, 임종 결정 등 무수히 많은 주제에 대한 가치관 차이를 경험한다. 단지 내담자와 가치관 차이가 있다고 해서 그들을 제대로 상담할 수 없는 것은 아니다. 그가 선택한 가치체계에 따라 살아갈 권리를 존중함으로써 우리는 효과적인 치료적 관계를 수립할 수 있다. 가치 차이로 인해 내담자와 작업하기 어렵다는 것이 나에게 무엇을 의미하는지를 탐색하기 위해 자문을 받는 것이 좋을 것이다. 우리가 할 일은 우리에게 도움을 요청한 사람들로 하여금 자신이 무엇을 하고 있는지를 알게 하고, 그것이 자신에게 도움이 되는지를 평가하며, 그렇지 않다면 어떤 변화를 시도할 것인지를 선택하도록 돕는 것이다. 어떤 내담자가 자신의 삶의 방향에 대해 불만을 느낀다면, 나는 그가 자신의 가치를 재점검하고, 자신의 행동을 바꾸기 위해 어떤 가능한 선택이 있는지 알아보도록 도와줄 수 있다.

질문 가치 충돌이 일어날 때 내담자를 다른 상담자에게 의뢰하는 것은 적절한가?

답변 단지 가치관 차이가 있다고 해서 의뢰를 할 필요는 없다. 의뢰하기 전에 내담자가 당신과 계속 상담하기를 원하는지에 대해 터놓고 이야기하라. 내담자와의 가치 차이를 넘어설 수 없다는 이야기는 내담자에게 매우 큰 부담이 될 수도 있다. 나는 학생들에게 '의뢰'는 최후의 선택으로 고려되어야 한다는 것을 자주 강조한다. 의뢰하기로 결정하면 그것을 어떻게 이야기하느냐가 매우 중요하다. 만약 당신이 가치관 차이로 인해 상담을 계속하기 어렵다고 생각한다면, 그것은 당신의 문제이지 내담자의 문제가 아니라는 점을 분명하게 하여야 한다.

당신이 생각하기에 건강하지 않은 관계를 맺고 있는 내담자를 상담하는데 그가 그 관계에 대해 의문을 제기하거나 그만두려고 하지 않을 수 있다. 그가 그 관계를 끝내야 한다고 당신이 생각한다면, 왜 내담자가 당신의 가치를 수용해야 하는지에 대해 자신에게 질문해 보라. 의뢰를 결정하기 전에 자문을 받으면서 당신 안에 있는 그 어려움을 탐색해 보라. 다른 가치 체계를 가진 사람과의 상담을 방해하는 당신 안의 장애물은 무엇인가? 당신과 내담자의 가치체계가 일치해야 할 이유가 무엇인가? 단지 내담자에게 동의하지 않거나 그의 행동이 마음에 안 든다는 것은 의뢰의 적합한 이유가 될 수 없다. 내담자의 가치는 당신의 것이 아니라 내담자의 것이라는 점을 명심할 필요가 있다.

질문 종교와 영성은 상담에서 어떤 역할을 할 수 있는가?

답변 전통적으로 종교와 상담은 상반되는 것으로 여겨졌다. 최근 영성과 종교—상담자와 내담자 모두의—그리고 그것이 치료적 관계에 어떻게 활용될 수 있는지에 대한 관심이 커졌다. 내담자가 상담에서 제시하는 영적이고 종교적인 주제를 열린 태도로 다루는 것이 중요하다. 내담자가 자신의 영적 여정이나 우회로에 대해 이야기하면 그 여정에 대해 같이 탐색해 볼 수는 있겠지만, 의미를 발견하는 길이나 내담자가 따라야 할 길을 처방하는 것을 상담자의 관심사로 삼지 않기를 바란다.

평가는 내담자의 문제에 영향을 미칠 수 있는 다양한 요인을 탐색하는 과정이다. 내가 보기에 영적이고 종교적인 영향을 탐색하는 것은 원가족의 영향을 탐색하는 것과 같은 정도의 의미가 있다. 내담자의 종교와 영적인 신념을 이해하고 존중하며, 그것이 내담자에게 중요하다면 그런 신념을 평가와 상담과정에 포함시키는 것이 중요하다. 내담자의 영적 신념은 결정적인 인생결정을 할 때 필요한 힘의 주요 원천일 수 있으므로 상담 경험의 한 부분이 될 수 있다.

영성이 내담자의 관심사라면 상담에서 다루어져야 한다. 영적인 필요를 채우는 방법은 여러 가지이므로 특정한 방법을 처방하는 것은 상담자가 할 일이 아니다. 당신이 직접적으로든 간접적으로든 당신의 가치를 내담자에게 부여하려고 은밀한 시도를 하는지 스스로 점검하는 것이 중요하다. 여기에서 중요한 것은 내담자가 탐색하기 원하는 것과 내담자가 상담에서 추구하는 목적으로 방향을 돌려 지속하는 것이다.

질문 나의 신념과 행동이 나에게 의미 있는 삶을 제공해 주었다고 확신한다면 나의 종교적인 또는 영적인 신념을 이야기하는 것이 적절한가?

답변 내담자가 나의 개인적인 신념을 알고 싶어 한다면 왜 나의 가치와 신념을 알고 싶어 하는지를 내담자와 이야기할 것이다. 내게 좋았던 것이 내담자의 삶의 의미를 찾는 데 해답이 될 수 없다. 나의 영적인 여정은 나의 것일 뿐이므로 내담자는 자신만의 여정을 찾아야 한다. 내가 종교적인 주제를 상담에 끌어들이면 내가 내담자를 이끌 수도 있기 때문에 조심해야 한다. 그리고 내담자가 종교적 가치에 대해 이야기를 시작한다고 해도 그것에 대해 이야기하는 데 주의를 기울여야 한다. 내담자가 종교적이거나 영적인 문제에 대해 나의 충고를 듣고자 할 때도 나는 충고하기를 주저한다. 어떤 특정한 가치를 따르거나 교체하고, 수정할지를 결정하는 것은 내담자의 몫이라는 것을 마음에 두고자 노력한다. 종교적이고 영적인 활동을 제시하는 것은 목회활동으로는 적합하지만 전문상담으로는 적합하지 않다.

제기될 수 있는 질문들

나는 질문들에 대해 '정답'을 제시하려고 한 것이 아니다. 다만 이런 질문에 대한 당신의 생각을 형성하는 방법으로서 내 생각을 나누고자 한 것이다. 여러분은 이런 질문들에 대해 나와는 매우 다른 답변을 가질 수 있으며, 나는 당신이 당신 안에서 답을 찾기를 바란다.

🎭 맺는말

나는 상담자가 되고자 하는 학생들이 윤리적 딜레마에 대해 정해진 답변을 원하는 것을 보아 왔다. 내 윤리수업을 듣는 학생들은 흔히 '올바른 윤리적 방법'을 알고자 하지만 나는 윤리적 문제를 충분히 이해하고 다루는 적합한 길은 여러 가지일 수 있다고 말해 준다. 나는 학생들이 비판적으로 사고하도록 가르치며, 윤리적 행동은 매우 복잡하여서 단순한 해결책을 허용하지 않는다는 점을 알려 준다.

초보 상담자는 윤리적 결정을 혼자 내려서는 안 된다. 윤리적 문제를 해결하는 방법을 찾을 때 다른 전문 영역의 동료들에게 자문을 받는 것이 매우 중요하다. 어떤 문제에 대해 나와 다른 견해를 지니고 있는 사람에게 받는 자문은 매우 가치가 있었다. 단지 나의 견해를 지지해 주기보다 다른 접근을 취하는 동료는 내 생각을 확장시켜 준다. 내가 상담 분야에 아무리 오래 있었다고 해도 자문을 받고, 들은 것을 깊이 생각하며, 주어진 제안을 기록하는 것은 항상 유익한 일이라고 확신한다. 결국은 우리 각각이 가장 최선의 선택이 무엇이라고 생각할 것인지 결정해야 한다.

상담자로 발달해 가는 초기에 어떤 윤리적 문제들을 해결하였더라도, 경험과 성찰에 따라 윤리에 대한 더 깊은 이해를 하게 된다. 오늘날 제기되는 모든 윤리적 문제를 해결해야 한다는 과도한 부담을 질 필요는 없다. 윤리적 주제에 대한 정의와 개정은 우리 모두에게 개방적이고 자기비판적인 태도를 요구하는 계속적인 발전과정이다.

윤리적인 상담전문가가 되는 것에 대한 더 깊은 토론을 위해서 상담윤리에 관한 다음의 책을 읽어 보기 바란다. 『Issues and Ethics in the Helping Professions』(Corey, Corey & Callanan, 2011), 『Ethical, Legal, and Professional Issues in Counseling』(Remly & Herlihy, 2010), 『The Ethical and Professional Practice in Counseling and Psychotherapy』(Sperry, 2007), 『Counseling Ethics and Decision Making』(Cotton & Tarvydas, 2007), 『Ethics in Counseling and Psychotherapy: Standards, Research, and Emerging Issues』(Welfel,

2010). 윤리강령에 있는 여러 윤리 기준을 해석하는 데 도움이 되는 사례집을 보고자 한다면 다음 책을 참고하라. 『A Guide to the 2002 Revision of the American Psychological Association's Ethics Code』 (Knapp & VandeCreek, 2003), 『The Social Work Ethics Code and Commentary』(Reamer, 2008), 『ACA Ethical Standards Casebook』 (Herlihy & Corey, 2006a). 다음과 같은 두 권의 훌륭한 지침서도 활용할 수 있다. 『Ethics Desk Reference for Psychologists』(Barnett & Johnson, 2008)는 APA 윤리강령을 해석하고 윤리적이고 효과적인 상담에 대한 지침을 제공하며, 『Ethics Desk Reference for Coun-selors』(Barnett & Johnson, 2010)는 ACA 윤리강령을 해석하고, 윤리적 문제를 예방하기 위한 방안을 제안한다. 이런 사례집과 지침서들이 윤리 기준을 해석하고 명료화하는 데 도움이 되지만, 이것이 상담자 각자의 충분한 정보에 기초한 판단과 윤리적 추론을 대체할수는 없다.

CHAPTER
07

진로여정
선택하기

🗣 들어가는 말

당신의 진로여정은 전문적 삶을 사는 동안 변화의 과정을 거치는데, 멘토는 구체적인 방향을 정하는 데 매우 유용할 수 있다. 당신에게 가장 좋은 것이 무엇일지, 그리고 어떻게 행동할 것인지를 정할 때 슈퍼바이저나 멘토의 이야기를 고려하라. 결국 당신이 배운 것을 행동에 옮김으로써 당신은 당신 자신의 길을 만들어 갈 것이다. 삶의 발달 단계가 진행되면서 각기 다른 시기에 다양한 요인들이 나타나서 당신의 진로결정 과정에 영향을 미친다. 당신은 주어진 영역에 대한 당신의 관심사 때문에, 혹은 당신의 인생 경험과 개인적 고통 때문에 어떤 전문적 직업을 선택할 수 있다. 일평생 계속할 한 직업을 선택하기보다는 당신의 관심을 끄는 넓은 활동 영역을 선택하여 주어지는 기회에 열린 태도로 임하는 것이 현명할 것이다.

나의 진로여정은 '곧은 길'이라기보다 하나의 과정인 것처럼 보인다. 오랫동안 나는 동료와 함께 일하고, 공동으로 가르치며, 교육과 학습과정에 경험적인 접근으로 참여하고, 내 스스로가 학습자로 살아가는 등 여러 방법으로 교육활동에 대한 나의 관심을 유지해 왔다. 내 자신의 전문성 발달은 일반적인 상담을 배워 가다가 내 여정의 전환점에서 초점을 좁혀 가면서 이루어졌다. 가르치는 것은 언제나 나의 첫 번째 관심사였는데 나는 이 일반적 영역으로부터 상담자 교육, 상담윤리, 상담과 심리치료의 이론과 실제, 집단작업 등의 구체적인 관심 영역을 발달시켰다.

🎭 의미 있는 진로를 만들어 가는 사람들의 개인적 이야기

일에 대한 결정은 발달적 과정의 일부로서 당신이 하는 일은 평생에 걸쳐 당신의 관심사에 따라 변화할 수 있다. 이 장에서 읽을 개인적인 이야기들은 몇몇의 전문가들이 삶의 다른 국면에서 진로를 전환한 과정을 보여 줄 것이다. 호니 아브라모위츠(Honie Abramowicz), 줄리 톰린슨(Julie Tomlinson), 토니 왈러스(Toni Wallace), 제이미 빌레지크지안(Jamie Bilezjikjian), 레슬리 컬버(Leslie Culver), 어맨다 힐레이(Amanda Healey), 미셸 무라토리(Michelle Muratori) 등 7명의 전문가들이 어떻게 자신의 전문적 여정을 만들어 왔는지 설명해 주는데, 이들의 이야기를 연결해 주는 어떤 공통요소가 있다. 이 이야기들을 읽으면서 당신 자신의 여정에 적용할 수 있는 교훈을 생각해 보라. 각각의 이야기에서 당신에게 무엇이 다가오는가?

내 삶에 영향을 미친 사람들

Honie Abramowicz, MSW, LSCW

사회복지 석사학위를 받기 위해 졸업식장 단상으로 걸어가면서 내 마음은 39년 전으로 거슬러 올라갔다. 당시 열 살이던 나는 전혀 공감적이지 않은 보육원의 사회복지사 사무실에 앉아 나도 장차 심리학을 공부해서 사회복지사나 상담사가 되겠다고 말했다. 내가 그녀에게 정말 하고 싶었던 말은 나는 그녀보다 더 나은 사회복지사가 되어 사람들이 이해받는다고 느끼고 희망을 찾도록 도와주겠다는 것이었다. 내 이름이 호명되어 나는 회상에서 깨어났고 졸업장을 받았다. 졸업 이후 여러 날 동안 나는 내가 선택한 직업의 유형과 사람들이 문제를 해결하도록 돕는 나의 능력에 대해 많은 것을 생각했다.

조력 분야에서 나의 첫 번째 업무는 위기청소년 상담이었다. 그 이후 행정업무, 프로그램 개발, 홍보, 정부 보조금 신청 사업계획서 작성, 훈련 등 다양한 업무를 하였다. 사회복지사 자격을 취득한 이후 나는 비영리 기관에서 상담하는 일을 맡아 다양한 내담자들을 만났다. 현재 나는 청소년과 성인을 주 대상으로 하는 사설 상담실에서 공인된 임상 사회복지사로 일하고 있다. 나는 내담자들이 통찰을 얻고 문제에 대한 해결책을 얻도록 돕기 위해 여러 이론적 접근의 기법과 전략을 통합하여 활용하는 전체적 입장의 상담자(holistic counselor)다.

나는 아직도 열 살 때 두렵고 외로운 상태에서 사회복지사의 사무실에 앉아 그녀가 아무런 정보도 없이 만든 소견을 입증하려고 던지는 질문을 받았던 일을 기억한다. 그녀는 내가 어떻게 지내는지에 대한 이해와 공감이 없었고 이로 인해 나는 하찮은 존재라는 느낌을 받고 무기력해졌다. 이 부정적 경험을 통해 내담자가 경청과 공감의 경험을 하도록 상담자가 돕는 것이 얼마나 중요한지를 알게 되었다. 나의 과거에 대한 이런 아픈 기억이 내 삶에 이런 큰 역할을 했다. 그것은 나로 하여금 내담자 스스로가 가치 있다고 느끼며 힘을 얻게 하는 사회복지사가 되도록 하는 추진력이 되었다.

나는 이를 위해 내담자의 이야기를 모든 감각을 동원하여 듣고, 그들이 경험하는 것을 관찰하고, 이해하려 한다. 공감적 경청을 통해 나는 내담자가 자신과 상황에 대한 정확한 이해를 하도록 돕는다.

사회복지사가 되려는 꿈을 열 살에 가졌지만 나는 마흔이 될 때까지 그 분야에서 일하지 못했다. 아마 남을 돕는 전문가가 되기 전에 인생에 대해 더 배우고 나 자신에 대한 통찰을 더 할 필요가 있어서였을 것이다. 나는 대학을 성공적으로 마칠 수 있는 능력이 있을까 하는 자기의심이 많았지만, 나의 남편은 내가 20년 전에 대학을 떠난 이후로 여러 일들을 성공적으로 해 왔다는 것을 알게 해 주었다. 다시 시작하면서 나는 수많은 어려움을 겪었다. 보고서를 작성하는 일은 가장 어려운 일이었는데, 왜냐하면 다른 사람들이 내 글을 비판하고 판단하면서 내가 어리석다고 생각할 것이라고 걱정했기 때문이었다. 또한 다른 학생들이 모두 나보다 훨씬 젊었기 때문에 나를 받아들여 주지 않거나 내가 잘 어울리지 못할까 봐 두려웠다.

첫 상담수업에서 교수가 '빈 의자'라는 게슈탈트 기법 시연의 자원자를 구했다. 나는 내담자가 되어 보는 모험을 했는데 이것이 나에게 전환점이 되었다. 다루고 싶은 두려움이 무엇이냐는 교수님의 질문에 나는 보고서를 제출했을 때 무능력하다는 평가를 받는 것이 두렵다고 대답했다. 내가 빈 의자를 향해 앉자 교수님은 누구의 목소리가 빈 의자에서 들려오느냐고 질문했고, 나는 아버지의 목소리라고 대답했다. 이 경험적 작업을 통해 나는 내가 충분히 좋은 사람이 아니라는 느낌과 강한 자기비판이 나의 어린 시절 아버지나 다른 사람들과의 상호작용에 대한 오해와 비합리적 신념에서 비롯되었다는 것을 알게 되었다. 어린 동료들과 교수님 앞에서 내담자로 자원하는 위험을 감수하여 무능력하다고 보이는 것에 대한 나의 두려움을 직면하게 되었다. 그 수업을 같이 듣는 학생들이 두려움을 이야기하는 나의 용기를 칭찬하고 자신들도 비슷한 경험과 느낌이 있다고 털어놓았다.

나는 이 경험을 통해 사람들이 내가 생각한 모습과 다를 수 있다는 것을 알게 되었다. 남편과 딸의 지지와 격려를 통해 나는 스스로에게 도전하여 내가 가지고 있다고 생각하지 못했던 능력을 인식하게 되었다. 교수는 나의 과거 생각 중에 잘못된 신념이 있어서 더 높은 잠재력을 발휘하지 못하게 한다는 것을 알게 해 주었다. 나는 이 통찰을 나의 상담접근에 적용하여 내담자가 스스로와 자신의 신념, 능력 등을 정확하게 볼 수 있도록 돕고 있다.

다른 사람들로부터 받은 지지, 격려, 좋은 모델링 등을 통해 나는 어려움을 극복하며 성장해 왔다. 나는 사회복지사가 되어 이 일을 많은 다른 사람들에게 할 수 있게 되었다. 내담자를 도울 뿐만 아니라 사회복지사와 상담 인턴들을 11년간 멘토링하고 있다. 나는 이 경험이 자랑스럽고, 보람 있으며, 이를 통해 만족감을 느낀다. 내가 그들의 삶에 영향을 미칠 뿐만 아니라 그들도 나의 삶에 영향을 미친다.

논평

호니가 사회복지사로부터 부정적인 경험을 했지만 그녀는 어린 나이에 사회복지사가 되기로 결심했다. 호니에게 이 과거 기억은 그녀의 삶에 핵심적 역할을 수행하였다. 당신도 이처럼 지금도 당신에게 영향을 미치는 과거 경험을 가지고 있는가? 이런 부정적 경험을 어떻게 전문직업과 연결시키고 있는가?

호니는 대학에서의 성공에 대해, 특히 보고서 쓰는 것과 관련한 두려움과 자기의심을 이야기하고 있다. 그녀는 비판적인 내면의 소리와 논쟁하는 방법을 배워야 했고, 결국 새로운 자기대화 방식을 습득했다. 호니는 언젠가 자신이 상담자, 행정가, 프로그램 개발 조정자, 대변인, 기획서 작성자, 슈퍼바이저, 훈련가, 멘토 등을 망라하는 사회복지사가 될 것이라는 꿈을 꾸지는 않았을 것이다. 그러나 일반적인 사회복지 분야에서 이런 여러 직위를 갖는 것은 우리의 진로 발달 여정에서 흔히 볼 수 있을 것이다.

성찰을 위한 질문

- 당신은 무엇에 직업적 흥미를 느끼며, 어떤 종류의 일에 가장 관심을 갖는가?
- 앞으로 5년간 무엇을 가장 하고 싶은가? 이 계획을 이루기 위해 오늘 당신이 할 일은 무엇인가?
- 당신의 부정적인 자기대화가 무엇인지 알고 있는가? 그렇다면 그것을 어떻게 다룰 것인가?
- 당신의 학문적인 진로여정을 추구하는 것에 대한 두려움과 의심을 직면해 보았는가? 그럴 때 어떤 내적 그리고 외적 자원이 도움이 되었는가?

꿈을 재점화하고 삶을 재정의하기

Julie Tomlinson, MSW

30대에 개인적 위기가 내 삶을 뒤흔들어 나는 완전히 새로운 길을 가는 모험을 해도 전혀 잃을 것이 없다고 생각했다. 나는 여러 전문대학 과정을 헤매고 다양한 직업을 전전했지만 완전히 실패했다. 그래서 심사숙고할 시간을 갖고 내가 무엇을 가지고 있으며, 무엇을 원하는지에 대한 목록을 작성하였다. 내가 원하는 것은 내 꿈을 다시 찾는 것이었고, 내게 필요한 것은 나에 대한 믿음을 갖는 것이었다. 이때 내게 떠오른 격언이 있었다. "땅을 깊게 갈아야 풍성한 수확을 한다." 정말 내 삶의 모든 것을 갈아엎은 것 같았다.

나는 힘을 내어 그동안의 다양한 학교 관련 기록을 모아 한 지역 주립 대학의 상담실을 찾아갔다. 나는 이전 학교 경력을 활용해서 2년 안에 대인 서비스 학사학위를 취득할 수 있다는 것을 알게 되어 큰 격려를 받았다. 이 학위는 대학원 과정을 지원하는 좋은 기반이 되었다. 나는 대인 서비스 프로그램의 여러 따뜻한 교수들로부터 영감과 격려를 받았다. 나는 학업에 열심히 임했으며, 경험적 집단수업에서 나를 정서적으로 개방하였다. 나는 학문적 성공을 경험하면서 나의 능력에 대한 자신감을 다시 갖게 되었다. 자기탐색 수업에서 과거의 상처에 대한 성찰을 하고, 신선한 모습을 보기 시작했으며, 나의 더 깊은 측면을 발견하게 되었다. 예비 상담자로서 나는 내가 가지고 있을 수 있는 어두운 측면과 뜨거운 측면을 탐색함으로써 나의 내담자가 가야 할 수도 있는 길을 두려워하지 않는 것이 중요하다는 것을 알게 되었다. 학사학위를 취득하게 되니 다음

단계를 결정해야 했다. 상담 석사나 사회복지 석사학위를 취득하는 것이 독립적으로 심리치료를 실시할 수 있는 면허를 갖는 가장 직접적인 방법으로 보였다. 많은 토론과 갈등, 다양한 전문가와 친구들의 상담을 받은 후에 사회복지 석사 과정을 시도하기로 했다. 결국 이 선택은 내가 중요하게 생각하며 토론해 온 개인적 요인들에 기반한 것이었다. 나의 가장 중요한 관심은 널리 알려져 있고, 필요하면 다른 주에서도 사용할 수 있는 학위와 면허를 갖는 것이었다. 또한 사회복지를 선택함으로써 나는 친숙한 학부 대학을 떠나 더 명성 있고 더 큰 사립대학으로 가게 되었다.

이 석사 프로그램에 들어간 것은 정말 무모한 일이었다. 그것은 학문적으로 전혀 새로운 영역이었으며, 돈이 많이 들었다. 잘 해내지 못할 것 같은 불안이 솟아올랐다. 이런 두려움을 친구, 가족, 상담자에게 이야기하자 그들은 내가 직면한 어려움을 잘 대처해 나갈 것이라고 계속 격려해 주었다. 막대한 분량의 정보를 다루는 조직화 기술을 새롭게 해야 하는 등 프로그램을 시작하면서부터 여러 논리적 도전에 직면하게 되었다. 나는 시간관리와 학업기술을 배워 독서와 연구를 따라가야 했는데, 결국 이 학위를 취득하는 과정에서는 교육과정 이외의 활동들을 할 수 없다는 것이 분명해졌다.

감사하게도 프로그램 2년차가 되면서 나는 수업의 부담과 현장실무의 과업을 그럭저럭 해 나갔고, 내 생활도 갖게 되었다. 나는 신중하게 시간을 내어 자전거를 타고, 친구와 점심 식사를 하며, 해안을 따라 오토바이도 탔다. 삶의 부담이 적어진다고 삶의 속도가 느려지는 것은 분명 아니었다. 가장 바쁜 중에도 시간을 내어 스스로를 돌보고 내가 돌보는 사람들과 시간을 갖는 것은 내게 매우 중요했다. 또한 나는 친구 및 미래의 동료들과 좋은 관계를 갖지 못한 채 그 프로그램을 마치고 싶지는 않았다. 나는 스터디 그룹을 만들고, 만나자는 요구에 더 잘 응하는 등 더욱 외부로 나를 확장하였다. 2년간 63학점을 취득하면서 나는 이 나라의 가장 존경받고 인정받는 대학에서 명예로운 사회복지 석사로 졸업하였다.

불행하게도 나는 주 예산 위기를 가져온 국가적 경제침체 시기에 졸업했다. 이로 인해 연방, 주, 지역의 여러 기관에서 전례 없는 고용 동결, 일시 해고, 임금 삭감 등이 이루어졌다. 나의 동료학생이 근무했던 기관에서는 슈퍼바이저가 해고되기도 했다. 이로 인해 이제 갓 졸업한 사람들은 일자리를 찾기가 너무 어려웠다. 비록 마지막 해 실습기관 선정이 졸업 후 채용 가능성을 염두에 둔 것이었지만 경제적 위기라는 새로운 상황에서는 어떻게 될지 알 수 없는 일이었다. 재향 군인 병원에 자리가 있다고 알려졌지만 채용이 보장된 것은 아니었다. 또한 통상적으로 초보 사회복지사들로 채워졌던 많은 일자리에 이제는 직장을 잃었거나 더 안정된 자리를 찾는 많은 공인 사회복지사들이 지원하고 있었다.

졸업 후 2개월 동안은 일이 없었지만, 이전에 같이 일했던 사람들과 프로그램 관리자를 계속 접촉하여 성과를 얻었다. 마지막 해에 인턴생활을 했던 병원에서 단기 계약직으로 일할 기회가 생겼다. 나는 좋은 관계를 가졌고 일에 대한 평판도 좋았기에 그들은 즉시 나를 채용할 수 있었다. 현재 나는 이라크전 참전 병사들이 예약 후 처음 만나야 하는 임상 선별 사회복지사로 일하고 있다. 나의 주 임무는 초기 선별, 위기개입, 단기상담, 의뢰 서비스 등을 제공하는 것이다. 예약하지 않고 진료받을 수 있는 병원이라 업무량을 예측할 수 없어 힘들기는 하지만, 나는 이 일을 사랑한다. 나는 자주 대학원 시절 개발했던 시간관리 기술을 떠올리며, 나 자신에게 집중하기 위해 혼자 있거나 점심 시간에 산책을 한다.

경력이 더해 가면서 계속 어려움과 기대하지 않은 스트레스가 내 길에 나타날 것이다. 나는 여전히 정규직을 원하며, 직접 심리치료를 할 수 있는 임상직에서 일하고 싶다. 그러나 나는 재향군인들을 교육하고, 그들에게 치료방안을 제시하며, 그들이 전에 고려해 보지 않았던 가능성을 열어 주는 이 일에서 얻는 것이 많다. 또한 내가 내담자들을 대하면서 창의적이고 적응적이어야 하는 것처럼 내 개인적인 생활과 진로를 찾아가면서도 창의적일 필요가 있다는 것을 알고 있다.

마지막으로, 나는 과거에 시작되어 지금도 발달시키고 있는 학교 친구들과의 우정을 소중하게 생각한다. 나는 그들이 전문적 조언을 주고, 같이 어울리며, 이해해 주는 친구가 되기를 바란다. 나의 동문들이 내 삶에 제공해 준 풍성함과 지지에 감사한다. 나는 그들의 강점에서 영감을 받으며, 그들로부터 계속 배운다. 이 관계가 없이 학교를 졸업했을 수도 있었겠지만 그랬다면 나의 개인적인 경험과 전문적인 삶은 공허했을 것이다. 지난 4년 동안 내 삶이 완전히 달라졌다.

논평

이 개인적 이야기를 제공한 줄리도 다른 사람들처럼 학문적으로 새로운 영역에 들어가면서 경험하는 큰 불안과 불편함을 감수하였다. 당신도 학문적 프로그램을 시작하려고 할 때 비슷한 위험에 직면할 수 있다. 당신이 선택한 위험의 결과를 잘 살펴보면 당신의 진로여정 계획에서 추구할 방향을 발견하게 될 것이다.

줄리의 이야기는 경제적으로 어려운 시기와 어두운 고용전망을 부각시킨다. 그녀의 이야기는 연방, 주, 지역의 여러 기관에서 고용동결, 임금 삭감, 암울한 고용전망 등이 이루어지는 상황에서도 자신의 진로 목표를 계속 붙들고 있으라고 희망과 격려를 제시한다. 줄리는 힘든 고용시장에서 생기는 일자리를 잡기 위해 이전에 함께 일했던 사람들과 네트워크를 형성하였다. 졸업하면서는 직업 전망이 밝지 않아 실망했지만 포기하지 않았다. 당신이 정신건강 분야에서 일할 자리를 찾으면서 이와 비슷한 어려움을 겪고 있다면, 당신이 원하는 것처럼 빨리 당신의 진로 목표를 달성할 수 없을 수도 있다. 이럴 때 줄리의 자기돌봄 기법이 좌절로부터 당신을 보호하여 최선을 다하게 하는 데 도움이 될 것이다.

줄리는 결국 대학원 과정을 따라가면서도 질적인 개인적 삶을 누리기로 결심하였다. 그녀는 시간을 내어 친구들과 질적인 관계를 만들면서도 혼자만의 활동도 즐겼다.

성찰을 위한 질문

- 당신은 일이나 학업의 요구 때문에 개인적 삶을 '유보'하고 있는가? 당신이 즐기는 일을 위해 기꺼이 시간을 낸 적이 있는가?
- 친구와 시간을 보내는 것과 업무 부담 사이에 균형을 유지할 수 있는가? 이 영역에서 가장 이루고 싶은 변화는 무엇인가?
- 줄리는 상담과 사회복지 중에 하나를 자신의 전문 영역으로 선택하는 데 어려움을 겪었다. 당신이 어떤 전문 분야로 가야 할지 불확실하다면 이를 명확하게 하기 위해 무엇을 할 수 있는가?

멀고 험한 길

Toni Wallace, LVN, MS, RAS

나는 대학에 가 본 일이 없으나 40년 이상 조산소에서 일한 공인 직업 간호사다. 지난 23년간은 물질 남용 임산부를 대상으로 일했다. 나는 약물치료로 태아를 보살피는 종합 프로그램을 담당하고 있다.

나는 내가 만난 여성들의 심리사회적 생활에 대해 알고 싶었으며 그들과 그들 자녀의 삶을 변화시키기 위해 그들에게 힘을 불어넣어 줄 방법을 배우고 싶었다. 이를 위해서는 더 교육을 받아야 하겠지만, 십대 자녀 3명을 기르는 40대 싱글맘이 어떻게 자기 꿈을 이룰 수 있겠는가? 이는 내가 학위를 얻기 위해 무엇을 해야 하는지 찾아보려 했을 때 떠오른 생각이었다.

이미 할 일이 가득한 가운데 대학을 다니려고 하니 조정할 것이 많았다. 어떤 학위가 가장 도움이 될지 모르는 상태였기 때문에 가장 먼저 할 일은 가까운 전문대학의 상담자를 만나는 일이었다. 이 만남이 정말 나의 길을 활짝 열어 주어 너무나도 좋았다. 나는 교육을 위해 필요한 일반적인 사항과 내가 고려할 수 있는 몇몇 전공에 대해서도 알게 되었다.

나는 6학점을 듣는 것으로 학교를 다시 시작했다. 그중 하나가 대인 서비스 전공 과목이었는데 그것이 나의 전환점이 되었다. 교수는 학생들이 조력전문직 내에서 여러 다양한 진로경로를 탐색해 보도록 하였다. 그녀는 학기 내내 강사를 초빙하여 그들의 직업에 필요한 교육을 받기 위해 선택할 학업경로에 대해 이야기하도록 하였다. 한 강사는 내가 나중에 편입할 대학에서 왔는데, 그는 자신의 일에 대한 열정을 가지고 있었고, 나는 강의가 끝나기도 전에 그 일에 매료되었다.

나는 나의 목표인 대인 서비스 학사학위를 향해 아주 천천히 움직였다. 그 이상의 학위 과정을 밟는 것은 꿈도 꾸지 않았다. 그런데 교수, 가족, 친구의 도움과 격려를 통해 그것이 현실이 되었다. 근무시간을 융통성 있게 조정할 수 있게 허락해 준 고용주를 만난 것은 정말 내게 큰 행운이었다. 그런 융통성이 없었다면 내 목표를 이루기 위해 필요한 과목에 등록할 수 없었을 것이다.

그 길은 쉽지 않았다. 나는 고등학교를 졸업한 지 20년도 넘었기 때문에 처음부터 시작해야 했다. 내 수학 실력은 부족했고, 학습습관이라는 것은 아예 없었다. 이 대학은 나와 같이 학업을 재개하는 학생들에게 무료 멘토링을 제공해 주었다. 나는 수학 멘토를 받기로 했다. 또한 일찍부터 '공부 친구'를 사귀어서 전문학사를 함께 받았을 뿐만 아니라 학사 과정과 함께 석사 과정도 함께 이수하였다. 이 친구의 지지로 인해 학업을 성공적으로 마칠 수 있었다.

대학으로 편입하는 것은 너무나 엄청난 일이어서 나는 실패에 대한 두려움과 불안에 떨었다. 나는 장학금을 받아 재정상의 어려움에 대처할 수 있었다. 대학에서는 바로 대인 서비스 학사학위 과정을 시작하였다. 학부와 대학원 교육과정 내내 교수들을 쉽게 만날 수 있었다. 한 교수의 도움으로 멘토를 만나게 되었는데, 그는 내가 인간으로서 어떤 사람인가를 배울 뿐만 아니라 다른 사람들로 하여금 그들의 인생에 주어진 선택을 탐색하도록 돕는 방법을 배우는 것을 시작하게 해 주었다.

상담 프로그램 석사 과정에서 나는 또 한 명의 공부친구를 만났고, 우리 셋은 다 같이 어려웠던 시기에 서로를 격려하며 지냈다. 우리는 수업, 인턴생활, 프로젝트 등을 위해 시간을 내야 했을 뿐만 아니라 가정생활과 직장생활까지 해야 했다. 우리는 친구로서 질병, 죽음, 결혼, 손자 출생 등을 함께 겪었다. 이들의 지지가 없었다면 나는 내 길을 갈 수 없었을 것이다. 나는 자주 내 능력을 의심했지만 그럴 때마다 내 경계를 넓히고, 상담의 다른 영역을 탐색하고, 내가 이야기하는 것에 관심이 없을까 봐 걱정하지 않으면서 대화에 참여하도록 격려를 받았다. 이런 열린 대화는 상담자로서의 발달 전반에 많은 도움을 주었을 뿐만 아니라 배우자, 언니, 친구, 직장 동료로서 잘 생활할 수 있게 해 주었다.

이 길이 결코 쉬운 길은 아니었지만 가치 있는 여정이었다. 나는 결혼과 가족상담 분야 인턴으로서 이 여정을 계속하고 있다. 내가 가지고 있는 줄 몰랐던 내적 힘을 발견하였고, 내 생애 동안 지속될 우정을 쌓아 왔으며, 여기서 배운 바를 상담하는 여성들과 신뢰로운 관계를 형성하는 것에 적용하여서 긍정적인 성과를 이루고 싶다. 이 여성들은 자신들도 선택권을 가지고 있다는 것을 알아 가고 있다.

늦게 공부를 다시 시작하는 학생들에게 하고 싶은 말은 어린 아기처럼 천천히 하라는 것이다. 나는 가족, 직장, 교육, 나 자신에게 충실할 수 있는 나름대로의 방법을 찾았다. 휴식을 취하고 재충전하기 위해 시간을 따로 냈고, 내 삶의 여러 측면에 균형을 유지하기 위해 일을 계속 했다. 책임이 많아지면 나 자신을 돌보는 것이 가장 중요해진다. 성공을 위해 가장 중요한 요인은 모든 과목에서 A를 받는 것이 아니라 균형을 위해서 하나는 B를 받는 것이다. 성공을 향한 여정을 시작하기에 너무 늦은 것이 아니었다고 말할 수 있어서 행복하다.

논평

토니의 이야기는 특히 비슷한 처지에 있는 사람들에게 고무적이다. 그녀는 40대에 혼자 세 자녀를 키우면서 학부와 석사학위 과정 공부를 시작했다. 그녀는 간호사로서 일하면서 진로를 변경하기 위해 필요한 요건을 충족시키기 위해서는 전문적인 지식과 기술이 필요하다는 것을 알게 되었다. 그녀는 새로운 학업과 진로여정을 시작하기에 너무 늦은 나이는 없다는 말의 산 증인이다. 토니의 진로여정은 그녀의 관심이 변화함에 따라 바뀌어 갔다. 그녀의 진로는 특정한 대상을 상담하는 방향으로 변화했다. 생각한 대로 진로를 발달시키기로 결심했지만 거기에는 희생과 위험이 따른다는 것을 그녀는 알고 있다. 또한 그녀는 함께 학업을 해 온 친한 친구들이 제공해 준 지지체계가 없이는 그녀의 꿈을 이룰 수 없었다는 것을 잘 알고 있다.

성찰을 위한 질문

- 토니의 이야기에서 어떤 교훈을 받았는가? 그녀의 상황에 처해 있다면 당신이 다루어야 할 어려움은 무엇이겠는가?
- 당신의 진로를 바꾸기에 너무 늦었다고 말한 적이 있는가?
- 직장, 가정, 학교의 여러 과제를 수행하면서 어떻게 당신 자신을 돌보는가?

새로운 길에 대한 두려움 극복하기

Jamie Bilezkjian, MA

행동과학위원회(The Board of Behavioral Science)는 결혼 및 가족 치료사(MFT) 면허시험 응시 자격으로 3,000시간의 실습과 인턴 훈련을 요구한다. 이 이야기를 듣고 내가 보인 반응은 "와, 엄청난 시간이네."였다. 나는 먼저 상담심리학 석사를 마쳐야 한다는 말에 이미 주눅 들어 있는 상태였다. 어떻게 남편에게 마흔이 넘은 나이에 결혼 및 가족 치료사가 되겠다고 봉급이 괜찮은 약사직을 그만

둔다고 말하지? 이 새로운 진로여정을 가려면 엄청난 시간, 에너지, 경제적 뒷받침이 있어야 했다. 그래서 나는 다음과 같은 내 두려움을 곰곰히 생각하느라 3~4년 뒤로 결정을 미루었다. '학교에서 실패하면 어떻게 하지?' '쉰 살 다 된 결혼 및 가족 치료 전공 인턴을 누가 고용하겠어?' '내가 형편없는 치료사라는 것이 밝혀지면 어떻게 하지?' 그때 다음과 같은 생각이 떠올랐다. 지금 직장이 안전하다는 이유로 20년간 즐겁지도 않은 일을 그냥 한단 말인가?

어쨌든 나는 쉰에 석사학위를 취득했고 인턴생활도 거의 끝나 간다. 이전 직장 경험은 석사 과정에서 시간관리, 보고서 작성, 수업 발표 등에 도움이 되었다. 회사생활에서 준비시켜 주지 못했던 것은 실습과 인턴 과정이었다. 예전의 두려움이 갑자기 다시 살아났다. '내가 사람들을 도와주는 것이 아니라, 오히려 실제로는 고통과 스트레스를 가중시키게 되면 어떻게 하지?' 이때 슈퍼비전과 멘토링이 나를 살려 주었다.

나는 실습기간 동안 가족들을 보살피기 위해 큰 도심지역에 있는 노숙자 쉼터에 배정되었다. 이곳은 대상자들이 2년간 머무를 수 있는 사설 비영리 기관으로서 과도기 생활 프로그램을 운영하였다. 나는 훈련생으로서 주로 학령기 아동을 상담하는 일을 맡았다. 험악한 어른을 상대하는 일은 너무 어려운 일이었는데, 나는 아이들을 만나게 되었다! 사회복지사인 슈퍼바이저는 슈퍼비전 시간에 나의 두려움을 말해 보라고 하였다. 처음에 나는 다른 초보 학생 상담자들처럼 내가 하는 일이 내담자를 돕는다고 생각하는 덫에 빠졌다. 슈퍼바이저는 내담자에게 통찰과 치유를 가져다주는 것은 내담자들이 무엇인가를 스스로 하는 데 달려 있다는 점을 일깨워 주었다. 실습기간이 끝날 즈음에 인턴기간도 쉼터에서 해 달라는 부탁을 받아 현재 면허응시에 필요한 시간을 거의 마쳐 가고 있다.

내 진로여정을 추구하는 데 결정적으로 기여한 것은 내 앞에 있는 두려움을 직면하고 나 자신을 교육하기로 한 결심이었다. 내 생애에서 반복된 중요한 변화는 실패에 대한 두려움이 동반되었다. 내게 있어 두려움은 처음으로 집 떠나기, 학사학위 과정 시작하기, 새 직장 면접 보기 등과 같은 중요한 변화와 항상 함께해 왔다. 내가 이 모든 상황에서 실패에 대한 두려움을 극복했다는 생각이 새로운 이 길을 가도록 했다. 또한 상담 분야에서 교육받는 것을 나의 목표로 삼았다. 가족과 친구들을 통해 될 수 있는 대로 많은 조력 분야 전문가들을 만나 보았다. 그들에게서 전문가로 발달해 간 과정을 듣고 조언을 구했다.

직장생활과 사회생활을 하고 온 내게 처음에는 슈퍼비전이 조심스러웠다. 직장생활에서 슈퍼바이저를 만난다는 것은 비판과 징계를 의미하는 경우가 많다. 어쨌든 당신은 확신과 능력을 함께 지녀야 한다. 내가 정말 하기 싫은 것은 내 일에 대해 확신하지 못한다는 점을 인정하는 것이다. 상담과 사회복지 슈퍼비전에 대해서는 그 반대다. 사회복지와 상담 분야의 석사 과정 신입생들에게 조언을 줄 수 있다면 나는 실습과 인턴 과정 중에 건설적인 비판에 열린 태도로 임하는 것을 강조하고 싶다. 학생 인턴으로서 가장 어려운 사례를 지도받으라. 나의 경우 가장 값진 학습 경험은 슈퍼비전 시간에 이루어졌다.

최근에 나는 슈퍼비전과 멘토링의 중요성을 일깨워 주는 경험을 했다. 쉼터에 있었던 여자 고객이 전화해서 요즘 자신이 잘 지낸다고 말했다. 그녀와 십대 딸은 2년간 우리 프로그램에 참여하다가 최근에 떠났다. 그녀는 학교로 돌아가서 건강보호 분야의 조력자 자격을 취득할 수 있었다. 그녀는 생애 처음 직업을 갖게 되었다고 말했다. 그녀는 "내가 나 자신을 믿기 전에 당신이 저를 믿어 주었어요."라고 말했다. 정말 나는 항상 그녀가 결국엔 성공할 수 있다고 믿었다. 그녀의 말을 생각해 보면서 나는 내 슈퍼바이저가 나에게 똑같이 했다는 것을 깨달았다. 사실 슈퍼바이저는 우리가 우리 스스로를 믿기 전에 우리를 믿어 준다.

논평

제이미는 40대에서의 경력 전환을 이야기해 주었다. 그녀는 결혼 및 가족 치료 분야에서 새로운 진로를 개척하기 위해 경제적으로 안정된 직장을 그만두었다. 그녀도 다른 많은 사람들처럼 석사 과정에서의 실패, 취업 실패, 유능한 상담자가 되지 못하는 것 등에 대한 생각으로 괴로움을 겪었다. 그녀는 슈퍼비전과 멘토링을 잘 활용하여 그 두려움을 물리쳤다. 그녀는 석사 과정과 전문가로서의 실패에 대한 두려움이 그녀의 중요한 생활 변화에 있었던 두려움과 같다는 것을 알아차렸다.

제이미는 직장생활과 상담 전문직에서 서로 다르게 기대하는 것에 적응해 가는 어려움을 재미있게 설명한다. 직장 상황에서는 일에 대해 확신하지 못한다는 점을 결코 인정하려 하지 않았다. 상담 훈련에서는 자신의 취약함을 탐색하고 가장 어려운 사례를 슈퍼비전에 가져올 수 있게 되었다.

성찰을 위한 질문

- 당신의 진로 분야에서 성공하는 것에 대한 두려움을 극복하는 데 무엇이 도움이 될 수 있겠는가?
- 슈퍼비전 시간에 얼마나 솔직하게 자신을 탐색하는가?
- 당신이 스스로를 믿기 전에 당신을 믿어 준 슈퍼바이저나 교사가 있었는가?
- 새로운 진로를 추구하기 위해 어떤 전환을 고려하고 있는가?

허리케인 카트리나는 어떻게 내 삶을 바꾸었는가

Leslie Culver, MS, NCC

허리케인 카트리나로 인해 나는 뉴올리언스를 떠나야 했다. 한 달 동안 미시시피 델타 지역에 있는 내 친구의 목화 농장에 있다가 황폐한 뉴올리언스로 돌아왔다. 이때 내 생애 처음 갑작스럽게 무직상태가 되었다는 것을 깨달았다. 그러나 나는 폭풍 후 몇 달간 고향 마을의 재건을 돕는 일을 하면서 자기성찰의 시간을 갖게 되었다. 나는 카트리나가 발생하기 전 4년간 판매, 독창적인 홍보활동 개발, 행사 조정, 홍보물 제작 등을 하고 지냈다. 나는 그 일을 즐겼고, 분명한 혜택이 주어지는 승진도 하고 있었지만, 내가 해야 할 다른 중요한 일이 있다고 생각했다. 나는 도전적이면서도 의미가 있는 진로, 내 고유한 기술과 성격을 최대한 사용할 수 있는 어떤 일을 찾고 있었다. 또한 다른 사람들이 더 건강한 삶을 살도록 돕고 싶었다. 허리케인 카트리나 이후 나는 뉴올리언스에서 이 일에 매진하고 있다.

돌아보면 카트리나의 혼란 속에서 내가 조력 분야에서 일하게 되고 그다음에 뉴올리언스의 로욜라 대학교 상담 프로그램에 간 것이 이해가 된다. 몇 년 전에 나는 그 학교에서 영문학으로 학부 과정을 다녔다. 나는 수백 년 전통이 있는 예수회 방식의 교육이 매우 편안했는데 여기서는 비판적 사고를 격려하고 인간의 전체적인 면을 발달시키는 것을 강조하였다. 로욜라 대학교의 상담 석사 학위 과정은 이런 원리에 따라 운영되었다. 이 프로그램은 학문적ㆍ경험적ㆍ내적 학습을 통해 유능하고 윤리적인 상담자를 양성하기 위해 노력한다.

첫 몇 주 수업을 받으면서 나는 상담을 진로로 선택한 결정에 대해 확신하게 되었다. 나는 교수들이 사설 상담을 하면서 자신의 임상적 경험을 학생에게 전달하는 것에 감동을 받았다. 나는 첫 학기를 보내면서 내가 상담을 통해 다른 사람을 돕고 싶어 할 뿐만 아니라 다른 사람이 또한 누군가를 잘 도울 수 있도록 가르치기를 원한다는 것을 알게 되었다. 이 석사 과정에서 가장 큰 자극은 이론 학습이 상담 실제 장면에 적용되는 것이었다. 고통스러워하며 도움을 요청하는 사람을 앞에 두고 앉아 있는 것은 정말 힘든 일이었다. 상담실습을 시작하면서 상담기술은 금방 배울 수 있는 것이 아니며, 책만 읽어서는 이 기술을 숙달할 수 없다는 것을 깨달았다. 나는 상담자가 되어 가는 과정은 실무, 슈퍼비전, 자문, 지속적인 교육 등이 필요한 일평생 동안의 여정이라는 것을 알게 되었다.

카트리나가 지나간 뉴올리언스에 사는 사람들은 절실하게 정신 건강 서비스가 필요했다. 나는 실습 과정과 인턴 과정에서 서로 다른 많은 사람들을 대상으로 다양한 상담접근을 시행해 볼 수 있었다. 아동 대상으로 놀이치료, 청소년 대상으로 활동치료, 성인 대상으로 전통적인 대화치료, 부부 대상으로 전통적인 치료와 2인 치료, 그리고 여러 사람을 모아 집단상담을 실시했다. 나는 특별히 집단상담이 어려웠다. 나는 마치 여러 사람 앞에서 말하는 것을 힘들어하는 사람처럼 불안을 느꼈고 이를 자각하고 있었다. 나는 나를 자극하지 않는 것이 무엇인지를 알아내고자 여러 유형의 집단을 운영해 보았다. 가정폭력 남성 집단, 적극적 부모훈련 집단, 혼자된 남자와 여자를 위한 단기 지지 집단, 부모 잃은 자녀들의 자기표현 집단 등을 공동으로 지도했다. 비록 내가 집단상담의 원리를 충분히 알게 되고 여러 집단에서 긍정적인 경험을 했지만, 이를 통해서 내게는 일대일 상담이 더 효과적이라는 점을 확실하게 알게 되었다.

나는 학생들이 가능한 한 많은 다양한 대상과 상담방법을 접해 보고 자신에게 가장 잘 맞는 것이 무엇인지 알아보며, 열린 자세로 이런 여러 영역을 탐색하기를 바란다. 나는 내가 성인들과 일하기 원한다고 생각하여 선택과목인 놀이치료 수업은 듣지 않으려 했는데, 현장 슈퍼바이저의 말을 듣고는 그 과목을 듣기로 했다. 그 결과 유용한 기법을 익히고 어린이 상담에도 관심을 갖게 되는 값진 경험을 하게 되었다.

졸업 후 나는 인턴생활을 했던 비영리 단체에서 시간제 상담직을 하면서 뉴올리언스 대학교의 상담교육 박사 과정에 등록하였다. 임상 기술을 연마하고 면허를 취득하기 위해 더 많은 경험이 필요했지만, 사실 가르치고 연구하는 일을 더 하고 싶었기 때문에 학위 과정을 계속하려고 단단히 마음먹은 것이었다. 내담자들이 자신들의 개인적 이야기를 통해 나의 흥미를 북돋우며 도전해 오듯이 연구도 동일한 경험을 준다.

　박사 과정 처음 세 학기 동안 나는 개인적으로 그리고 전문적으로 엄청난 성장을 했다. 수업도 도전적이고 중요했으나 수업 이외의 경험은 나의 전문적 성장에 결정적인 역할을 했다. 석사 과정 학생을 코치하고 슈퍼비전하는 경험은 나의 교육 경험과 상담접근 목록에 새로운 영역을 더해 주었다. 교육과정 이외의 전문적 활동에 관여하는 것도 새로운 영역을 더해 주었다. 나는 우리 대학의 치 시그마 아이오타(Chi Sigma Iota) 총회인 알파 에타(Alpa Eta)의 집행위원회에 참여하여 여러 전문가 워크숍, 봉사 프로젝트, 학교활동 등에 참여했다. 나는 미국상담학회 학술대회에 참여하여 이 직종에 대한 이해를 넓히고 장래 연구에 대한 새로운 아이디어를 얻었다. 관심 있는 연구 주제와 기술을 발달시키는 과정에서 나는 운이 좋게도 경험이 풍부한 교수를 만나 멘토링을 받았고, 첫 연구와 사업계획서를 지도 받았으며, 지속적으로 함께 일하게 되었다. 또한 나는 대학원 조교를 하면서 학업과 연구에 집중할 수 있게 되었다. 박사 과정 학생들과 좋은 관계를 맺기 위해 노력했고, 그 결과 우리는 서로에게 소중한 지지, 통찰, 즐거움을 주며 우리의 여정을 함께 해 나갔다.

　이런 경험들은 나에게 큰 도움이 되었고, 내게 중요한 가르침을 주었다. 대학원을 시작하는 사람들에게 제안하고 싶은 것이 있다.

학업에 집중하고 프로그램에서 제공하는 기회를 최대한 활용하라. 열심히 수업에 참여하고 요구되는 자료들을 읽으라. 교수 및 동료들과 돈독한 관계를 맺으라. 그들은 당신의 성장에 아주 소중한 존재들이 될 것이다. 당신의 스타일과 관심을 그대로 보여 줄 멘토를 찾으라. 학교활동에 참여하라. 대학원 조교로 일하는 것을 고려해 보라. 지역, 주, 국가적 전문가 단체에 가입하라. 전문 워크숍과 학회에 참석하라. 자기성찰을 하라. 미리 판단하려 하지 말고 열린 자세를 유지하라. 겸손하라. 자신을 돌보라. 적절한 경계선을 설정하고 일과 생활의 균형을 유지하라. '배고픈 학생' 시기는 잠깐이라는 것을 기억하라. 과정을 즐겨라.

박사학위와 주 면허 요건을 마치고 나서 나는 상담실무, 연구수행, 학생교육, 전문가 단체에서 적극적인 회원 역할 등을 모두 수행하고자 노력하였다. 나는 일평생 지속할 상담공부를 시작하게 되어 짜릿한 전율을 느끼며, 이 직업에 무엇인가를 돌려줄 것을 생각하는 것에서도 흥분을 느낀다. 상담과정은 독특하고 강력한 일이며, 나는 전심으로 이 도전을 받아들인다.

논평

레슬리의 경우처럼 위기를 통해 새 진로가 열리기도 한다. 카트리나 허리케인은 혼돈을 가져왔지만 레슬리는 고향 마을을 재건하면서 자신의 진로여정도 재건했다. 그녀는 이전 직장에서도 잘 지냈지만 직장 경력은 자신의 재능과 기술을 가장 잘 사용하는 전문가가 되고 싶은 욕구를 충족시켜 주지 못했다.

내게는 레슬리가 직장생활을 즐겼고, 승진도 성공적으로 하고 있었는데 그런 직장을 그만두기로 했다는 것이 놀랍다. 그녀는 상담 분야에서 새로운 학업과 진로여정을 시작하면서 가르치는 일과 연구에 열정을 가지게 되었다고 말했다. 또한 그녀는 석사 과정 학생을 코치하고 멘토링하는 것에서 보람을 느꼈다. 그녀는 박사 과정 학생들과 여정을 함께 해 나가면서 좋은 관계를 형성하는 것이 중요하다고 강조했다. 그녀는 자신에게 도움이 되었던 구체적인 교훈을 설명하면서 이를 대학원 과정을 시작하는 사람들에게 제안하였다.

성찰을 위한 질문

- 대학원 학생에게 준 레슬리의 제안 중 당신에게 가장 의미 있는 것은 무엇인가?
- 당신은 지지를 이끌어 낼 수 있는 친구나 동료들과 얼마만큼 관계를 형성했는가?

내가 하는 일에서 목적 발견하기

Amanda Healey, MA, LPV-MHSP, NCC

상담교육자가 되기로 결심하게 된 여정을 돌아보면 많은 성공과 실패, 고난, 도전이 떠오른다. 극복할 수 없을 정도로 힘들었던 상황을 포함하여 모든 경험은 지금 내가 걸어온 길과 지금의 나를 있게 하였다. 현재 나는 장래에 대한 부푼 기대를 갖고 박사 과정 마지막 학기에 재학하며 지금까지 나를 지지해 준 사람들에게 감사하고 있다. 내가 가족처럼 여기는 친구와 멘토가 없었다면 나는 그 어려운 시기를 헤쳐 나오지 못했을 것이다. 학교를 다니는 동안 맺어진 돈독한 인간관계는 지금의 나를 만드는 데 큰 역할을 했고, 지금도 여전히 내가 더 나은 사람이 되도록 격려하고 있다. 내가 보기에 이런 좋은 보살핌과 지지를 주는 관계가 없이는 어느 누구도, 그 어떤 분야에서도 대학원 과정을 잘 마칠 수 없다. 대학에서 인간관계를 잘 만들어서 일생 동안의 친구를 만들었을 뿐만 아니라 지속적으로 봉사, 연구, 교육의 기회를 제공할 전문가들의 모임을 만들게 되었다.

나는 개인적인 모임과 목표를 전문적인 것과 구분하지 않는데, 이는 두 가지가 통합적으로 연결되어 서로에게 영향을 미친다고 생각하기 때문이다. 상담교육자가 되고 싶은 마음은 석사학위를 취득한 후 우리 지역 보육원에서 아동 상담자로 일하면서 생겼다. 현행 정신건강 체계에서 변화가 필요하다고 생각한 것을 이루려면 다른 차원에서 일해야 한다는 것을 알게 되었다. 임상가로서 일하는 것도 개인적으로 소중하지만 나는 교육자, 슈퍼바이저, 연구자로서 더 크게 기여할 수 있을 것이라고 생각했다. 교육을 더 받겠다는 나의 결정은 내가 그동안 계속 접촉하여 의미 있는 관계를 형성한 석사 과정 교수진의 지지와 격려를 받았다. 내가 이 목표를 달성할 수 있도록 그들은 나에게 주(state)와 국제적인 수준에서 출판하고 발표할 기회를 주었다. 그들은 다른 전문가들에게 나를 소개해 주고, 향후 일어날 일에 대해 나를 준비시키기 위해 상담에 대한 생각을 나와 토론하였다.

대학원에 들어가기 전, 나는 명확한 연구 주제를 가지고 있었으며, 이런 연구 주제를 다루고 상담교육자로서의 직업을 가진 나의 전체적인 목표를 달성하게 해 줄 곳만 찾았다. 내게는 지역사회에서의 봉사도 중요해서 박사 과정에 들어오기 이전부터 하고 있었던 지역 내 부모 준비 과정(Planned Parenthood)에서와 국가 동성애자 대책팀(National Gay and Lesbian Task Force)의 평등 프로젝트에서 자원봉사를 계속했다. 무엇보다도 내가 하는 일에서 가치 있는 목표를 찾으려 노력했다.

나는 출판, 봉사활동, 슈퍼비전, 학위논문 등을 위해 이론적이거나 실증적인 연구를 수행할 때 해야 할 일이 너무 많아 압도당한 적이 몇 번 있다. 이런 순간에 나는 내가 박사가 되려는 이유를 되새기고, 내가 관여하는 여러 프로젝트가 어떻게 나의 목표를 이루고 더 나은 체제를 만들어 갈 것인가를 생각했다. 나는 혼자 해서는 내 전문 분야나 사회에 영향을 미칠 수 없으며, 동료들과 함께 해야 내 주변에 영향을 미치며 긍정적인 기여를 할 수 있다는 것을 알고 있다.

내 여정을 돌아보면 내가 만든 인간관계가 큰 도움이 되었고, 지금도 그렇다. 이 관계들과 나의 결정을 통해 목표를 달성하게 되었고, 여러 전문적 상담학회로부터 인정을 받게 되었다. 나는 내가 하고자 하는 어떤 일에든 가능한 한 많은 에너지와 주의를 기울이면서 내 자신을 조절하고 우수한 결과를 만들기 위해 노력했다. 장기적 목적을 달성하기 위해 명확하고 수행 가능한 계획을 만드는 것이 중요했다. 가치로운 일에 참여, 성찰을 위한 시간, 휴식 등이 균형을 이루지 못했다면 상담전문가를 향한 나의 목적을 추구하기가 어려웠을 것이다.

논평

어맨다는 상담교육자, 슈퍼바이저, 연구자가 되어 더 큰 기여를 할 수 있다고 판단했다. 그녀는 임상에만 머물러 있는 것은 그녀를 충족시키는 전문적 경로가 아니라고 생각했다. 때로 당신은 연구, 교육, 임상, 행정, 지역사회 사업 등을 다 하려고 할 수 있다. 비록 당신이 여러 관심 분야로 나눠지는 느낌이 든다고 해서 이들 중 하나만 선택해야 하는 것은 아니다. 예를 들어, 상담교육자로서 안정된 직장을 원한다면, 대학에서의 직위를 유지하기 위해 강의 이외에 여러 기능을 수행해야 할 것이다. 당신은 전문적인 저술을 하고, 지역사회 봉사활동을 하며, 연구사업에 참여하고, 위원회에 관여하며, 학생들을 상담하고 멘토링해야 할 것이다. 한 진로여정을 밟아가기 위해서는 다르지만 연관된 다양한 진로 분야에서의 서로 다른 역할을 함께 수행해야 한다.

성찰을 위한 질문

• 어맨다의 이야기를 참고해서 당신은 어떻게 당신의 진로 결정을 좁혀 나갈 것인가?
• 당신이 노력을 기울일 만한 보완적인 영역이 있는가?

- 어떤 종류의 진로경로를 갖고 싶은가? 무엇을 하면 가장 크게 기여할 수 있을지 어떻게 결정할 수 있는가?

학문적으로 뛰어난 학생들 상담하기

Michelle Muratori, PhD

내가 아이오와 대학교(UI)의 상담교육 대학원 훈련을 시작할 때 학문적으로 뛰어난 학생을 돕는 캠퍼스 내 센터에서 조교직을 맡게 되었다. 그곳에서 일하기 전에 나는 주거시설에 살고 있는 만성 정신질환 남성, 큰 도시에서 온 임신한 십대, 아동보호기관에 자녀를 뺏길 위험에 처한 가족 등 다양한 내담자 집단을 대상으로 일했다. 이 모든 임상경험으로 인해 상담과정에 대한 시각이 넓어졌고, 앞으로 내가 상담할 대상들에 대해 열린 마음을 갖게 되었다. 이 경험들은 서로 각각 달랐지만 나는 내담자와 상호작용하는 것을 좋아했고, 그들로부터 많은 것을 배웠다.

대학의 벨린블랙센터(Belin-Black Center UI)에서 나에게 의뢰된 학생들(1년 일찍 대학에 들어온 수재들)은 여러 문제로 어려워하고 있었다. 나는 더 힘든 상황에 있는 사람들을 상담했었기에 "이런 '능력 있는' 학생들에게 과연 내가 도와줄 무슨 문제가 있을까." 하는 의문이 있었다. 그러나 일반적인 신입생처럼 이들도 룸메이트와의 갈등, 학업 기술과 시간관리 기술의 부족, 높은 수준의 스트레스, 향수병, 여러 적응 문제 등을 겪고 있었다. 나는 이들의 학업적·사회적·정서적 적응에 대해 강한 관심을 갖게 되었고, 이 주제에 대한 두 개의 연구(내 박사학위 논문을 포함하여)를 수행했다.

결국 이 연구의 주요 내용을 나의 첫 번째 저서인 『Early Entrance to College: A Guide to Success』(Muratori, 2007)의 기초로 사용하게 되었다. 나는 500페이지가 넘는 박사논문을 썼기에 책을 한 권 쓰는 것은 그리 괴로운 일이 아니었다. 어쨌든 나는 이미 책 한 권을 쓴 것이니까! 업무 관련 프로젝트와 파트타임으로 하는 강의 때문에 너무나도 바쁜 상태여서 저술을 시작하는 것은 추가의 부담을 더하는 일이었다. 약간의 갈등을 겪은 후에 나는 책을 쓰는 일에 전적으로 매달리기로 했다. 그 책이 마침내 완성되어 나는 목표를 성취했고 엄청난 만족과 편안함을 느꼈다.

나는 박사논문을 준비하는 시기에 영재 청소년을 위한 존 홉킨슨 센터(John Hopkinson Center)의 선임 상담자 및 연구자 직위에 선발되어 매우 높은 수학적·언어적 추리 능력을 지닌 학생들을 대상으로 일하게 되었다. 이들은 전체적으로 내가 아이오와 대학교에서 상담했던 대학생들보다 훨씬 더 인지적으로 뛰어났다. 나는 이곳에서 일하기 위해 동부 해안가로 이사해야 했다. 내가 상담했던 조숙한 신입생들처럼 나도 일정 시간 동안 적응기를 거쳐야 했다.

지금도 일하고 있는 이곳에서 나는 내 지도와 지지를 받는 열둘 내지 열세 살 된 학생들이 수학 문제를 푸는 데 있어서 나보다 훨씬 뛰어난 능력을 가졌다는 것을 알고 어쩔 수 없이 겸손하게 되었다. 이런 말을 하면서 내가 그들의 능력을 과대평가하거나 내 능력을 과소평가하는 것은 아니다. 이것은 사실이다. 내가 상담하는 학생들은 수학적 추론 능력에서 나보다 뛰어나다. 이 사실을 인정하는 것이 부끄러웠던 때가 있었지만 지금은 그렇지 않다.

나의 자아상은 학문적 성취와 강한 직업윤리에 따라 형성되어 왔다. 나중에 나 자신에 대한 탐색과 개인적 성장을 이뤄 가면서 다른 방식으로 나의 정체성을 찾게 되었지만, 여전히 지적으로 뛰어나고 성취를 이루는 것이 나에게는 중요했다. 그래서 나는 특별히 뛰어난 학생들을 상담하면서 '충분히 적합'하거나 '충분히 똑똑'해지는 것에 대한 나의 깊은 두려움을 다루고 있었다. 내가 미분이나 대학 수준의 수학에서 뛰어난 능력을 보이는 이 열두 살 된 아이들과 경쟁할 방법이 없다는 것을 깨달고 나서 나는 말할 수 없이 엄청난 자유를 맛보았다. 나는 내가 '충분히 똑똑하다'는 것을 더 이상 증명하려고 노력하지 않아도 되었다. 이것이 내가 개인적으로 그리고 전문적으로 발달하는 전환점이 되었다.

이 놀라운 학생들이 너무나도 뛰어나지만 내가 그들에게 줄 수 있는 특별한 것을 가지고 있다는 사실을 받아들이게 된 것을 통해 내가 성장했다는 것을 알 수 있다. 내가 느낀 위협과 부적절감을 충분히 다루지 않았다면 내 문제에 빠져 그들을 충분히 돕지 못했을 것이다. 나는 내가 이 일을 하게 되어 정말 기쁘다. 이런 보살핌을 잘 받지 못한 사람들에게 유능한 상담자가 되기 위해서는 이들의 교육적·사회적·정서적 필요들을 적극적으로 잘 알릴 수 있어야 한다.

나는 상담자로서 학생들과 그들의 부모를 돕는 일을 좋아한다. 내게는 학생 각자의 고유한 욕구와 상황을 다루어 주는 교육 프로그램을 개발하는 일이 의미 있다. 학생들은 교육적 욕구가 충족되면 그들 생활의 다른 측면에 대해서도 더 좋은 느낌을 갖게 된다. 또한 나는 이 가족들과 관계를 형성하고 이들이 자신을 옹호하도록 힘을 북돋아 주는 것이 좋다. 나를 만났던 학생과 학부모가 가끔씩 찾아와서 요즘 지내는 정황을 이야기해 주는 것이 나에게는 가장 큰 보상이 된다. 내가 그들의 삶에 변화를 이루어 냈고, 그들이 나에게서 지지를 받았다는 것을 아는 것이 행복하다. 나는 또한 오래전에 내가 도와주었던 학생과 내담자들이 어떻게 지내고 있을까 궁금하다. 지금은 그들을 만나지 않고 있지만 나는 그들이 내게 준 가르침을 기억하고 그것에 대해 감사하고 있다. 나의 교육적인 경험과 전문적인 경험 모두가 함께 조력 과정에 대한 나의 이해를 넓혀 주었다. 영재 청소년 센터에서의 경험은 모든 청소년들이 자기 능력을 개발하도록 돕고자 하는 나의 열정을 더욱 강하게 만들어 주었다.

논평

자기 이야기를 해 준 다른 사람들처럼 미셸도 자신이 원하는 목표를 추구하는 데 있어서 자신이 충분히 똑똑하지 못하거나 충분히 적합하지 못할지도 모른다는 두려움에 굴복하지 않았다. 두려움을 직면하는 용기, 열정을 추구하는 의지에 힘입어 그녀는 영재상담에서 자신의 진로 분야를 발견하였다. 그녀는 그녀가 상담하는 학생들의 고유한 욕구를 다루는 교육 프로그램 개발에서 큰 의미를 발견하였다.

- 열정을 발견하고 그것을 추구하는 미셸의 이야기 중 무엇이 가장 당신에게 다가오는가?
- 미셸은 상담과 저술에 대한 관심을 연결시키는 방법을 발견했다. 당신은 당신의 다양한 관심과 재능을 당신의 전문적 활동에 활용할 수 있는가?
- 글쓰기에 관심 있다면 무엇에 대해 글을 쓰고 싶은가?

🎭 맺는말

진로 선택을 할 때 당신의 선택 범위를 좁히고 목표를 성취하는 방법을 찾기 위해 다른 사람들의 생각을 들어 보는 것이 도움이 된다. 그러나 이것을 듣고 나서는 당신 자신의 환경에 비추어 선택해야 한다. 나는 학생들에게 진로여정을 결정할 때 자기 자신 안에서 해답을 찾으라고 한다. 당신이 원하는 진로여정을 만들어 가는 데 도움이 되는 몇 가지 아이디어를 소개하겠다.

당신의 열정을 추구할 용기를 가져라. 당신의 흥미가 이끄는 대로 가라. 당신이 하고 싶은 일, 그리고 그 방향으로 어떻게 갈 것인지를 구체화하라. 당신이 하고 싶은 일을 한다면 지금으로부터 5년 후에 당신은 어디에 있으며 무엇을 하고 있을 것인가? 그 방향으로 가기 위해 오늘 할 수 있는 일은 무엇인가?

나이가 너무 많아 대학으로 돌아가 다른 학문, 다른 진로를 추구할 수 없는 것은 아니라는 점을 인식하라.

진로 흥미를 따라갈 때 부적절감과 부끄러움 때문에 그 길을 중단하지 마라. 당신에 대한 믿음을 키우는 방법은 위험을 감수하면서 부적절한 느낌을 직면하는 것이다.

당신의 스타일과 관심을 거울처럼 비추어 줄 최소한 한 명의 멘토를 찾으라. 협력적인 프로젝트에 참여할 수 있는 방법을 찾아보라. 멘토와 정기적으로 당신의 학업과 진로에 관련된 자문을 받으라. 당신이 좋아하는 교수와 이야기를 나누면서 어떻게 하면 그들과 함께 프로젝트를 할 수 있는지 물어보라. 그들에게 대학원 프로그램을 성공적으로 마치는 방법, 전문가 일자리를 구하는 방법, 그리고 당신의 진로에서 성공하는 방법을 질문하라.

주, 지역, 국가 수준의 전문 학회에 가입하라. 이 학회들의 학술지를 읽고, 학술대회에 참여하며, 학술대회에 발표할 제안서를 제출하라. 관심 있는 발표를 듣고 당신과 같은 관심을 나눌 수 있는 전문가와 네트워크를 만들고 협력할 방법을 찾아보라. 앞으로 생길 수 있는 일자리에 대해 물어보라.

장단기 목표를 설정하고 구체적인 과업을 수행할 명확한 시간계획을 세우라. 시간관리 기법을 배워서 당신의 일에 적용하라.

당신이 한 일들 중 과거와 현재에 당신에게 효과적이었던 일들을 곰곰이 생각해 보고 그것을 계속하라. 당신이 원하는 전문가로서의 삶을 이루고자 하는 계획을 당신이 수행할 수 있다고 믿으라. 그리고 그 계획을 실현시키기 위해 한 걸음 내딛으라. "천 리 길도 한 걸음부터."라고 중국의 철학자가 말했다. 당신의 여정을 시작하기 위해 지금 어떤 발걸음을 내딛을 것인가?

진로여정을 만들어 가는 데 도움이 되는 두 권의 책이 있다. 『The Emerging Professional Counselor: Student Dreams to Professional Realities』(Hazler & Kottler, 2005)는 초보 전문가들과 상담을 공부하는 학생들이 교육과 직업에서 전환을 하려고 할 때 직면하는 과정, 기회, 노력 등에 대한 아이디어를 제공해 준다. 『Journeys to Professional Exellence: Lessons From Leading Counselor Educators and Practitioners』(Conyne & Bemak, 2005)에서는 15명의 주요 전문상담가들이 자신의 개인적인 삶과 전문가로서의 생활을 이야기해 준다. 그들이 어떻게 자신의 진로여정을 선택했는지, 그들이 직면했던 어려움들을 어떻게 다루었는지, 그들의 성공과 실패에 어떤 요인들이 작용했는지, 일과 개인 생활 간에 어떻게 균형을 잡았는지 등을 설명해 준다. 이 책은 또한 전문직에 입문하는 사람들에게 유용한 지침을 제공한다.

CHAPTER

08

저술가 되기

🐾 들어가는 말

상담전문가로서의 여정을 가다 보면 여러 종류의 글을 쓸 필요가 생긴다. 당신이 현재 대학원에 다니고 있다면 단행본이나 학술지 논문은 아닐지라도 글을 써야 할 많은 프로젝트에 참여할 수도 있다. 수업에 제출할 보고서뿐만 아니라 석사·박사 학위 논문을 써야 한다. 지역사회 기관에서 일하게 된다면 여러 관점에서 자기평가서도 써야 할 것이다. 또한 모든 내담자에 대한 평가 보고서와 슈퍼바이저에게 제출할 여러 서면 보고서를 작성해야 한다. 추천서 작성, 프로그램 지원금을 받기 위한 계획서 작성, 인증을 위한 보고서 작성 등을 부탁받기도 한다. 전문 학술대회에 참석할 기회가 있을 터인데 학술대회에 발표계획서를 제출할 기회도 가끔 있을 것이다. 여러분이 상담교육자가 되려고 한다면 그 직위를 획득하기 위해, 그리고 승진을 위해서 전문 학술지에 논문을 게재해야 할 것이다. 여러분 중에는 책의 한 부분을, 또는 책 한 권을 저술하는 사람도 있을 것이다. 상담전문가로서의 경력에는 말과 글로 자신을 표현하는 것이 포함된다.

나는 이 장에서 대학원 과정에서의 보고서, 학위 논문, 학술대회 발표, 사례 기록, 추천서, 학술지 논문, 학술서적 등 다양한 글쓰기에 도움이 될 실제적인 방안을 제공하고자 한다. 또한 글을 쓰면서 경험한 것들과 그 과정에서 배운 것들을 설명할 것이다.

🎭 대학원 수업 보고서 작성

아마 여러분도 경험을 통해 알고 있겠지만 우리 대부분은 타고난 작가가 아니다. 학부 영어 작문수업에서 나는 글쓰기에 많은 노력을 했지만 여러 번 C라는 평가를 받았었다. 어떤 때는 내 글에 수많은 빨간색 수정사항이 적혀 돌아와서 여러 번 고쳐 쓰기도 했다. 나는 이러한 경험이 있음에도 불구하고 나중에 가르치는 일을 하게 되었을 때 놀랍게도 수업자료를 제작하고 싶은 욕구를 계속 유지할 수 있었다. 돌이켜 보면 내 나름대로의 개인적인 방식으로 글을 쓰도록 허용받은 적이 없다. 내가 써야 할 글은 대부분 추상적인 주제에 관한 것이었고 여기에는 내 방식대로 글을 쓸 여지가 없었다.

1961년 고등학교 영어교사였을 때부터 상담과 대인 서비스 학과 교수인 지금까지 나는 내가 가르치는 모든 수업에서 글쓰기를 과제로 낸다. 여러 해 동안 낸 글쓰기 과제에서 나는 다음과 같은 공통된 주제를 요구했다. 비판적 사고, 성찰, 주제를 자신에게 적용하기, 창의적 표현이 바로 그것이며, 이런 영역은 내가 고등학교와 대학교에서 써야 했던 글에 없었던 것들이다. 나는 글쓰기가 학생들로 하여금 자기 삶의 여러 측면을 돌아보게 하는 효과가 있다고 확신한다.

나는 학생들이 글로 자신을 나타내기를 바라며, 글쓰기 과제를 개인적으로 의미 있는 일로 만들 수 있도록 한다. 예를 들어, 고등학교 영어수업에서 나는 학생들에게 자신의 삶의 방향에 대해 생각하라고 하였다. 내가 낸 과제의 제목 중에는 '내가 24시간만 살 수 있다면 나는 _____'과 같은 것도 있었고, '나의 인생철학'에 대해 글을 쓰게 하기도 했다. 나는 학생들이 요약 보고서를 쓰거나 그들의 삶에 별 관련 없는 주제로 글 쓰는 것에는 관심이 없다. 나는 수업의 주요 주제에 대한 학생들의 생각을 개발할 수 있도록 과제를 부여한다. 지금 내가 가르치는 윤리 수업의 학생들은 그들이 만날 수 있는 여러 가지 윤리적 딜레마 상황에 대하여 글을 쓰면서 다양한 딜레마 상황을 어떻게 효과적으로 다룰 것인지 보여 준다. 집단 상담 수업에서는 학생들이 각 집단상담 이론에서 자신에게 개인적으로 적용할 부분에 대해 토론하며, 집단 지도자로서 활용해 보고 싶은 개념이나 기법에 대해 보고서를 작성한다. 여러 해 동안 나는 수업에서 제기되는 다양한 주제에 대해 반응 보고서 및 자기점검 보고서를 제출하도록 했다. 학생들은 학기 말에 종합 보고서를 작성한다. 이런 보고서들은 수업시간 이외에 작성되며 나는 질적인 보고서를 작성하는 구체적인 지침을 알려 준다. 나는 직접 보고서를 읽고 점수를 부여하며, 의미 있는 검토의견을 주려고 노력한다. 내가 학생들에게 주는 개인적이고 의미 있는 보고서를 쓰기 위한 지침은 다음과 같다.

- 격식을 차리지 말고 솔직하게 쓰되 표준어를 사용하라. 여러분의 논점을 지지하기 위해 적절한 자신의 사례를 사용하라. 대학 수준의 작문 실력인지를 확인하라. 완전한 문장을 사용하고, 표현을 개발하며, 철자를 확인하여 수준 높은 보고서를 작성하라. 여러분의 보고서를 교정해 줄 사람을 확보하라.

- 개요를 작성하고 개요의 각 논점이 여러분의 핵심 메시지와 잘 연관되는지 확인하라. 여러분의 글에서 중심 주제나 메시지를 찾아보라. "내가 전달하려는 두세 가지 주요사항이 무엇이지?"를 스스로에게 물어보라.
- 글의 시작 문단에서 여러분의 메시지를 핵심적으로 제시하고 글을 마치는 문단도 만들라.
- 여러분이 제시하는 주제는 전체적이고 일반적인 것이기보다는 명확하고 핵심적이며 구체적이어야 한다. 여러분의 생각을 구체적이며 논리적으로 개발하라.
- 근거 없는 진술을 하지 말고 당신의 관점에 대한 이유를 제시하라. 어떤 입장을 취한다면 그 입장의 합리적 근거를 제시하라.
- 책의 자료를 단순히 요약하지 말고 여러분 자신의 고유한 생각을 반영하는 글을 쓰라. 독창적인 방법으로 자료에 접근하라.
- 여러분이 개인적으로 의미 있다고 생각하는 특정 주제에 초점을 두라. 어디에 초점을 둘지 선택을 해야 할 때에는 여러분의 신념을 표현할 수 있을 만한 측면을 선택하라. 무엇보다도 자신의 글에서 자신을 배제하지 마라.

내가 제시한 것과는 다른 종류의 글쓰기 과제를 여러분이 해야 할지라도 이 지침을 활용할 수 있을 것이다. 여러 수업에서 여러분이 개인적으로 관심 있는 주제를 선택할 약간의 자유가 주어질 것이다. 나는 내가 더 배우고 싶은 주제나 내가 열정을 가지고 있는 주제를 선택했을 때 글쓰기가 더 의미 있고 쉬웠다. 우리 대부분은 어떤 주제에 대해 열정을 가지고 있더라도 글을 쓰는 것에는 상당한 노력과 개인적 고통을 수반한다. 일단 초안을 작성한 후 친구에게 읽고 피드백을 달라고 하거나, 수준 있는 글쓰기를 도와주는 학교 내 센터로 초안을 가져가는 것이 좋다. 대학원 과정에서 글쓰기 경력이 시작될 수 있는데 거기에서 멈추지 않기를 바란다.

🧠 박사학위 논문 쓰기

1962년부터 1966년까지의 기간 동안 박사학위 과정을 다니면서 나는 롤로 메이(Rollo May)와 빅터 프랭클(Victor Frankl)의 저서를 통해 실존심리학에 대한 관심을 갖게 되었다. 나는 내 실존적 성향이 성격의 핵심적 측면과 관계가 있다고 확신한다. 실존심리학에서 가장 주의를 끄는 것은 선택을 할 때 오는 자유와 불안이었다. 이는 아마도 내가 혼자서 선택할 수 있으리라 믿지 못했던 것과 내가 인생을 선택해 오면서 겪은 어려움 때문이었을 것이다. 내 삶을 어떻게 살아왔는지를 살펴보면서 내 자유를 사용하고 내 선택에 대한 책임을 지는 것이 무엇인지 알게 되었다. 이는 상당한 불안을 야기시켰고 자주 기존의 도덕적 가르침에 의지하여 이 불안을 잠재우고 싶은 마음이 들었다. 삶에 대한 이 철학적 접근이 나에게 개인적으로 울림을 주어 실존적 개념들을 상담과정과 나의 저술에 활용하는 방안을 생각하게 되었다.

내 박사학위 논문 주제는 실존-인본주의 저술가들의 주요 주제들을 밝히고 실존주의의 입장이 상담의 실제에서 갖는 의미를 탐색하는 것이었다. 나의 논문심사 위원장은 이 주제가 너무 넓고 모호하기 때문에 학위 논문으로는 쓰지 말 것을 강력하게 요구했다. 그는 내가 박사학위를 취득한 후에 이 주제를 다룰 수 있을 것이며, 박사학위 논문으로 '다룰 만한 주제'를 찾아보라고 하였다. 사실 나의 주제는 실현 불가능한 것이었기 때문에 그가 내 처음 계획서를 거부한 것은 옳은 일이었다. '수용할 만한' 학위 논문 주제에 대한 논의를 통해 나는 심리학 입문 과목의 두 가지 수업방법이 학생 성공에 미치는 개인적·학문적 영향을 탐색하는 것으로 논문주제를 변경하였다.

이 연구로 인해 나는 개인적 학습에 대한 열정을 갖게 되었고, 수업에서 경험적 학습과 소집단 작업이 지닌 가치를 확신하게 되었다. 그러나 논문 쓰는 과정을 즐겼다고는 말할 수 없다. 이 연구에는 통계를 포함하는 연구설계를 적용해야 했기 때문에 나는 계속 불안했다. 통계모델을 내 연구에 적용하는 것은 물론이거니와 두 개의 통계수업을 잘 마치는 것조차 내게는 거의 불가능한 일이었다. 논문을 쓰는 기간 내내 나는 자기의심과 어려움에도 불구하고 버텨 내는 것이 얼마나 중요한지를 알게 되었다. 이 논문을 쓰는 과정은 통계처럼 내가 박사학위를 취득하기 위해서는 해결해야 하는 과업이었다. 나는 연구설계 전문가의 자문을 구하는 것의 가치를 알게 되었고, 이 지원과 멘토링이 없었다면 박사학위 논문을 마칠 수 없었을 것이다. 해야 할 일을 나 혼자 생각하기보다는 도움을 요청하는 것이 더 좋다는 것을 알게 되었다. 심리학을 가르치는 다양한 방법에 대한 연구가 가치 있는 것이었지만 그것은 내가 개인적으로 선택할 수 있었던 가장 의미 있는 주제는 아니었다. 이로 인해 나는 학생들에게 개인적 의미를 지닌 주제를 선택할 여지를 허용하고 그 연구와 논문 작성에 헌신하도록 격려하는 것이 중요하다고 확신하게 되었다.

실존주의 심리학에 대한 내 관심은 계속되어 심리치료에 대한 실존적-인본주의적 접근을 다룬 문헌들을 읽고 이 접근이 교육과 상담에 어떻게 적용될 수 있는지에 대한 글을 쓰기 시작했다. 실존주의 심리학에 대한 나의 관심은 지금까지 계속되고 있으며, 나는 이 접근을 나의 통합적 상담접근의 기초이론으로 삼고 있다.

🎭 전문 학술대회 발표 신청서 작성

나는 상담자로서의 경력을 시작하면서부터 국가, 지역, 주 수준의 여러 전문 학술대회에 참석했고 자주 교육분과, 워크숍, 토론 발표 등에 대한 발표 신청서를 제출했다. 이런 글쓰기는 매우 고되고 힘든 일이어서 명확하고 핵심적인 신청서를 쓰기 위해 시간이 많이 소요된다. 특히 온라인으로 제출해야 하는 경우에는 이 신청서를 어떻게 완성해야 할지 구상하기가 너무나도 힘들다. 나는 이런 신청서를 쓸 때마다 한 명 또는 여러 명의 동료들과 협력한다. 대개 내 신청서가 받아들여지지만 그렇지 않을 때도 있다. 최근 어떤 학술대회에 두 개의 신청서를 제출했는데, 두 개의 신청서에 대해 모두 다음과 같은 이메일을 받았다.

이번 학술대회에 발표신청서를 제출해 주셔서 감사합니다. 유감스럽게도 당신의 신청서는 이번 학술대회에서 선정되지 않았습니다. 이번 학술대회에 900개의 발표 신청이 있었는데 그중 600개만 선정되었습니다. 다음 학술대회에 다시 신청해 주시기를 바라며 당신의 성공을 기원합니다.

게다가 나는 이 단체의 이전 학술대회에도 두 개의 신청서를 제출했는데 어느 것도 선정되지 않았다. 나는 이 두 학술대회에 다 참석했으며, 내 신청서가 선정되지 않았다고 해서 큰일 날 것도 아니며, 내 신청서가 쓸모없다고 확인된 것도 아니라고 생각한다. 그러나 내 동료 중에는 소속대학에서 학술대회 발표가 아니면 출장비를 지급하지 않기 때문에 발표 신청서가 선정되지 않으면 학술대회에 참석하지 않는 경우도 있다.

여러분 대부분은 진로여정에서 전문 학술대회에 참여할 것인데, 이 참여는 당신과 비슷한 관심사를 갖고 있는 동료들과 네트워크를 형성할 뿐만 아니라 여러분 학문 분야의 새로운 발전을 파악하는 좋은 방법이다. 나는 여러분이 이런 학술대회에 신청서 내기를 적극 권장하며, 만약 그렇게 하기로 결정한다면 비록 여러분의 아이디어가 선정되지 않더라도 학술대회에 참석하기를 바란다. 사실 여러분의 신청서가 받아들여질 때까지 계속 제출하기를 바란다. 발표 신청서를 작성할 때에는 주어진 지침을 잘 따르고 정해진 시간 내에 제출하는 것이 중요하다. 신청서가 잘 만들어지지 않았다면 거절될 것이다. 신청서 작성을 완성하고 심사 과정에 들어가기 전에 최소한 한 명에게 검토를 부탁하여 의견을 듣는 것이 좋다. 한 학술대회에서 발표 가능한 숫자는 정해져 있으며 심사위원회는 여러 구체적인 기준에 따라 선정한다는 점을 명심하라. 여러분의 신청서가 선정되지 않았다는 이유만으로 그것이 가치 없다고 생각하지 마라. 심사위원회는 단지 제출된 발표 주제들 간의 균형을 맞추려고 하거나 뛰어난 신청서가 많이 접수되었기 때문에 여러분의 신청서를 선정하지 않았을 수 있다.

🎭 사례일지 작성

여러분이 일하는 곳이 어디든 여러분 대부분이 작성해야 하는 다른 종류의 글은 모든 내담자에 대해 써야 하는 사례일지일 것이다. 내가 서른다섯에서 마흔 사이에 시간제 상담자로 사설 상담실에서 일할 때는 기록관리지침이라는 것이 거의 없었다. 나는 내담자에 대한 진단과 상담계획을 작성하지 않았을 뿐만 아니라 요즘에는 전문가 표준지침에서 핵심이라고 여겨지는 영역들을 사례일지에서 다루지 않았다. 내가 기억하기로는 한 내담자에 대한 사례일지에는 관찰 및 내담자의 진전에 대한 언급, 상담일시, 상담료 등이 기록되었다. 당시 내가 작성한 사례일지는 분명 지금의 윤리적 · 법적 기준에는 적합하지 않을 것이다.

여러분은 모든 내담자에 대해 올바른 사례일지를 작성해야 하므로 이 특정 글쓰기에 필요한 기술을 배우는 것이 중요하다. 여러분이 내담자 임상기록의 일부인 상담성과 기록을 효과적으로 작성하는 방법을 익히도록 여러분의 동료와 슈퍼바이저들이 기꺼이 도와줄 것이다. 이 임상기록은 진단, 상담계획, 증상, 예후, 성과 등과 관련된 내용을 문서화한 것이다. 여러분이 일하는 기관은 당신의 사례기록을 도와줄 지침과 절차를 가지고 있을 것이다. 사례일지 작성은 단순한 시간 낭비가 아니다. 기록 유지는 내담자에게 최상의 서비스를 제공하고 전문적 기준에 맞는 상담을 제공한다는 증거를 보여 주는 목적을 지니고 있다. 또한 정확하고 타당한 문서화 작업은 잘못된 상담 서비스에 대한 소송에 대처하는 효과적인 위기관리 전략이다. 적절한 임상기록을 유지하는 것이 중요하다고 해서 자기방어를 위해서 기록관리에 과도한 신경을 쓰는 것은 잘못된 일이다.

윤리수업에서 사례일지를 이야기할 때 나는 몇 가지 지침을 준다. 내담자 기록이 완성된 이후에는 사례기록을 변경하지 말아야 한다. 기록을 유지할 때는 다른 규제 단체의 지침뿐만 아니라 여러분이 일하는 기관의 정책을 고려하라. 사례일지를 작성할 때는 여러분의 내담자가 그것을 읽을 수도 있다고 생각하라. 존중하는 태도로 쓰고, 비속어 사용을 피하며, 구체적인 행동을 묘사하는 데 초점을 두라. 정해진 시간 내에 기록하지 않는 것에 대해서는 어떤 이유도 받아들여지지 않는다는 것을 명심하라. 이 주제에 대한 자세한 논의는 『Documentations in Counseling Records: An Overview of Ethical, Legal, and Clinical Issues』(Mitchell, 2007)를 참고하라.

미국에서는 건강정보 활용 및 책임에 관한 법(Health Information Portability and Accountability Act: HIPAA)에 의해 법적·의학적 기록이 관리를 받는다. 다른 나라들, 예를 들어 캐나다, 오스트레일리아, 뉴질랜드 등 영어를 사용하는 3개국에서는 이 법이 적용되지 않는다. 이들 나라에서 이야기치료자들은 사례일지와 상담기록을 작성하여 편지나 다른 형태의 문서로 만들어 내담자에게 편지로 보내거나 일정한 과정을 거쳐 내담자에게 보여 준다. 이는 상담이 상담실 밖으로 확장되는 경우다. 이렇게 상담자와 내담자 사이에 글을 통해 의사소통이 이루어지는 것은 내게 매력적으로 보이는데, 이는 그런 치료적 편지가 연결의 느낌을 갖게 하는 목적을 가지고 있기 때문이다. 편지를 사용하면 내담자에 대해 기록하고, 기억하고, 이해할 수 있는 것이 많다.

치료적 편지는 그것을 기록하는 상담자의 독특한 성품과 관점을 반영한다. 치료적 편지는 전문적 용어를 사용하지 않고 회복탄력성과 격려에 초점을 두면서 인간 대 인간 수준에서 상담자와 내담자가 의사소통할 수 있는 장을 제공한다. 이런 편지는 내담자로 하여금 상담자가 상담회기들 사이에도 내담자를 생각한다는 것을 알도록 해 주는 장점이 있는데, 아마 내담자도 그렇게 스스로에 대해 생각하게 될 수 있다. 나는 이야기 치료자들처럼 편지와 문서를 활용하여 상담활동의 효과가 향상될 것이라고 생각한다. 이 주제에 대한 깊은 논의를 위해서는 『Narrative Means to Therapeutic Ends』 (White & Epston, 1990)를 참고하라.

🎭 추천서 작성

여러분은 대학원 입학을 위해서나 직장을 구하기 위해 추천서를 부탁하게 될 것이다. 그리고 당신도 업무로 그러한 추천서를 써 달라는 부탁을 받을 것이다. 대학원을 지원하는 학생이나 정년 보장과 승진을 앞둔 동료들, 그리고 전문 단체의 수상에 응모하는 동료들을 위해 추천서를 작성할 때 내가 고려하는 점을 간략하게 기술하고자 한다. 만약 여러분이 나에게 추천서를 써 달라고 한다면, 나는 가능한 한 추천서를 가장 좋게 쓰기 위하여 여러분에게 다음과 같이 하도록 할 것이다.

- 내가 당신을 위해 추천서를 쓸 만큼 내가 당신을 잘 아는지, 그리고 내가 기꺼이 추천서를 써야 하는지 질문해 보라. 당신을 위해 추천서를 쓰겠다는 마음이 없다면 나는 당신에게 최대한 공손하게 써 줄 수 없는 이유를 말할 것이다. 내 구체적인 이야기를 듣고 나서 당신은 다른 부탁을 할 것인지를 결정할 수 있다.
- 내게 충분한 준비시간을 주고, 당신이 무엇을 원하는지와 누구에게 추천서가 가야 하는지를 구체적으로 알려 주라. 나는 정해진 시간계획에 맞추려고 노력할 것이며, 그렇게 할 수 없을 경우에는 당신에게 알려 줄 것이다.
- 추천서를 작성하는 데 필요한 자료와 정보를 나에게 알려 주라. 대학원 지원인지, 직장을 구하는 것인지 등 당신의 구체적인 목표를 확실히 해 주는 것이 도움이 된다.
- 당신에게 큰 도움이 되는 추천서를 쓰기 위해 사용될, 내가 알지 못할 수도 있는 것을 나에게 알려 주라. 추천서에 포함되기를 원하는 당신의 경험 몇 가지를 부각시켜 알려 주거나 당신의 주요한 강점들과 앞으로 일하고자 하는 몇몇 영역들을 알려 주라.

- 나는 당신을 가장 잘 나타내는 정직하고 정확한 추천서를 쓰기 위해 최선을 다할 것이다. 그러나 당신의 직위를 위해 당신의 능력이나 자질에 대해 과장되거나 허황된 표현을 하지는 않을 것이다.
- 추천서 내용 중 당신이 작성해야 할 부분을 완성한 후 정확한 주소와 우표가 부착된 봉투와 함께 나에게 제출하라. 당신이 작성해야 할 부분을 내가 작성하는 것과 같은 추가적인 작업을 내가 하지 않게 하라.

당신의 성장배경을 객관적으로 제시하기 위해서 당신 스스로 추천서를 작성해 보는 것도 좋다. 당신의 목표와 철학에 대하여 말하는 부분은 자기소개서 형식으로 작성하는 것이 필요할 수 있다. 믿을 수 있는 사람에게 당신의 자기소개서를 읽고 평가를 해 달라고 부탁하라.

추천서 작성에 관한 논의에 대하여는 『Clincal Supervision in the Helping Professions: A Practical Guide』(Corey, Haynes, Moulton, & Muratori, 2010)의 9장을 참조하라.

🐾 전문 학술지 논문 게재

지난 30년간 나는 여러 책과 전문 학술지 논문을 혼자 혹은 공동으로 집필해 왔다. 나는 학술지 게재를 위한 논문 작성을 위해 시간을 보내는 것보다는 책을 저술하는 것을 선호한다. 그러나 많은 대학에서는 유명 학술지에 심사받은 논문을 게재하는 것이 승진을 위한 필수사항이다. 학술대회 발표 신청서처럼 학술 논문도 제출한다고 모두 게재 승인되지 않으며, 수정 요구사항과 함께 저자에게 반환되기도 한다. 제출한 논문이 특정 학술지의 초점에 맞지 않는다는 답변을 듣기도 한다. 그런 답변에 저자들은 다양한 방식으로 대응한다. 편집자가 게재 승인할 때까지 논문에 매달리는 사람도 있고, 상처 받고 화내며 혼란에 빠져 포기하는 사람도 있다. 어떤 사람은 이것을 자기 개인에 대한 거절이라고 생각하여 글쓰기를 계속할지를 고민하기도 한다.

몇 년 전 매우 기분이 안 좋아 보이는 동료교수를 만난 일이 있다. 무슨 일이 있는지 물어보자 그녀는 전문 학술지에 제출한 논문이 게재 승인을 받지 못해 매우 화가 났다고 이야기하였다. 그녀는 이 일로 매우 우울해했고 다시 논문을 수정해서 제출해야 할지를 고민하고 있었다. 그녀는 정년보장 심사를 위해서 연구실적이 필요했고, 이로 인해 이번의 게재불가 결과는 그녀에게 심각한 좌절일 수 있었다. 그녀는 심사평이 담긴 편지를 내게 보여 주었고 나는 그 심사의견을 잘 고려해 보라고 말해 주었다. 나는 그녀의 전체적인 연구는 가치가 있다고 생각했기에 그녀의 논문을 수정해 보라고 격려했다. 불행하게도 그녀는 심사자의 평가를 자기 자신에 대한 것으로 받아들이는 것 같았고, 논문을 수정하여 다시 제출하는 고생을 하지 않겠다고 하였다. 그녀는 실망 때문에 자기 길을 포기함으로써 게재될 가능성도 있었던 논문을 작성할 수 있는 자신의 능력을 버린 것이다. 이 상황을 보면서 나는 비록 장애물이 있더라도 처음 계획을 지속하는 것이 얼마나 중요한지 다시 한 번 생각하게 되었다. 또한 저술가로서 우리는 평가를 너무 개인적으로 받아들이지 않는 담대한 마음을 가져야 한다는 생각을 더욱 굳게 하였다. 너무 방어적인 태도를 갖게 되면 우리의 저술능력을 향상시킬 수 있는 비판적인 피드백을 차단하게 된다.

나는 비록 전문 학술지나 월간 잡지, 전문 학술 단체의 소식지 등에 특정한 글을 써 달라는 의뢰를 받아 제출하기도 하지만, 어떤 주제에 대한 내 관심과 그에 대한 내 생각을 동료들과 나누고 싶기 때문에 논문을 제출한다. 내 논문도 처음 시도할 때는 거부되는 경우가 있다. 거부되었던 논문으로 특별히 기억되는 것은 앨버트 엘리스(Albert Ellis)와 공동으로 썼던 집단상담자의 비합리적 신념에 대한 것이었다. 우리가 다루었던 비합리적 신념 중에는 다음과 같은 것이 있었다. "내가 이끄는 집단에서 실수한다면 그건 끔찍한 일이야. 그것은 내가 능력이 없다는 걸 의미하니까." 우리는 집단 지도자의 신념에 대한 구체적인 연구를 하거나 이 분야의 다른 연구들을 인용하지 않았다. 대신 집단 지도자의 잘못된 신념의 예를 많이 들고 그런 신념을 논박하는 전략들을 제시했다. 우리의 목표는 집단 지도자들이 집단을 효과적으로 진행하는 데 방해가 되는 특정 신념들을 적극적으로 직면해 보게 하는 방법을 찾는 것이었다.

우리는 전문 학술지 편집자에게 우리 논문을 제출했고 몇 주 후 우리 논문이 게재 승인을 받지 못했다는 내용의 편지를 받았다. 5명이 심사했는데 아무도 우리 논문을 그대로 게재할 수 있다고 하지 않았다. 우리가 받은 피드백은 대부분의 독자들에게는 너무 단순한 수준에서 논문이 쓰여졌으며, 논문이 너무 비형식적이고, APA 논문양식을 잘 따르지 않았으며, 구체적인 연구방법론이 부족하다는 것이었다.

앨버트 엘리스와 나는 피드백에 기초하여 수정본을 만들고 재심을 신청했다. 이런 노력을 했지만 현재의 형식으로는 게재할 수 없다는 내용의 편지를 다시금 받게 되었다. 우리는 다시 수정하여 세 번째로 논문을 제출하였다. 결과가 어떻게 되었을까? 다시 게재불가 판정이 났다. 우리 논문의 운명을 보여 주는 이 세 번째 심사결과를 받고서 '이 거부는 내가 말할 가치가 있는 것을 가지고 있지 않다는 것을 증명한다.'는 비합리적 신념을 마음에 품게 되었다. 엘리스는 "심사위원들이 문제가 있어."라고 했지만, 나는 이 상황에 대처하기 위해 비합리적 신념을 논박하는 인지행동기법을 활용하고자 하였다. 다행스럽게도 나는 이 좌절 경험 때문에 다른 학술 논문을 쓰는 것을 멈추지는 않았다.

여러분이 지금 학술지에 제출할 논문을 쓰고 있다면 첫 번째 시도에서 실패한다고 너무 실망하지 않기를 바란다. 학술지 논문을 쓰는 사람은 일반적으로 한 번 이상, 어떤 경우에는 서너 번 이상 논문을 수정하게 된다. 대부분의 학술지는 한 번에 게재할 수 있는 논문의 수가 한정되어 있어 그 이외의 논문은 결코 게재될 수 없다. 학술지 논문을 쓰려고 한다면 공동저자를 두어서 아이디어를 만들고 교환하며, 필요한 만큼 여러 번 논문을 수정하라. 전문 학술지에 논문을 제출해 본 동료들에게 어떻게 해야 하는지를 알려 달라고 도움을 청하라. 당신이 작성한 논문이 제출하고자 하는 학술지의 일반적 기준에 부합하는지 확인하고, 그 학술지의 논문제출지침을 준수하라. 많은 학술지들이 구체적인 연구방법론에 기초한 학술적인 논문을 요구하므로 이것이 부족하면 게재 거부를 받을 가능성이 높다.

🎭 저술의 기쁨과 고통

나는 앞 장에서 교과서를 집필하려는 생각을 어떻게 발전시켰으며, 그것을 쓰면서 직면했던 어려움과 나의 교육활동이 집필활동과 어떻게 연결되는지를 다루었다. 여기에서는 교과서를 집필한 과정과 거기에서 배운 교훈들을 간략하게 이야기하고자 한다.

딸들과 공동으로 책을 쓰다

대학 1학년생을 위한 교과서인 『Living and Learning』(Corey, Corey & Corey, 1997)은 집필하는 데 어려움을 겪었던 책이다. 이 책은 편집자가 내게 책에 대한 아이디어를 제공하고 내가 그것을 받아들인 경우로서 내게는 드문 경우다. 나는 이 과목을 가르친 경험이 없고, 내가 이 일을 할 전문성을 가지고 있는지 의심스러웠기 때문에 이런 대학생의 성공을 다루는 책의 집필에 계약하는 것을 망설였다. 나는 나의 두 딸 하이디와 신디에게 이 제안을 설명하고 그들이 각각 이 계획에 참여할 수 있는 나름대로의 특성과 경험을 가지고 있다는 점을 확인했다.

이런 분야의 책들은 학습기술이나 도서관 활용, 노트 필기, 독서, 시간관리, 시험 준비, 작문, 속독 및 숙독 등을 주로 다룬다. 우리는 다른 종류의 대학생활 성공 교재가 필요하다고 생각했다. 우리는 학생들이 성공하지 못하는 것은 단순히 학업습관이 나빠서가 아니라 개인적인 문제와 인간관계의 문제가 있기 때문이라고 생각했다.

우리는 전통적인 학업기술을 거의 다 다루기는 했지만 또한 성공적인 학생이 되는 것과 관련해서 개인적 영역을 다루었다. 우리는 학생들이 자기 자신과 친해지고, 대학에서 성공하기 위해 끌어올 수 있는 강점과 자원들을 확인할 것을 요구하였다. 우리가 다루었던 새로운 주제들은 당신의 가치와 목표를 알기, 관계 증진하기, 다양성 이해하기, 자신을 돌보기, 책임 있는 선택하기, 스트레스와 위기 대처하기, 열정을 발견하고 자신의 길을 개척하기 등이다.

이 책을 쓰면서 우리는 우리가 교육받아 온 경험을 돌아보았다. 우리 각자는 더 나은 학습자가 되는 과정에서 매우 다른 어려움들을 만났다. 우리 중 누구도 쉬운 길을 걸어오지 않았으며, 우리는 더 나은 길이 있어야 했다는 점에 의견을 같이했다. 이는 우리가 책에 대한 아이디어를 개발하는 과정을 안내해 주었다.

딸들과 함께 작업하고, 그 과정에서 불가피한 좌절을 다루는 것은 우리 모두에게 힘든 일이었다. 우리 셋은 자주 만나 브레인스토밍을 했고, 나는 신디와 하이디 각각과 다른 방식으로 작업했다. 우리는 각자 잘하는 영역의 주제를 선정했다. 우리가 각 장의 초고를 완성하면 개발 편집자인 앨런 베너블(Alan Venable)을 만났다. 그는 같이 일하기에 편한 사람이었다. 그는 며칠간 우리와 함께 지내면서 각 장을 살펴보았다. 편집자가 저자들에게 이렇게 시간을 할애하는 일은 거의 없다. 앨런은 우리의 멘토가 되어서 독서기술이 부족한 대학생들에게 다가가기 알맞은 쉽고 간략한 양식으로 글을 쓰도록 안내해 주었다. 앨런의 도움으로 우리가 생각하기에 독자들이 이해해야 할 가장 중요한 내용들을 전달할 수 있게 되었다.

이 협동작업의 결과로 신디와 하이디, 나 3명은 CSUF에서 대학 성공 강좌를 몇 학기 동안 자원봉사로 공동강의하였다. 이 과목을 가르치면서 학생들이 학업수행을 하면서 경험하는 어려움들과 그들의 교육 경험을 최대한 활용하기 위해 할 수 있는 일에 대해 더 잘 이해하게 되었다. 우리 각자는 학생이 학습자로서 살아남아 성공하는 데 무엇이 도움이 되는지에 대해 많은 것을 배웠다.

20명의 저자와 함께 책을 쓰다

나는 뉴올리언스 대학교 교수인 바바라 헐리히(Babara Herlihy)와 『ACA Ethical Standards Casebook』(Herlihy & Corey, 1996, 2006a)의 5판 및 6판과 미국심리학회의 『Boundary Issues in Counseling: Multiple Roles and Responsibilities』(Herlihy & Corey, 2006b)를 공동 저술하기 위해 팀을 구성하였다. 책의 대부분을 우리 둘이 집필했지만 우리는 다른 전문가들의 관점도 제시하는 것이 중요하다고 생각했다. 사례집 6판에서 상담 및 관련 분야 20명의 전문가들이 내담자 권리와 주지된 동의, 다문화 상담, 비밀보장, 상담 역량, 여러 내담자 상담, 소수자 상담, 다중 관계, 임종 결정, 슈퍼비전, 법과 윤리 등에 대해 논문과 사례 연구를 집필하였다. ACA 윤리강령의 모든 기준에 대해 올바른 윤리적 실천을 보여 주는 다양한 사례들을 개발하는 것이 우리의 과제였다. 이를 위해서는 우리가 윤리지침을 생활로 옮기는 실제적인 사례들을 생각해 내야 했고, 이는 매우 어려운 일이었다. 『ACA Ethical Standards Casebook』을 집필하면서 10년 동안 윤리강령이 어떻게 발전해 왔는지를 알게 되었고, 이 윤리강령을 우리가 만날 수 있는 다양한 범위의 윤리적 문제 상황에 적용하는 법을 배우는 것이 매우 중요하다는 것을 깨닫게 되었다.

바바라와 내가 『Boundary Issues in Counseling』을 집필한 일차적 동기는 다중 관계와 다중 역할에 관련한 문제들에 대해서 균형 잡힌 관점을 제시하기 위해서였다. 이 주제에 대해 집필을 시작할 때만 해도 어떤 저자들은 독단적인 의견을 제시하기도 하고, 학술대회 발표자들은 무슨 일이 있어도 다중 관계는 피해야 한다고 역설했었다. 우리는 여러 복잡하고 어려운 질문들에 대한 정답을 발견했다고 주장하지 않았지만, 경계선 문제에 대한 이 역할의 편협하고 경직된 사고로 인해 어려움을 겪었다. 우리는 20여 명의 동료들을 초청하여 경계선, 다중 관계 및 이런 문제들을 생각하는 방식 등의 논점에 대해 다양한 관점을 제시하도록 하였다. 이들은 상담 실제에서 발생하는 다중 관계와 경계선 문제 관리에 관한 논의에 다양한 관점을 제시해 주었고, 나는 다중관계는 상담자들이 어느 근무 환경에서나 직면해야 하는 실제적인 문제라는 것을 알게 되었다. 우리는 심리치료에서 경계선 넘어서기, 경계선에 대한 의사결정에 내담자 참여시키기, 슈퍼비전에서 민감한 경계선 문제, 작은 지역사회에서 이중관계 관리하기, 다중 관계에 대한 다문화적 관점, 아프리카 중심 관점에서 본 이중관계, 약물 남용과 중독상담에서 경계선 문제, HIV를 지닌 사람들과의 다중 관계 등의 주제를 다루었다. 나는 이 일을 통해 상담자들이 매일 경험하는 경계선 문제가 복잡한 것이라는 신념이 확고해졌고, 윤리강령을 협소하게 해석하는 방식에 대해 의문을 제기할 확신을 갖게 되었다.

20여 명의 저자들의 글을 개정하면서 그들의 자료를 편집하고 그들과 의사소통하는 일은 어려운 과정이었다. 이 일은 정해진 일정에 맞추어 진행되어야 했고, 책이 통일성을 가질 수 있도록 조정이 필요했다. 이런 방식으로 일하는 것이 매우 어려웠지만 이렇게 특정 주제에 대한 다양한 생각과 아이디어를 교환하는 것이 매우 가치 있다는 것을 알게 되었다. 나는 이 과정을 통해 가치 있는 일을 하면서 동료들과 협력하는 것이 얼마나 소중한 일인지를 배우게 되었다.

임상 슈퍼바이저에 관한 책을 집필하기 위해 팀으로 일하다

여러 가지 일을 함께 했던 로버트 헤인스가 임상 슈퍼비전에 대한 실제적 지침서를 다른 저자와 함께 공동집필하자고 제안했다. 로버트는 APA의 인증을 받은 인턴십 훈련 기관의 소장으로 25년 이상 일해 왔고, 정신병원에서 박사 과정 학생들을 슈퍼비전한 경험이 풍부했다. 그는 슈퍼바이저가 효과적으로 일하도록 도와줄 수 있는 실제적 지침서를 집필하기를 원했다. 나는 로버트를 좋아하며 존경했고, 그가 독특하고도 가치 있는 일을 한다고 믿었기에 함께 하기로 동의했는데 이 일에는 노스웨스턴 주립대학교(Northwestern State University)에 있는 패트리스 몰턴(Patrice Moulton)이 자신의 슈퍼바이지와 이 저서 집필에 함께하였다.

우리는 각자 세 개 장에 대한 일차적 책임을 지고 초고를 완성하여 서로에게 보냈다. 우리 셋은 2001년 7월에 캘리포니아 남부 산에 있는 우리 집에 모여 10일 동안 집필과 개정하는 작업을 했다.

우리는 보통 하루에 9시간 일하여 10일간 이 책의 상당 부분을 완성했다. 이런 마라톤 집필 휴가는 최고의 협동작업이었고 나에게 독특한 경험이 되었다. 혼자 앉아서 책의 한 장을 구상하는 것은 때로 외로운 작업일 수 있다. 우리는 이 집중 집필 작업기간 동안 지쳐 가기도 했지만 한 공간에 함께 있으면서 개인적으로 서로 이야기할 수 있다는 것이 얼마나 유익한지 경험했다. 이 휴가를 마치면서 우리는 각자 많은 일거리를 가지고 돌아가서 마지막 원고를 완성해서 서로에게 보내 검토의견을 교환했다. 이런 집중작업과 후속작업을 통해 『Clinical Supervision in the Helping Professions: A Practical Guide』(Haynes, Corey, & Moulton, 2003)이 완성되었다.

이 책의 2판 개정에는 미셸 무라토리(Michell Muratori)를 초청했다. 2판 작업에서는 대부분의 원고를 이메일로 서로 주고받았다. 이번에는 책을 나누어 분담하지 않고 우리 4명 모두가 책의 모든 내용을 다루었다. 우리는 상담현장에서 일하는 25명의 슈퍼바이저들이 '현장의 목소리'라는 이름으로 자신들의 관점과 경험을 이 책에 담도록 했고, 그 결과 1판과는 다른 내용으로 다양성이 커진 책이 나오게 되었다. 이번에는 마라톤 작업은 없었지만 개정작업을 하면서 공저자들을 여러 번 만났다. 이 공동작업의 결과는 『Clinical Supervision in the Helping Professions: A Practical Guide』(Haynes, Corey, & Moulton et al., 2010)이다.

책으로 쓰고 싶은 것이 있는가?

지난 몇 년간 나와 동료들은 미국상담학회 학술대회나 다른 여러 전문 학술대회에서 "책으로 쓰고 싶은 것이 있는가?"라는 주제로 토론 발표를 진행했다. 이 발표에는 항상 많은 사람이 와서 책 집필에 대한 지대한 관심을 보여 주었다. 이 토론에서 내가 말했던 주요 아이디어를 요약해 보고자 한다. 여러분에게 하고 싶은 말은 이것이다. 책을 쓰고 싶다면 지금 시작하라. 당신 안에 책으로 집필되기를 기다리는 무엇인가가 있을 수 있다. 지금 출판사를 찾을 필요는 없지만 당신의 생각을 표현할 방법을 찾아보라.

책을 쓰는 동기가 매우 중요하다. 누군가로부터 압력을 받거나 돈을 벌어야 하는 등 외적인 동기를 가진 사람은 내적인 동기를 가진 우리들과는 다르게 책을 쓰게 된다. 내가 아는 많은 저자들은 우선 생각을 표현하고 창조적인 결과물을 만들어 내고 싶어서 책을 쓴다. 우리에게 매우 중요한 내용을 전달하고 싶더라도 우선 내적인 장애를 극복해야 한다. 우리 대부분은 부정적인 생각을 가지고 우리가 다른 사람에게 나눌 만큼 새롭거나 가치 있는 것을 가지고 있지 않다고 생각한다. 여러분이 마음에 두는 주제를 다룬 다른 책이 있을 수 있지만 당신은 아직 당신의 스타일로 당신 생각을 표현해 보지 않았다. 나는 비록 여러분의 책을 읽을 사람이 적더라도 여러분의 아이디어를 종이에 옮기는 것이 중요하다고 생각한다. 우리의 아이디어나 우리가 쓴 것에 대한 비판을 견디기 위해서는 강한 자아가 필요하지만 세계적인 인정을 받는 책을 쓰겠다는 생각은 비현실적이다. 때로 나는 내 자신의 생각에 대해 비판을 가하기도 하는데, 이 비판적인 내면의 소리를 극복하지 못하면 책을 쓰고자 하는 계획은 결코 이루어질 수 없다. 나는 의심이 들더라도 항상 책을 쓰는 일을 계속할 수 있다. 나는 내가 가치 있다고 생각하는 계획이 자기비판이나 다른 사람의 비판으로 인해 중단되게 하지 않는다.

　나는 혼자 책을 쓰기도 하고, 공저자나 다른 참여자들과 함께 책을 쓰기도 한다. 이 두 가지 방식 모두 장단점이 있다. 공저자나 다른 동료들과 함께 책을 쓰려면 이들과 좋은 팀워크를 형성하는 것이 중요하다. 여러분이 다루는 주제에 대해 서로 다른 관점을 제시할 수 있지만, 그 책의 핵심 내용을 제시할 때는 한 목소리가 되어야 한다. 공저자 간의 상호 존중이 중요한데 이는 실제 집필에 그대로 나타난다. 앞에서 이야기했듯이 나는 자주 공저자들과 함께 한 공간에서 집필 내용에 대해 이야기하고 최종판을 만들기 위해 필요한 아이디어를 첨가한다. 다른 경우 이메일로 공저자들과 일하기도 하는데, 이는 우리가 서로 잘 알고 있으며, 개인적으로도 따로 만나 작업을 할 수 있을 때 효과적이다. 공저자와 효과적으로 일할 수 있는 다른 방법도 있을 것이다. 여러분에게 가장 잘 맞는 방법을 찾는 것이 중요하다.

　혼자 책을 쓸 경우 나는 집필하는 동안 항상 검토자를 두며, 최종 원고가 완성되면 다시 그에게 보내 전체 책에 대한 추가 검토의견을 달라고 한다. 나는 다양한 사람들로부터 피드백받는 것을 좋아한다. 우리 책을 사용하는 교수들도 그들이 좋아하는 것과 좋아하지 않는 것에 대한 의견을 주고, 추가하거나 확장할 주제들을 제안한다. 학생 검토자도 매우 도움이 되는데 결국 그들이 그 책을 읽고 공부할 사람들이기 때문이다. 많은 경우 나는 지금은 졸업한 이전 수강생들에게 내가 개정하고자 하는 책을 검토해서 개정판이 더 좋은 책이 되도록 개정에 대한 제안을 달라고 한다.

　원고 편집자는 내 원고의 모든 내용을 검토해서 책 내용이 명확하고, 효과적이며, 함축적이 되게 한다. 여러 해 동안 나는 케이 미켈(Kay Mikel)과만 일해 왔는데 그는 주저하지 않고 내용 삭제나 책의 구성 변화를 제안한다. 원고 편집자와 저자 간의 관계는 너무나도 중요하다. 어떤 저자는 방어적인 태도로 모든 단어를 지키려 하는데 이렇게 되면 모든 사람이 고통스러운 편집 과정을 겪는다. 여러분이 믿을 수 있는 편집자를 찾아서 좋은 관계를 형성하라. 여러분과 여러분의 책은 분명 이 협력관계를 통해 유익을 얻을 것이다. 나는 유능한 편집자의 편집기술을 항상 가치 있게 생각했는데, 나는 수준 높은 책을 만들기 위해서는 훌륭한 편집이 필요하다고 확신한다. 책을 만드는 것은 팀 작업이며, 나는 내 책에 대한 모든 검토자와 편집자들이 수준 높은 결과물이 나오도록 나를 도와줄 것을 믿는다. 물론 한 책의 성공에는 여러 사람이 관계된다는 것을 알기에 완전한 신뢰를 하지는 않는다.

마리안느와 내가 협력하는 방식

마리안느와 나는 종종 다음과 같은 질문을 받는다. "부부가 함께 책을 쓰는 것이 어떤가요?" "책을 쓰거나 개정할 때 어떻게 함께 일하나요?" 나는 우리가 여러 집단을 함께 지도하고, 집단상담에 관한 워크숍에서 함께 가르치고 슈퍼비전하며, 여러 전문 학술대회에서 함께 발표하는 등 전문적인 활동을 같이 하는 과정에서 집단상담, 상담윤리, 조력관계 등과 같은 주제에 대한 공통된 생각을 만들고 발전시켜 오게 되었다고 생각한다. 이렇게 전문적 경험을 함께 하면서 향후 공동저자로 책을 내게 되는 기반이 조성되고 아이디어가 생겼다.

마리안느와 나는 30년 이상 성공적으로 책을 함께 저술해 왔는데 여기에는 개인적인 노력과 전문적인 헌신이 다 포함되었다. 우리는 새로운 책의 주제를 개발하거나 책의 어느 부분을 개정하려고 할 때 생각나는 대로 서로에게 이야기한다. 이것은 정말 상호작용하는 과정이다. 이런 토론은 우리 집에 있는 사무실에서뿐만 아니라 산책이나 다른 일을 함께 하면서 정해진 시간을 넘어서도 이루어진다. 우리는 서로에게 영감을 불어넣어 주기 때문에 우리가 함께 일하면 각자 혼자 일할 때보다 더 많은 내용의 자료를 개발할 수 있다는 것을 알고 있다.

우리 각자는 서로 다른 장점으로 집필에 기여한다. 마리안느는 임상 경험으로부터 실생활 사례를 제공하고 실천적이고 실제적인 적용을 할 수 있는 책을 만드는 탁월한 재능이 있다. 또한 그녀는 미묘한 표현의 차이를 감지하여 우리가 말하고자 하는 주요 주제에 집중하게 하는 재능이 있다. 나는 말하거나 글을 쓰면서 상세한 내용을 다루느라 방향을 잃어버리는 경향이 있다. 마리안느는 불필요한 내용을 과감하게 버리고 사례가 핵심 내용을 전할 수 있게 만드는 능력을 지니고 있다. 나는 내 강의 경험을 글로 표현하고 아이디어를 개념화하며 조직화하여 자료를 통합하는 능력이 있다. 나는 우리가 탐색해 온 주제를 자주 새롭게 바꾸기도 한다.

마리안느와 나는 서로에 대해 깊이 신뢰하고 존중하기에 토론하면서 서로의 생각에 대해 문제를 제기할 수 있다. 우리가 많은 가치를 공유하고 있지만 모든 것에 동의하는 것은 아니다. 예를 들어, 마리안느는 저항의 개념은 치료적으로 유용하지 않으며, 내담자의 행동을 이해하려 하기보다는 내담자를 비난하기 위해 자주 사용된다고 생각한다. 반면 나는 저항의 개념은 치료 과정에서 필요하다고 생각하기 때문에 우리는 이 주제에 대해 자주 논쟁을 벌였다. 나는 마리안느의 관점—내담자는 너무나도 자주 '저항적'이라는 낙인이 찍혀서 부정적 인상으로 고정된다—을 충분히 이해한다. 그러나 나는 저항은 맥락을 통해 이해할 수 있고 치료적으로 작업할 수 있는 자연적인 현상이라고 생각한다. 다른 예를 들어 보면, 우리는 상담자의 가치를 내담자에게 부여하는 것은 비윤리적이고 현명하지 못한 일이라는 점에 동의한다. 그러나 나는 상담자가 자신의 가치를 표현하여서 내담자로 하여금 자신의 상담자가 그 주제에 대해 어떤 입장을 가지고 있는지를 알게 하는 것이 도움이 된다고 생각한다. 마리안느는 왜 상담자가 자신의 가치를 내담자에게 나누는 것이 중요한지에 대해 자주 문제를 제기한다. 그녀가 걱정하는 것은 어떤 상담자는 부당하게 내담자에게 영향을 미칠 수 있고, 상담자가 내담자의 특정 가치관에 동의하거나 편안하게 느끼지 못하는 것이 문제가 아니라 내담자의 그런 가치관이 문제라고 주장할 수 있다는 것이다. 우리가 특정 주제에 대해 무엇을 강조할 것인가에 대해 동의하지 않더라도 우리가 책을 써 가는 과정이 방해받지는 않는다. 사실 상호 존중하는 관계에서의 불일치나 다른 관점에 대한 토론은 강의나 교재를 집필하는 데 있어 너무나도 소중한 것이다.

책을 구상하고 첫 번째 판을 내는 것은 시간이 지나 최신의 자료를 반영하여 책을 개정하는 것에 비해 상대적으로 쉽다. 우리는 현재 판을 주의 깊게 읽으며 여백에 다양한 메모를 해 가면서 개정작

업을 시작한다. 이를 통해 개정판에 무엇을 담고 무엇을 삭제할 것
인가에 대한 각자의 생각을 확실하게 한다. 그리고 함께 만나 한 번
에 한 장씩 검토하면서 의미 있는 개정이 되기 위해 무엇이 필요할
지에 대한 아이디어를 내놓고 자유롭게 토론한다. 나는 개정원고를
작성하고 마리안느는 이 초고를 읽고 개념과 언어표현에서 수정할
것을 알려 준다. 우리는 다시 만나 이런 각각의 변화에 대해 의논한
후 다음 장에 대한 개정작업을 계속한다.

우리는 우리 책을 사용한 사람들로부터의 긍정적인 피드백을 받
기 때문에 이런 노력을 계속할 수 있었다. 우리 둘은 팀으로서 함께
잘 일하며 서로를 보완해 주지만 때로 뜻하지 않은 장애나 실패를
경험하기도 하는데 이는 다음 절에서 다루도록 하겠다.

장애를 만나고 극복하기

나는 저술가들이 겪게 되는 장애에 대해 이야기하고자 하는데,
이는 어떤 저술가들이 일시적으로 장애를 만나면 책 한 권, 또는 심
지어 한 장도 완성하지 못하는 때가 있기 때문이다. 가끔 장애를 만
날 수 있다는 것을 인정하고 이 일이 시간과 노력을 들일 가치가 있
다고 생각하며 다시 집중하기 위해 할 수 있는 모든 것을 하는 것이
도움이 된다. 마리안느와 내가 공저했던 책 하나는 매우 어렵게 시
작했었다. 우리는 여러 해 전에 『Becoming a helper』(Corey & Corey,
2011)에 대한 아이디어를 제안해서 1989년에 출판하기로 계약을 했
다. 이 책의 목적은 독자들로 하여금 그들이 입문하려는 직업에 대
해 생각하고 성공적인 진로를 위해 어떻게 준비할 것인지를 고려해

보게 하는 것이었다. 막상 책을 실제로 쓰려고 하니 우리가 설정한 방향에 대해 크고 작은 걱정들이 생겨났다. 우리는 정말 우리가 전하려는 메시지를 전하는 것일까 하는 의심이 들었고, 누가 그 책을 읽으려 할까 하는 걱정에 휩싸였다. 우리는 낙담하게 되어 이 일을 계속해야 할 것인지에 대해서 확신을 할 수가 없었다.

우리는 우리의 편집자인 클레어 베르두인(Claire Verduin)에게 우리의 걱정을 이야기했고, 그녀는 계약을 취소하기보다는 조금 시간을 갖고 기다려 보자고 했다. 그녀의 여러 제안은 우리가 다시 책을 쓰기로 하고 집필에 집중하는 데 큰 도움이 되었다. 더 적은 분량의 책이 되어도 괜찮다는 클레어의 지지에 힘입어 우리는 다시 노력을 기울이게 되었고, 결국 책을 완성하게 되었다. 책과 관련한 이런 초기 경험을 통해 우리는 책에 관한 아이디어가 만들어지는 단계에서는 인내해야 하고, 처음 생각과 다른 방향으로 가게 될 때는 열린 태도를 가져야 한다는 것을 배우게 되었다. 우리가 이 일을 계속하도록 강요받는 것이 아니라는 결론에 도달했을 때 우리 둘은 우리의 진전을 가로막았던 과도한 기대들로부터 자유스러울 수 있었다.

내가 책을 쓰는 방식

나는 "어떻게 책 저술과 개정을 합니까?"라는 질문을 자주 받는다. 나의 글 쓰는 방식을 여러분과 공유하고 내게 잘 맞는 방법을 설명하는 목적은 여러분 나름대로의 글 쓰는 방식을 찾아보도록 하는 것이다.

우리 모두는 일하는 방식과 일정이 다르므로 일하는 방식은 각자의 독특한 욕구와 성격에 맞게 만들어져야 한다. 가장 최선의 작업 방식이란 없기 때문에 나는 여러분이 원하는 결과를 만들어 내는 작업방식을 찾을 때까지 실험해 보기를 바란다. 여러분은 직장에서의 업무뿐만 아니라 가정과 원가족에서 감당해야 할 일들 때문에 책을 쓰기 위한 시간을 내기 어려울 수도 있지만 일단 시작해서 여러분 나름대로의 속도대로 진행하기를 바란다. 책을 완성하기 위한 시간을 넉넉하게 잡고 여기에 일정을 만들어 보라. 1년 전체 일정표를 보면서 책을 쓰기 위한 여러 단계별 과정에 시간을 내는 계획을 세우라. 여러분의 주제에 대해 생각하고 최종적으로 책으로 나올 아이디어를 모으기 위해 한 달 혹은 일 년 혹은 잠깐의 생각할 시간이 필요할 수 있다. 당신의 책이 어떤 모습일 것인지를 자유롭게 생각할 시간을 갖도록 하라.

나는 1970년대부터 20년간 정기적으로 책을 쓰고 있는데, 여름과 계절 방학 기간에 주로 집필을 한다. 나는 지난 기간을 돌아보면서 내가 이룩해 놓은 성과가 그렇게 많다는 것에 놀란다. 초기에는 책을 개정할 때 말 그대로 책을 오리고 새로운 내용과 함께 빈 종이에 붙인 후 변화나 추가된 내용을 타이핑했다. 요즈음 나는 최첨단 매킨토시 컴퓨터를 사용하는데 이로 인해 책 개정작업이 훨씬 쉬워졌다. 1994년부터 나는 매년 최소한 두 권의 책을 개정해 달라는 요청에 부응하기 위해 가을 학기마다 무급으로 전문적 활동을 위한 휴가를 간다. 그리고 2000년 가을에 전임 교수직에서 퇴임하여 시간제 교수진으로 일하게 되었다. 지난 16년간의 이런 일정으로 인해 기존의 책을 개정하고 가끔 새 책을 집필하는 데 주력할 수 있었다.

사실상 나는 생산적인 일을 할 수 있는 이상적인 조건을 가지고 있다. 우리는 30년 전에 도시에 살다가 교외에 집을 마련하여 주 주거지를 옮겼고, 여러 해 동안 두 집을 번갈아 가며 머물러 왔다. 집 옆 산의 조용함과 안전함 그 자체는 독서와 사색, 글쓰기를 할 수 있게 해 준다. 내 집에는 산, 나무, 새, 멀리 보이는 호수 등을 넓게 볼 수 있는 연구실이 있다. 맑은 겨울날에는 90마일 거리에 있는 태평양이 보인다. 내가 책을 쓰는 데 집중할 수 있는 환경을 만드는 데 마리안느가 큰 역할을 한다. 마리안느는 어린 시절 집과 관련된 문제를 파악하는 방법을 배웠고 실제적인 소질을 가지고 있다. 나는 물건을 고치거나 집안의 소소한 문제 상황에 대처하는 것을 잘하지 못한다. 화장실에 문제가 생기면 내가 하는 역할은 "이제 어떻게 해야 하지?"라고 말하는 것뿐이다. 집이나 마당에 무엇인가 고장이 나도 나는 대개 알아차리지 못하거나, 내가 알게 되어도 나는 "누구를 불러 이것을 고치라고 하지?"라고 말한다.

나는 몇 시간이고 작업에 집중할 수 있으며, 하나의 책을 저술할 때 일정에 맞추어 각 집필 단계를 수행해 나갈 수 있다. 내 진로여정 내내 나는 장기적인 목표를 세우고, 이에 관한 일정을 수립하며, 그 계획을 만족스럽게 완수하기 위해 필요한 행동을 할 수 있었다. 우리는 모두 일상생활에서 여러 어려움을 겪지만 나는 방황하지 않고 처음 자리로 되돌아올 수 있는 행운아였다. 나는 영감이 충만해질 때까지 기다릴 필요 없이 앞을 향해 달려 나갔다. 한번은 나의 딸 하이디가 에너자이저 토끼 모형을 "그는 계속 간다, 간다, 간다."라는 글귀와 함께 내 컴퓨터 앞에 놓아두기도 했다. 초기에 교육용 비디오를 제작할 때 에너지가 소진되지 않는 내 모습을 일컬어 제작진들이 농담으로 "듀라셀 박사님."이라고 불렀다. 이것은 일에 대한 나의 열정과 강박적인 추진력을 나타내는 것인데, 이것을 통해 나는 지난 기간 동안 많은 의미 있는 일들을 할 수 있었다.

책을 쓸 때 개요와 서문을 만드는 것이 도움이 되었는데, 여기에는 그 책이 어떤 내용을 다루는지, 누가 그 책을 읽으려고 할지, 왜 그 책을 쓰기로 했는지 등이 포함된다. 나는 글을 쓰면서 나의 청중을 그려 보려 한다. 예를 들어, 이론서를 집필할 때 소집단의 학생들과 이야기하는 장면을 상상하면서 개인적으로 대화하는 방식으로 글을 쓰려고 한다. 나는 개인적인 방식으로 글을 시작하여 끝까지 그 기조를 유지할 수 있다.

불완전과 함께하는 것을 배우는 것이 도움이 된다. 내가 과도한 완벽주의자였다면 어떤 것도 책으로 나오지 못했을 것이다. 내가 쓴 어떤 것도 개정될 수 있다는 것을 아는 것이 큰 도움이 된다. 나는 1판에서 완벽한 책을 써야 한다는 부담을 스스로에게 지우지 않는다. 어떤 면에서 책은 자녀들과 같다. 자녀를 임신하는 것은 쉬운 일이지만 여러 해 동안 그들을 키우는 것이 힘든 일이다. 우리 책은 대부분 4년 주기로 개정하는데 이는 매년 2권을 개정한다는 것이다. 이 과정을 위해서는 현재의 책을 비판적인 관점에서 검토하고 바꿔야 할 부분이 무엇인지를 결정해야 한다. 1판과 9판을 비교해 보면 재미있는 것들을 발견한다. 전체적인 주제는 동일하지만 여러 해 동안 해당 분야가 발전하고 나와 공저자들이 글로 쓸 새로운 생각들을 모으는 과정에서 아이디어가 발전하고 진화해 온 것을 볼 수 있다. 동료들에게 내 책을 읽고 비판적인 피드백을 달라고 하는 것이 의미 있는 일이라고 여러 번 말했다. 검토자와 편집자의 집단적인 지혜가 소중하지만 그 피드백을 따를 것인가 여부는 전적으로 내게 달려 있다.

이 책을 쓰는 과정

나는 이 책 『Creating Your Professional Path: Lessons from My Journey』에 대한 생각을 5년 넘게 해 왔다. 나는 몇 년간 학술대회에서 멘토링에 대한 책에 대해 이야기했는데 이 책에서 나는 대학원생과 신참 전문가들이 독특하고 의미 있는 개인적이고 전문적인 여정을 만들어 가는 과정을 도와주기 위해 내 생각과 경험을 나누려고 하였다. 나는 내가 배운 것을 공유하고 어떻게 개인적인 경험이 교육자와 저자로서의 전문적 활동에 기여했는지를 보여 주고 싶었다.

이 책을 쓰면서 가끔 나는 곡예사처럼 생각되었는데, 이는 여러 다른 저술 과제들과 병행하면서 묘기 부리듯 이 책을 써야 했기 때문이다. 시간을 내어 이 책에 온전히 집중하고 싶었지만 나는 다른 일들로 인해 그렇게 할 수 없었다. 나는 주어진 기간 내에 현실적으로 얼마나 많은 일들을 할 수 있는지를 계속 과대평가한다. 나는 해야 할 일의 목록을 많이 쏟아 내고는 내가 그 일들을 해낼 수 있을 것이라고 기대한다. 그러나 대체로 짧은 시간 내에 너무 압박을 받게 된다. 나는 자주 "조직하는 것이 성공의 열쇠야."라고 말하는데, 글을 쓰고 가르칠 때 나는 조직화된다. 나는 이런 일에 대해서는 논리적인 마음을 가지고 일정에 맞추어 이 일이 이루어지게 한다. 그러나 다른 실제적인 일에 있어서는 그렇게 조직화되거나 효과적이지 않다. 독일인 장모님은 이런 나에 대해 다음과 같이 신경질적으로 말씀하신다. "하나님이 논리를 나눠 주실 때 자네는 '저요.'라고 말하지 않았구나."

이 책은 자서전이나 전기가 아니지만 다른 사람을 멘토링하는 방법으로 내 경험을 제시하고자 하였다. 나는 초고를 완성한 후 8명에게 읽어 달라고 부탁했다. 피드백을 받은 후 그 새로운 아이디어를 가지고 각 장을 다시 작성하였다. 내게 있어 책을 쓰는 일은 팀 작업이다. 비록 이 책이 매우 개인적인 내용을 담고 있지만, 나는 이 부지런한 첫 번째 독자들로부터 받은 정직하고 건설적인 피드백에서 유익을 얻었다.

마리안느는 그 8명 중 한 명으로서 이 책을 만드는 데 큰 기여를 하였다. 마리안느와 나는 매일 산책하면서 이 책에 대한 이야기를 너무 많이 해서 그녀는 이 주제의 대화에 대해 싫증을 느끼기도 했다. 그녀는 특히 확장해야 할 주제를 제안하고, 개인적인 교훈과 전문적인 교훈을 만들어 내는 데 도움을 주었다. 산책을 마치면 나는 바로 컴퓨터로 가서 우리 논의의 핵심을 기록했다. 마리안느는 내가 가장 나누기 원하는 메시지에 계속 집중하도록 해 주었으며, 이 책의 초점은 나의 전문적 여정과 내가 배운 교훈이라는 점을 지속적으로 상기시켜 주었다. 그녀는 왜 내가 어떤 주제는 포함시키고 어떤 핵심사항은 언급하지 않았는지 말해 보라고 계속 요구했다. 마리안느의 협력이 이 책의 핵심에 큰 기여를 했다는 것은 의심의 여지가 없다.

『Creating Your Professional Path: Lessons from My Journey』는

여러 면에서 내게 의미 있는 일이었다. 나는 독자를 위해서뿐만 아니라 나 자신을 위해 이 책을 썼다. 이 책은 나의 개인적이고 전문적인 여정을 돌아보고 내가 배운 교훈을 정리하는 기회를 주었다. 어떤 때는 내가 이야기하는 것에 누가 관심이나 가질까 의심하기도 했고, 어떤 때는 나의 전문적인 경력을 드러내기 위해 책 한 권을 쓴다는 것이 주제넘는 일이 아닐까 생각되기도 했다. 나는 이런 부정적인 자기대화를 잠재우고 그런 생각을 되뇌지 않도록 노력해야 했다.

나는 이 책에서 내 경력의 발달 과정을 살펴봄으로써 대학원생과 초보 전문가들에게 멘토링을 제공하려고 노력했는데, 나의 경력은 지금도, 앞으로도 항상 발달하는 과정에 있다. 나는 여러분이 나의 여정으로부터 나온 교훈을 생각해 보는 것을 가치 있게 여기고 여러분 자신의 고유한 개인적이고 전문적인 여정에 이 교훈들을 적용할 방법을 찾게 되기를 간절하게 바란다.

CHAPTER
09

자신을 돌보기

🐾 들어가는 말

상담전문가들은 다른 사람 돌보는 일을 잘하는 자비로운 사람이지만, 자신은 그처럼 돌보지 못하는 경우가 많다. 자기돌봄은 사치가 아니라 윤리적인 의무사항이다. 우리가 자신을 잘 돌보지 않게 되면 내담자들은 우리가 제공할 가장 최상의 서비스를 받지 못한다. 우리가 메마르고 고갈되면 우리의 시간과 함께함을 필요로 하는 사람들에게 줄 것이 없게 된다. 우리가 스스로에게 영양분을 주지 않으면서 내담자에게 영양분을 줄 수는 없다.

나는 자주 상담자들이 자신을 돌볼 시간이 없다고 하는 말을 듣는다. 그런 사람들에게 이렇게 질문한다. "자신을 돌보지 않아도 될 만큼 여유가 있나요?" 전문적 업무를 성공적으로 수행하려면 신체적, 심리적, 지적, 사회적, 영적으로 우리 자신을 돌보아야 한다. 이상적으로는 우리의 자기돌봄은 우리가 다른 사람에게 주는 돌봄과 같아야 한다. 가끔 나는 바쁘게 사느라 내가 어떤 사람이 되어 가는지, 그리고 내 생활에서 어떤 것을 변화시키고 싶어 하는지 등을 생각하지 못하고 지낸다. 내가 생각하기에 내가 누구이며, 어떤 종류의 사람이 되어 가는지에 대해 성찰하는 것이 자기돌봄의 시작이다.

우리가 우리의 전문적 목표에 집중하기 위해 필요한 활력과 힘을 갖기 원한다면 안녕(wellness)의 관점으로 매일의 생활을 보아야 한다. 안녕은 질병이 없는 것을 넘어서 신체적이고 심리적인 행복을 위해 의식적으로 노력해야 얻을 수 있는 결과다. 안녕은 열정, 평화, 활력, 행복 등을 주는 삶의 방식을 선택하는 것이다. 우리의 존재 전체를 지속적으로 추구하는 방법을 찾지 못하면 활력을 유지하기 어려울 것이다. 우리 대부분은 자기돌봄이 무엇인지 알지만 아는 것을 실천하지는 않는 경우가 많다. 이번 장에서는 자기돌봄의 여러 측면을 살펴보고 우리가 바라는 개인적이고 전문적인 삶을 이루기 위한 능력과 자기돌봄의 관계를 알아볼 것이다. 우리는 자신과 다른 사람을 모두 돌보는 자신만의 방법을 찾아야 한다.

안녕과 자기돌봄은 전문 학술지와 전문 학술대회에서 계속 높은 관심을 받고 있다. 최근 나는 상담 프로그램의 교육자와 학생들이 전인적인 건강과 안녕한 생활양식으로 이끄는 습관을 갖기 위해 무엇을 할 수 있는지에 관한 발표에 참석했다. 이번 장을 통해서 여러분이 스스로의 전문적 진로여정 내내 자신을 돌보는 일에 힘쓸 수 있는 방법에 대해 생각해 볼 수 있기를 바란다. 여러분이 자기돌봄에 대한 생각을 시작하는 데 『Leaving It at the Office: A Guide to Psychotherapist Self-Care』(Norcross & Guy, 2007)가 도움이 될 것이다.

건강한 생활양식을 개발하는 방법

스트레스 관리

나는 가끔 이런 질문을 받는다. '바쁜 상담자가 스트레스에 눌리지 않으려면 무엇을 해야 하나요?" 안녕을 확보하기 위해서는 일상 생활에서의 스트레스를 인식하고 관리할 수 있어야 한다. 우리 생활에서 스트레스를 없앨 수 있다고 생각하는 것은 비현실적이지만 우리는 내적·외적 스트레스 원인을 알아차리고 효과적으로 다루는 방법을 배울 수 있다. 우리는 상담자로서 스트레스에 특히 취약하고, 근무 상황은 우리에게 많은 것을 요구한다. 현대의 경제적 환경에서 상담자들은 적은 자원으로 많은 것을 할 것을 요구받으나 우리가 성취할 수 있는 것에는 한계가 있다. 우리는 우리가 할 수 없는 것에 사로잡히지 않게 자신을 지키고 대신 우리가 할 수 있는 일에 집중해야 한다.

우리는 가끔 내담자에 대한 전적인 책임을 기꺼이 수용하여 그들의 스트레스를 우리 것으로 삼는 경향이 있다. 언제 이 일이 일어나는지를 알아차리고 부정적으로 우리에게 영향을 미치는 스트레스에 대처하는 실제적인 전략을 개발하는 것이 중요하다. 우리는 자신의 신체적·심리적 소진에 대한 책임이 있기 때문에 이 상황을 바꾸기 위한 조치를 취해야 한다. 우리가 고갈될 때의 위험신호를 잘 감지하고 시간을 내서 회복을 위해 무엇을 할 수 있는지를 생각해야 그런 조치를 잘 할 수 있다.

1980년대 초에 나는 대인 서비스 프로그램의 조정자이면서 이 프로그램의 전임교수로 일했다. 나는 다른 교수진에게 일을 잘 맡기지 못했는데, 어떤 일을 부탁하고 나서는 어떻게 일이 진행되는지 계속 점검했다. 다른 사람에게 맡겼던 과제가 내가 원하는 만큼 빨리 되지 않았기 때문에 내가 그 과제를 다시 가져와서 해 버린 경우도 있었다. 한 번에 한 가지 일을 하는 경우보다는 여러 일을 동시에 하는 것이 내 일상적인 방식이 되었다. 이런 태도는 분명 내 스트레스 수준을 높였다.

나는 스트레스가 없는 환경에서 살 수는 없다는 것과 스트레스가 나를 지배하거나 내가 스트레스를 지배하거나 둘 중의 하나라는 것을 알게 되었다. 나는 우리 프로그램의 성공적인 진행에 대한 전적인 책임이 나에게 있다는 느낌을 벗어 버리려고 노력했다. 나는 늘상 바쁘게 움직였고 너무나도 짧은 시간 내에 너무나도 많은 일을 하려고 시도했다. 나는 곧 심한 두통과 어깨와 목에 통증을 느끼게 되었다. 나는 심리적으로 전체 학과의 짐을 어깨에 졌던 것이다. 나의 동료 중 한 명이 내 고통스러운 이야기를 듣고 내가 오랫동안 스트레스에 시달리는 것을 보아 왔다고 알려 주었다. 스트레스와 긴장은 특히 목, 어깨, 등에 심한 근육 수축을 가져왔다. 그녀는 나의 근육 긴장을 풀어 주기 위해 심부조직 마사지를 전문으로 하는 롤핑* 요법사를 추천해 주었다. 이는 구조적 집적화라고 알려진 치료법으로서 몸을 일직선으로 만드는 것을 목표로 한다.

나는 스트레스가 나를 통제하고 있으며, 두통과 통증은 내가 나를 돌보지 않고 있다는 신호라는 것을 이 치료를 시작하면서 비로소 알게 되었다. 스트레스가 많은 생활이 내 삶의 방식이 되었으며, 나는 내 몸이 말하는 것에 주의를 기울이지 않고 있었다. 물리치료 시간 약속을 지키려고 자주 달려가야 했는데 이것이 내 스트레스 수준을 더 높였다. 달려가면 더 많이 성취하는 것이 아니라 흥분되

---

* Rolfing: 근육을 깊이 마사지하는 물리요법. 미국의 물리요법가 Ida Rolf(1897~1979)의 이름에서 유래함-역주.

어서 주의가 분산된다는 것을 이해하기가 매우 어려웠다. 나는 구조적 집적화 시간을 자기돌봄 프로그램에 포함시켰고 지금까지 계속 정기적으로 그것을 하고 있다.

요즈음은 이는 내 몸이 양호한 상태에 있도록 예방적 조치를 열심히 하기 때문에 두통이 거의 없다. 여러 시간 동안 컴퓨터 앞에 앉아 있는 것은 그 자체로 몸에 무리를 주기 때문에 손, 팔, 등의 근육이 뻐근해지는 것을 느끼게 된다. 분명 나는 이런 신체적 긴장에 주의를 기울여야 한다. 나는 정기적으로 물리치료를 받는 것을 사치라고 생각하지 않고 건강과 활력을 유지하는 방법이라고 본다. 또한 신체적, 심리적으로 양호한 상태를 유지하려면 집에서도 이와 관련된 활동을 하는 것이 필요하다. 나는 스트레칭 운동을 배우고, 스트레치 브레이크**에 관한 책을 읽고, 유연성을 유지하기 위한 스트레칭의 중요성에 대한 내 치료사의 강의를 듣는다. 나는 거의 매일 스트레칭 관련 활동을 하지만 이것을 그다지 즐기지는 않고 어떤 때는 가능한 빨리 그것을 해치운다. 결국 나는 내 건강을 유지하는 것이 자동차의 성능과 수명을 유지하는 것과 공통점이 많다는 것을 알게 되었는데 그것은 정기적인 정비에 달려 있다는 것이다. 내 몸을 돌아보고 스트레스의 영향을 줄이는 방법을 배움으로써 나는 나의 능력을 향상시키기 위한 정비를 하는 것이다.

여러분은 자신만의 정비방법을 고안해야 한다. 많은 사람들에게 스트레칭 훈련을 비롯한 다른 유형의 운동을 하거나 요가 수업반에

** stretch break: 미국의 발명가 Arther Saltzman이 개발한 컴퓨터 프로그램. 정해진 시간마다 스트레칭을 하도록 알려 주고 스트레스를 줄여 주면서, 부상을 당할 확률을 낮춰 주는 36가지 스트레칭 방법을 보여 줌-역주.

다니는 것이 건강을 유지하는 현실적인 방법일 수 있다. 다른 사람에게는 조깅, 테니스, 음악회 가기, 영화 보기, 소설 읽기, 골프, 우표 수집, 여행, 뜨개질, 요리, 낚시, 스키 타기 등이 그들만의 안녕 유지법일 수 있다. 합창단 참여, 밴드에 가입해서 음악 연주, 친구들과 소풍 가기, 예술과 공예 수업 듣기, 가족이나 친구와 즐거운 활동하기 등 사회적 활동을 통해서도 건강한 삶을 살 수 있다. 다른 사람과 함께 웃고 유머의 감각을 기르는 것이 좋다는 것을 명심하라. 우리는 개인적인 생활과 전문적인 생활 모두에서 스트레스에 대처할 자신만의 방법을 찾아야 한다.

스트레스는 우리 각자에게 다른 방식으로 영향을 미치는데, 스트레스가 우리에게 영향을 미치는 방식은 현실에 대한 우리의 지각 및 사건에 대한 우리의 해석과 많은 연관이 있다. 우리는 일상생활과 연관된 스트레스에 효과적으로 대처하는 건설적인 방법을 배워야 한다. 스트레스 관리 기법을 배우기 위해서 이런 주제를 다룬 여러 좋은 책을 읽어 보라. 존 카밧진(Jon Kabat-Zinn)이 쓴 두 권의 책이 내게 가장 도움이 되었다. 『Full Catastrophe Living』(1990), 『Wherever You Go, There You Are: Mindfulness, Meditation in Everyday Life』. 카밧진은 환자들의 만성적 고통과 스트레스를 감소시키기 위해서 마음챙김 명상을 가르치는 것으로 유명하다.

마음챙김

마음챙김의 목적은 우리로 하여금 지금-여기에 머무르게 해서 '과거에 이랬더라면 어떠했을까'보다는 '지금 어떤 상태인가'에 집중하도록 하는 것이다. 마음챙김은 맑은 마음과 고요한 몸을 이루는 것을 목표로 한다는 면에서 명상과 비슷하다. 그것은 비판단적인 방식으로 지금-여기 인식에 집중하는 적극적 주의집중 상태다. 마음챙김 상태는 내가 하는 일에 온전히 집중하고 내가 다른 사람과 함께 있을 때 온전히 거기에 머무르기 위해 필수적인 요소다. 그러나 나는 일상생활에서 이 마음챙김 상태로 사는 것이 어렵다. 마음챙김 기술을 사용할 수 있게 되면 생각이 명료해지고 주변세계에 대한 인식이 더 확장된다. 흥분해서 바쁜 속도로 달려가게 되면 참된 자유를 잃어버린 로봇과 같이 된다. '천천히 하라'는 상투적인 말이 일에 휩쓸려 방황하는 나를 붙잡아 주는 주문이 되었다.

내가 성취와 생산을 지향하며 살다 보니 가끔 지금 이 순간을 사는 것과 내 앞에 펼쳐지는 것을 충분히 경험하는 것의 가치를 잊고 산다. 행위를 너무나도 강조하다 보니 존재의 가치를 알아차리기가 계속 어려웠던 것이다. 나는 시인이며, 작가이고, 선 수련가이며, 전쟁 중 베트남 불교평화위원회 의장이었던 틱낫한(Thich Nhat Hanh)의 저서를 통해 내가 현재 순간을 살아가기보다는 앞으로 살아갈 것을 준비하며 사느라 방황하고 있다는 것을 알게 되었다. 그는 충만하게 산다는 것은 우리 주변과 우리 각자 안에 있는 평화와 아름다움을 누리는 것이라고 알려 주었다. 마음챙김 수련은 우리를 더 풍성한 삶으로 이끌어 주는데 이것은 호흡에 주의를 기울이는 것만으로도 시작할 수 있다.

내가 마음챙김 상태에 있지 않으면 종종 큰 손실을 본다. 얼마 전 주차장에서 나오다 부딪쳐서 차 옆면이 찌그러졌다. 차 수리비용을 알아보는 데 많은 시간을 보낸 후에 나는 2000불을 지불하느니 차

라리 긁힌 자국과 찌그러진 상태를 지니고 살겠다고 결심했다. 차 옆면을 볼 때마다 나는 천천히 행동하고 내가 하는 행동에 주의를 기울여야겠다고 생각한다.

바쁘게 살며 한 번에 여러 가지 일을 하려고 하다 보니 내 몸도 상하게 되었다. 미국상담학회 학술대회에서 대학원생과 신참 전문가들을 대상으로 하는 발표에 가려고 달려가게 된 일이 있었다. 학술대회장에서 내려가는 에스컬레이터를 탔는데 알고 보니 내가 가려는 세미나실은 2층에 있었던 것이었다. 내 마음은 발표장에서 시작하는 말을 어떻게 해야 할까에 가 있어서 나는 성급하게 돌아서 에스컬레이터 뛰어 올라갔다. 이것은 큰 실수였다. 나는 넘어지면서 왼쪽 팔을 뻗었고 어깨와 팔 윗부분을 다치고 말았다. 주위 사람들의 도움을 받아 일어나서 내 프로그램이 열리는 발표장으로 달려갔다. 통증이 있었지만 나는 정해진 시간에 시작할 수 있었고, 청중들에게 방금 있었던 내려가는 에스컬레이터에서 뛰어 올라가는 '멍청한 짓'에 대해 말해 주었다. 그런데 미국상담학회 학술대회 후에 세인트루이스로 가서 사이코드라마 학술대회에서 발표하기로 되어 있었기 때문에 결국 집으로 돌아올 때까지 병원을 가지 못했다. 외과의사는 팔의 뼈가 골절되었으며 당분간 어깨도 탈골상태일 것이라고 했다. 그는 내가 어깨 회전근 손상을 입지 않아서 다행이라고 하면서 나처럼 넘어진 사람은 99% 그 증상을 보인다고 했다. 이는 내가 몸을 활발하게 사용하여서 대가를 치른 하나의 사건이다. 그러나 주의력 없이 달려 나간 이 하나의 행동으로 인해 신체적 고통, 시간, 돈 등 큰 대가를 치렀다. 나는 골절과 손상된 인대의 치료를 위해 물리치료를 받았으며, 팔과 어깨를 다시 사용할 수 있게 하기 위해 물리치료사가 부여한 운동 과제를 계속해야 했다. 이것을 통해 나는 마음을 챙기며 살고, 천천히 행동하며, 지금 이 순간 내가 어디에 있는가에 집중하라는 값비싼 교훈을 얻었다. 나는 하나의 부주의한 행동이 예상하지 않은 시간을 소모할 수 있기 때문에 서두르는 것은 더 큰 생산성이나 만족을 주지 않는다는 것을 자주 되새긴다.

마음챙김은 공적인 활동에만 해당하는 것이 아니다. 그것은 생활 방식이 되어야 한다. 일상생활에서 실천할 수 있는 마음챙김 기법에 대해서는 앞에서 언급한 존 카밧진의 책을 보라. 나는 충만한 삶에 대한 훌륭한 지혜를 담은 틱낫한의 『Peace is every Step: The Path of Mindfulness in Everyday Life』(1991), 『Touching Peace: Practicing the Art of Mindful Living』(1992)으로부터 많은 도움을 받았다.

명상

명상은 집중을 하기 위해 하나의 초점에 주의를 기울이는 것이다. 명상은 한 단어, 소리, 문장, 기도의 반복일 수도 있다. 이 수련은 잡념을 없애고 몸을 편안하게 해 주는 목적과 함께 우리의 집중력과 사고양식을 향상시킨다. 명상은 자각을 증진시키고 집중력을 키우며 내면에 초점을 맞추기 위해 사용할 수 있는 방법이다. 명상은 현재 순간에 집중하고 머무르게 한다. 많은 사람들이 명상 수련을 통해 잡념에서 벗어나 의식이 맑아지고 현실을 더욱 명확하게 알게 되었다고 말한다.

나는 깨어 있는 많은 시간 동안 생각하거나 여러 형태의 대화와 내면의 대화를 한다. 내면의 다양한 소리와 분주함을 잠잠하게 만들기가 매우 어렵다. 어떤 일에 깊게 몰두해 있을 때를 제외하고는 한 번에 하나의 일에만 관여하거나 하나의 행동에 온전히 집중하는 경우가 거의 없다. 때로 어제 한 일이나 미래에 할 일을 생각하느라 현재 순간을 놓치기도 한다. 나는 명상 수련을 위해 명상에 관한 책을 읽고, 명상 안내 테이프를 구입하고, 그 분야의 음악과 성가를 듣기도 한다. 내가 참여한 워크숍에서 명상을 위한 옳고 그른 방법은 없으며, 여러 유형의 명상방법이 있기 때문에 우리 각자는 자신에게 맞는 명상 수련방법을 찾아야 한다고 들었다. 그러나 나는 인내가 부족하여서 집중하여 내면의 잡념을 제거하기가 어렵다. 내 마음은 방황하고 있어서 나 자신을 내적 고요함과 집중의 자리에 머무르게 하는 것은 정말 힘든 일이다.

나는 거의 매일 아침 짧은 시간 동안 마음을 정돈하고 명상음악을 듣는 시간을 갖지만 솔직히 말해 성실한 명상 수련자는 아니다. 나는 아침 명상 시간을 갖지 않으면 그날 일어나는 사건들에 이리저리 치이는 것 같다. 게다가 어디로 달려가거나 무슨 일을 급히 하느라 그 짧은 명상의 효과마저도 망쳐 버리는 경우도 있다. 명상을 내 일상생활의 한 부분으로 만들기 위해서는 대단한 노력과 지속적인 수련이 필요하다. 고백컨대 나는 이런 목표에 못 미친다. 명상에 관한 책에서는 아침마다 20분가량의 시간을 명상에 사용하라고 하는데 나는 아침 식사를 하고 어디론가 가느라 통상적으로 이 시간을 채우지 못한다.

우리는 집중하고 성찰을 증진시키는 방법을 통해 유익을 얻을 수

있다. 이것을 각자 상황에 맞게 조정할 수 있으며, 짧은 시간이라
도 집중해 보는 것이 해 볼 만한 가치가 있다. 최소한 한 달 정도 명
상을 수련하기까지는 효과를 기대하지 말라는 말을 들었지만 나는
인내력이 부족하여 즉각적인 결과를 원하는 경향이 있다. 여러 책들
을 통해 일상에서 집중 훈련을 생활화하는 방법을 배울 수 있다.
『Meditation』(Easwaran, 1991), 『Going to Pieces Without Falling
Apart』(Epstein, 1998), 『Learn to Meditate』(Fontana, 1999), 『Wherever
You Go, There You Are』(Kabat-Zinn, 1994) 등의 책들이 좋은 안내서
가 될 수 있다.

요가

　명상이나 마음챙김처럼 요가도 생활방식이다. 요가는 호흡, 신
체, 집중에 초점을 둔다. 요가는 인도에서 유래했으며 산스크리스
트어로 '연합'을 의미한다. 요가는 몸, 마음, 영혼의 연합으로 설
명된다. 나의 딸 하이디는 유연성과 건강을 유지하기 위해 요가를
공부하고 연습한다. 그녀는 성인과 아이들에게 요가를 가르치며,
나에게도 몇 가지 요가자세를 알려 주고 요가를 계속하라고 권유
한다. 하이디가 말하기를 사람들은 여러 가지 이유로 요가를 하는
데 그중에는 스트레스를 줄이고, 건강을 증진시키며, 의식을 확
장하고, 영성을 깊게 하며, 유연성을 기르는 것 등이 있다. 요가는
신체질병을 예방하고 치료하는 데 많은 유익이 있으며, 스트레스
의 영향을 막아 내는 훌륭한 완충제 역할을 한다. 나는 요가의 유
익을 머리로는 알고 있지만 나의 자기돌봄 방법에 포함시키지는

못했다.

운동 프로그램 개발

나는 20대 전까지는 운동에 대해 그리 생각해 보지 않았다. 운동을 시작하게 한 특별한 위기가 있지는 않았지만 나는 내가 둔한 편이어서 내 에너지 수준을 향상시키기 위해 운동이 필요하다고 생각하게 되었다. 고등학교 교사생활을 시작하면서 매일 집에서 학교까지 자전거를 타기로 결심했다. 나는 이것을 즐겼고 힘이 붙는 것을 느꼈는데 당시에는 이 자전거 타기가 이후 50년간 나의 취미와 운동의 주 종목이 될 줄은 몰랐다. 여러 해 동안 나는 일주일에 평균 14시간을 운동에 사용하려고 노력해 왔다. 모든 분야에서 건강을 유지하는 것이 나의 우선순위가 되었다.

내 친구들 중에는 내가 운동을 강박적으로 한다고 말하는 사람도 있다. 이 말도 일리가 있지만 나는 걷고 자전거 타는 일을 즐긴다. 마리안느와 나는 근처 산길을 걷고 가끔 함께 평평한 자전거 도로에서 자전거를 타기도 한다. 자주 친구들과 소풍을 가거나 자전거를 타러 나가기도 하는데 이는 신체적 운동에 좋을 뿐만 아니라 친구들과 어울리고 경치를 감상하는 좋은 방법이기도 하다. 작년에는 차를 운전하는 사람보다 자전거를 타는 사람이 더 많은 독일의 한적한 마을에서 2주간을 보내기도 했다. 거기 머무르면서 60시간 이상 자전거를 타서 거의 600마일(약 960km)을 달렸다. 마리안느와 그녀의 가족 몇 명과 함께 매일 자전거를 타며 모두들 즐거워했으며, 나는 혼자 더 시간을 내서 자전거를 탔다. 나는 멋진 경치와 평탄한 자전거 길이 좋았다. 폭풍을 만나 흠뻑 젖었을 때처럼 즐거울 때가 없다. 한번은 자전거 뒤 타이어가 펑크 난 상태에서 몇 마일을 사납게 달려서 마리안느 및 그 가족과의 저녁 약속에 늦지 않게 된 일도 있다. 나는 이렇게 가끔 자전거 타는 일에 집착하는데 이는 내가 일할 때 한 가지에 집중하는 것과 비슷하다.

신체적 활동은 신체적, 심리적으로 건강을 유지시켜 주며, 즐거움과 원기를 회복시켜 준다. 내가 이 자기돌봄의 측면을 소홀히 했다면 지금 내가 누리는 활력을 갖지 못했을 것이다. 달라이 라마는 매일 자연에서 최소한 30분을 보내야 건강과 행복이 증진되고 유지된다고 했다. 이것은 특히 나에게 맞는 말이다. 나는 달라이 라마의 인생관, 윤리관, 의미 있는 삶에 대한 관점, 건강과 행복에 대한 생각 등을 좋아한다. 나는 그의 저서 중 특히 세 권의 책을 소중하게 생각한다. 그것은 『Ethics for the New Millenium』(Dalai Lama, 1999), 『An Open Heart: Practicing Compassion in Everyday Life』(Dalai Lama, 2001), 『The Art of Happiness: A Handbook for Living』(Dalai Lama & Cutler, 1998)이다.

대부분의 사람들은 규칙적인 운동이 유익하다는 것을 알지만 이것을 일상생활에서 실천하지는 못한다. 이 측면에서 만족스럽지 않다면 여러분이 즐거워할 만한 운동계획을 세워 보기 바란다. 싫어하는 것을 하면 별 유익이 없으며, 힘든 것은 열심히 하기 어렵다. 여러분의 나이, 신체상태, 그리고 생활 환경에 적합한 운동을 찾아보라. 단체로 하는 운동 프로그램을 좋아할 수도 있고, 텔레비전을 보거나 음악을 들으면서 실내 자전거 타기를 선호할 수도 있으며, 경쟁적인 운동에 참여하는 것을 좋아할 수도 있다. 운동에 정답은 없다. 각자 몸을 건강하게 하고 심리적으로 즐거운 자신만의 계획을 만들어야 한다.

건강한 영양과 식사습관 형성하기

매일의 식사는 장기적인 건강에 영향을 주는, 우리가 통제할 수 있는 중요한 생활의 한 측면이다. 식사가 부실하다면 자기돌봄을 잘 할 수 없다. 불규칙적이고 일관성 없는 식사습관은 우리의 전체적인 안녕 수준에 영향을 미친다. 많은 나의 동료들이 좋은 식사를 할 시간이 없어 도넛과 커피 한 잔으로 식사를 때운다. 좋은 식사습관을 기르기 위해서는 특별한 노력과 지속적인 훈련이 필요하다. 현명하게 잘 먹는 방법, 체중관리 방법, 신체적 건강을 유지하는 방법 등을 배워야 평생 건강한 생활을 할 수 있다. 내담자를 잘 돌보기 위해 필요한 활력은 건강한 식습관을 통해 생기고 유지된다. 우리는 살기 위해 먹을 뿐만 아니라 먹는 것을 통해 삶의 만족을 경험한다.

먹을 때 나는 비용을 아끼지 않는다. 아침 식사는 나의 주 식사이며, 저녁 식사는 한 시간 이상 하는 경우가 많다. 나는 아침, 점심, 저녁을 거르는 경우가 거의 없다. 잘 먹기 위해서는 시간과 노력이 필요하지만 건강을 유지하기 위해서뿐만 아니라 먹는 것 자체가 즐겁기 때문에 나는 이것에 우선순위를 둔다. 적당하게 먹으려 하지만 너무 많이 먹는 경향이 있다. 내가 많이 먹는 것에 친구들이 놀라기도 하는데, 그럴 때마다 어머니가 나에게 그 많은 음식을 어디에 집어넣었냐고 물어보시던 일이 생각난다. 내가 운동하려는 동기 중의 하나는 체중을 관리하기 위해서일 것이다. 나는 가끔 45년 전에 입었던 결혼예복을 지금도 입을 수 있다고 자랑한다. 단지 유행이 지났고, 지금 그것을 입으려 한다면 부끄러울 것이지만!

🦻 삶의 균형을 찾아 유지하기

내 삶의 중심 영역은 일이지만 나는 균형이 중요하다는 것을 깨닫게 되었다. 내가 계속 일하느라 잠을 조금 자는 것처럼 들리겠지만 사실은 그렇지 않다. 지난 몇 년간 휴가를 제외한 기간에 집에서 일하면서 나는 1주일에 41시간 동안 일하는 생활을 유지해왔다. 내게 있어 삶의 균형을 유지한다는 것은 개인적인 삶과 전문적인 삶 사이의 균형을 유지하는 것 이상을 의미하며, 나 자신을 신체적, 정서적, 사회적, 정신적, 영적으로 돌보는 책임을 진다는 것이다.

종교적 믿음이나 개인적 영성은 균형 잡힌 삶의 중요 영역이며 건강과 행복의 핵심 요소다. 종교는 내 삶에서 중요한 역할을 하며 나는 매일의 상호작용에서 종교적이고 영적인 믿음을 실천하려고 최선을 다한다. 종교는 내 존재의 의미를 발견하는 길을 제공한다. 나는 신이 우리 모두 안에 있으며, 신은 창조물의 모습을 반영한다고 믿는다. 이런 믿음으로 인해 나는 다른 사람 안에 신의 특성이 있는 것을 발견하고 그들을 친절과 사랑으로 대하려고 한다.

영적인 활동은 내적인 힘을 주고, 인생의 의미와 목적을 제시하며, 행복감을 증진시킨다. 영성은 우리가 선택하는 인생의 나침판과 안내가 되어 준다. 어떤 사람들은 영성이 깊지만 자신을 종교적이라고 생각하지 않는다. 여러분의 영적 여정이 어떠하든 인생의 의미를 발견하는 것은 행복감을 증진시킨다.

균형 잡힌 삶에 대한 공식은 없다. 우리 각자가 자신의 균형을 발견해야 한다. 다음 이야기에서 상담전공 박사 과정 학생인 마크 라이저(Mark Reiser)는 균형 잡힌 삶을 위해서 상담과 천문학에 대한 열정을 어떻게 발휘하고 있는지 소개한다. 그는 우리가 즐거워하는 일을 하기 위해 정기적으로 시간을 내는 일이 중요하다는 점을 알려 준다.

인생에 균형을 잡기 위해서였어요!

Mark Reiser, MS, LPC

나는 지금 박사 과정 마지막 해인 4년차에 들어간다. 학위를 마친 후 무슨 일을 할 지 아직 결정하지 않았지만 내가 상담 분야에서 학위를 받는 것에 대해 결코 심각한 의심을 한 일은 없다. 지금까지 대학원 생활에 학문적으로나 개인적으로 수많은 어려움이 있었지만 그것은 내 삶에 가장 아름다운 시간이었다.

대학원 생활에서의 행복과 성공의 핵심을 한마디로 말하라고 한다면 그것은 균형일 것이다. 학문적으로 해야 할 일들과 개인적인 취미생활과 열정들 간의 균형은 나의 정신건강에 가장 중요한 부분이었다. 나는 상담 이외의 영역에서도 다양한 도전을 하는 것을 중요하게 여겼다. 나는 멘토의 충고와 제언을 주의 깊게 듣고 중요하게 여겨지만 내 중심의 소리를 듣고 직관을 따르기도 했다.

우선 공부 시간과 개인적인 시간 간에 균형을 잡는 것이 중요했다. '열심히 일하고 열심히 놀자.'는 구호대로 살고자 했다. 나는 항상 열심히 공부했다. 학부 때는 너무 열심히 공부했다. 나는 매일 밤마다 다양한 과목을 공부했고, 주말에도 열심히 공부했다. 나는 나를 우선시하는 방법을 몰랐다.

대학원에 진학해서 나의 열정을 살리는 것이 나를 건강하게 한다는 것을 알게 되었다. 일주일에 최소한 한 번 이상 송어 낚시나 소풍, 스키 타기를 하지 않으면 무엇인가 잘못된 것이었다. 나는 내가 행복하고 안정되며 충만한 상태가 되기 위해 이런 활동을 위해 시간을 냈다. 우리는 항상 도전, 고난, 스트레스를 직면한다. 이것은 선택사항이 아니다. 그러나 그것을 어떻게 다룰 것인가는 선택할 수 있다. 나는 아름다운 송어 떼들을 보며 낚시를 한 후에는 문제가 다르게 보이는 것을 경험했다. 높은 산을 오르거나 한적한 산속 호수의 경치를 보고 나면 좌절이 더 이상 크게 여겨지지 않는다. 춤을 추거나 스키장에서 소나무 사이를 헤쳐 나오고 나면 슬픔이 사라진다.

내가 균형을 잡으려고 했던 다른 영역은 나의 흥미를 끄는 다양한 학문들이었다. 지금은 상담교육 전공을 하고 있지만 학부에서는 전혀 다른 분야인 물리학과 천문학을 전공했다. 상담전공 공부를 하면서도 나는 물리학과 천문학과에서 강의 조교로 일할 수 있었다. 천문학은 분명 내 삶에서 가장 큰 열정의 대상이었기에 상담학 공부를 하면서도 그 열정을 발휘하고 싶었다. 게다가 상담은 나로 하여금 더 창의적이고 예술적이게 하는데(왼쪽 뇌를 사용하도록 해서), 천문학을 가르치는 일은 나의 분석적이고 논리적인 능력을 키워 준다(오른쪽 뇌를 사용하도록 해서)는 것이 좋았다. 상담자와 상담 교육자로서의 정체성도 내게 매우 중요하지만 나는 천문학 교사로 서의 정체성도 가지고 있다. 이 두 분야에 대한 열정을 계속 가질 수 있다는 것은 진정 나에게 축복이었다.

마지막으로 나는 다른 사람들의 조언과 내 중심의 소리 간에 균형 잡는 법을 배웠다. 나는 항상 내 삶에서 멘토를 중요하게 생각했다. 나는 그들 중 일부를 숭배했다고 말할 수 있다. 나는 상담자 교육과정의 지도교수를 깊이 존경하고 경의를 표한다. 그가 의견을 말하면 나는 그것을 너무 심할 정도로 마음에 담는다. 나는 이전 연구 지도교수와도 친한데 내가 물리학과 천문학과 학생이었을 때 그의 일을 도왔다. 이 두 멘토 모두 나에게 남성 역할 모델이 되었는데, 나는 그들의 말을 복음처럼 받아들여 내가 선택한 길을 그들이 인정하는지 여부에 지나치게 의존하기도 했다.

그러나 지난 몇 년간 나의 직관도 매우 가치롭다는 것을 알게 되었다. 사실 내 삶에 있어 내 중심의 소리가 가장 중요하다는 것을 알게 된 것이다. 몇 년 전에 이것을 알게 된 일이 있었다. 상담자 교육 분야에서 나의 멘토가 나에게 천문학과 조교를 그만두고 상담자 교육과 더 일치하는 대학원 조교 일을 선택하라고 제안했다. 생각할 것도 없이 나는 바로 그렇게 했다. 그러나 1년 후 나는 내가 미치도록 천문학을 가르치고 싶어 한다는 것을 알게 되었다. 나는 다시 그곳으로 돌아가기로 했고, 천문학 강의실로 돌아와서 너무 좋았다. 나는 항상 멘토의 제언을 소중하게 여기고 존중하겠지만 내 중심의 느낌도 중시하기로 했다.

나는 벌써 대학원에서의 경험을 매우 감상적으로 돌아보고 있다.

나는 그 기간 동안 인생의 여러 어려움들을 헤쳐 나가는 방법을 배웠다. 그 과정에서 내 삶을 계속 형성해 가는 서로 다른 영역들에 대해 많이 생각했다. 지난 몇 년간 대학원에서 계속 행복하고 만족한 생활을 해온 비결은 이런 영역들 간의 건강한 균형 상태를 유지하는 것이었다.

논평

마크는 삶의 균형을 잃은 것을 발견하고 최선의 삶을 만들기 위해 우선순위를 조정했다. 그가 정말 즐거워하는 활동을 하기 위해 시간을 만들려는 의지를 가진 것이 중요하다. 마크는 우리가 일에 빠져서 정말 즐거운 일을 하지 못하면 안 된다는 것을 일깨워 준다. 재미나 자기돌봄을 위해 사용할 시간이 없다고 말하기가 쉽다. 그러나 장기적으로 볼 때 이 균형을 무시하면 일도 내가 원하는 만큼 잘 할 수 없다. 나는 마크가 삶의 균형을 찾는 것을 강조한 것이 마음에 든다. 그의 이야기는 우리의 전문적인 생활과 여가, 휴식 간의 균형을 유지하는 것이 자기돌봄의 핵심이라는 것을 일깨워 준다.

성찰을 위한 질문

• 멘토가 있었다면 여러분은 내면의 소리보다 멘토의 조언을 따랐는가? 멘토의 말을 따르는 것과 내면의 소리를 신뢰하는 것 사이에서 어떻게 균형을 유지하였는가?

- 여러분의 삶에서 어떤 균형을 원하는가? 그 균형을 만드는 데 어떤 어려움이 있는가?
- 여러분의 일과 학문적 삶이 여러분 개인생활에 어떤 영향을 미치는가? 여러분의 개인적 삶이 전문적 목표를 달성하는 능력에 어떤 영향을 미치는가?
- 여러분이 가장 즐기는 일을 위해 어느 정도 시간을 내는가? 여러분이 원하는 만큼 재미있는 일을 하지 못하고 있다면 이것을 바꾸기 위해 무엇을 할 수 있는가?
- 여러분이 즐거워하는 활동의 목록을 만들라. 평소 그런 활동을 얼마나 하는가? 그런 활동을 더 많이 하려면 어떻게 해야 하는가? 이번 주 중에 이 활동들 중 하나를 하기 위해 노력할 의향이 있는가?

🎭 위기 대처

상담자로 일하다 보면 위기를 겪고 있는 사람이나 트라우마 사건을 경험한 사람을 상담하게 된다. 요즘 사람들은 상담자에게 힘든 생활환경을 이해할 수 있도록 도와 달라고 요구한다. 불행한 사건으로 인해 삶이 심각하게 망가진 사람들에게 효과적으로 개입하기 위해서는 훈련뿐만 아니라 특별한 지식과 기술이 필요하다. 위기개입분야 상담자를 위한 훌륭한 책들과 워크숍이 많이 있다. 여기에서 내가 말하고자 하는 것은 우리가 위기 사건에 어떻게 반응하고 균형을 유지할 것인가다. 일이 잘 풀려 나갈 때에도 이런 균형을 유지하는 것이 쉽지 않은데 더욱이 우리가 개인적 위기를 겪거나 내담자의 어려운 경험 이야기를 듣는 상황에서 이런 균형을 유지하려면 내적·외적 자원을 다 활용해야만 한다. 이런 질문을 생각해 보라. 위기 상황의 내담자와 일하는 것이 내게 개인적으로 어떤 영향을 미치는가? 나는 이런 어려운 일을 할 때 나 자신을 어떻게 돌보는가? 나는 내 삶에서 어떤 위기 상황을 경험했으며, 그것에 어떻게 대처했는가? 개인적 위기로부터 배운 것 중 전문적 활동에 적용할 수 있을 만한 것은 무엇인가?

여러분이 위기나 트라우마 경험으로 인해 고통당하는 사람들을 상담하는 분야에 있다면 이것이 여러분의 에너지를 소진시킨다는 것을 알고 있을 것이다. 다른 사람의 고통으로 인해 여러분이 고통당하게 되는 것을 막지 못한다면 여러분은 피로를 경험하게 될 것인데 이것을 동정심 피로, 공감 피로, 이차적 트라우마 스트레스, 대리적 트라우마 경험, 소진이라 한다.

소진은 다른 사람들을 돌보는 여러분의 역량이 계속 소모되어 생기는 스트레스와 관련된 증상이다. 『Empathy Fatigue: Healing the Mind, Body, and Spirit of Professional Counselors』를 저술한 마크 스테브니키(Mark Stebnicki, 2008)에 따르면 내담자들과 심리적으로 함께하는 상담자들은 일상의 스트레스, 슬픔, 상실, 불안, 우울, 트라우마 스트레스 등으로 가득 찬 내담자의 이야기로부터 깊은 영향을 받는 고통을 경험한다. 공감 피로를 경험하는 상담자들은 전문적 소진 상태가 될 수 있는데, 이는 사람들과 장기적으로 집중적인 관계를 맺을 때 발생하는 지속적이고 반복적인 정서적 압력의 결과로 신체적·정서적·정신적 고갈상태에 이르는 것이다. 소진은 심각하고, 오래 지속되었으며 잘 관리되지 못한 스트레스의 결과다. 그것은 무기력과 희망 없는 느낌, 자신에 대한 부정적 시각과 일, 삶, 다른 사람에 대한 부정적 태도로 나타난다. 소진의 초기 경고 신호를 잘 알아차리고 그것을 피해 갈 실제적인 전략을 개발하면 일과 관련하여 사람들이 우리에게 기대하는 것에 적절하게 반응할 수 있다. 스트레스에 효과적으로 대처하지 못한 결과는 소진일 수 있다.

모든 상담자에게 자기돌봄의 중요성은 아무리 강조해도 지나치지 않다. 이는 내담자에게 온전하게 집중하는 우리의 능력이 우리의 존재 상태에 달려 있기 때문이다. 위기개입 관련 일을 하고 있다면 다른 사람에게 이야기하고, 적절한 슈퍼비전을 받으며, 자신만의 지지집단을 갖는 것이 중요하다. 상실이나 슬픔 등 위기를 경험하는 내담자를 효과적으로 상담하기 위해서는 우리의 개인적 주제가 상담을 방해하지 않도록 우리 자신의 위기에 어떻게 반응했는지를 알아야 한다. 상실과 슬픔을 경험하는 내담자를 만나는 상담자에 대한 논의를 위해서는 케렌 험프리(Keren Humphrey, 2009)의 『Counseling Strategies for Loss and Grief』를 읽어 보라. 마지막 장은 상담자의 역할에 초점을 두고 있으며, 이 분야의 상담자들이 자기를 돌볼 수 있는 방법을 제시하고 있다.

자기돌봄은 우리 자신의 위기를 직면했을 때에도 중요하다. 우리가 위기 상태에 처하면 내담자의 고통에 주의를 기울이거나 우리의 전문적 기능을 효과적으로 수행할 수 없게 된다. 이럴 때에는 우리 말을 들어 줄 누군가에게 도움을 청하고 위기를 벗어나도록 도와줄 지지체계를 찾는 것이 필요하다. 많은 사람들에게 종교적 믿음이나 여러 형태의 개인적 영성이 상실과 슬픔을 벗어나고 회복 탄력성을 개발하는 데 도움이 된다. 가족과 친구는 우리가 고통을 겪을 때 위로를 주는 굉장한 자원이 될 수 있다.

우리의 삶이 와해되었을 때에는 전문적 활동에서 벗어난 시간을 갖는 것도 필요하다. 일에서 벗어날 수 없다면 전문적 책임을 지는 것에 대해 도움을 요청하는 것이 필요하다. 슈퍼비전을 받고, 동료의 도움을 구하며, 개인치료를 받는 것이 우리의 일을 계속하는 데 도움이 될 수 있다. 우리는 우리 자신을 인내해야 하며, 개인적 비극이나 위기의 영향을 받을 수밖에 없다는 점을 받아들여야 한다. 이런 때에 우리 자신을 돌보아야 장기적으로 내담자에게 유익을 주게 된다.

두 번의 위기 상황이 나의 가정에 닥쳤었다. 20년 전에 내 조카가 난폭하게 납치되어 살해되었다. 예상할 수 있듯이 이 사건은 내 형밤과 온 가족에게 큰 시련이었다. 제프의 죽음에 관계된 4명의 젊은이들은 잡혔지만 이 철없는 사건에 따른 긴 사법처리 과정은 밤과 온 가족에게 힘든 일이었다. 시간이 지나면서 고통은 줄었지만 이때와 관련된 기억은 여전히 남아 있다. 나는 형과 어머니의 고통을 함께 경험하는 것이 특히 힘들었다. 가족들의 이야기를 듣거나 내 상실감정을 표현하는 것보다 그들을 어떻게든 상담하는 것이 힘들었다.

또 다른 위기 상황은 어머니의 암 진단을 알게 된 일이다. 94세가 된 어머니는 방사선 치료나 화학요법을 거부했다. 어머니는 병원에 잠깐만 머물렀고 집에서 나머지 짧은 기간을 보냈다. 나의 가족은 자주 어머니를 방문했는데 어머니는 숨을 거두는 그 순간까지 유머와 용기를 잃지 않았다. 어머니는 돌아가시기까지 본인의 집에 머물러 있기를 원해서 호스피스의 도움으로 그렇게 했으며, 돌아가시기 며칠 전까지 맑은 의식을 유지하였다. 나는 이 시기가 힘들었다. 나는 어머니를 무척 좋아했는데 어머니의 시간이 한정되었다는 것을 받아들이기가 어려웠다. 나는 슬픔을 외면하고 일에 몰두하면서 이 상황을 대처했다. 어머니를 자주 방문했을 때 어머니가 삶을 대해 왔듯이 죽음을 맞이하는 것을 보고 놀랐다. 그녀는 죽음의 순간까지도 다른 사람에게 관심을 가졌으며, 그 모습은 내게 품위 있는 죽음에 대한 모델이 되었다. 나는 어머니를 잃게 되면서 우리 각자가 개인적인 위기와 상실 경험에 대처하는 나름대로의 방법을 갖게 된다는 것을 알게 되었다. 상실을 받아들이고 슬퍼하는 단 하나의 올바른 방법이 있는 것이 아니다.

여기에서 잠시 시간을 내서 여러분 자신의 삶에서 위기 상황을 어떻게 대처했는지를 생각해 보라. 개인적 위기를 직면하는 것이 어떠했는가? 그 위기를 어떻게 다루었는가? 위기에 처해 본 경험을 통해 무엇을 배웠는가? 위기를 겪고 있는 다른 사람을 돕는 데 여러분의 위기 경험이 어떤 도움이 되는가? 다음 이야기에서 브리짓 맥키니(Bridget McKinney)는 개인적 삶에서 여러 어려움이 있었음에도 불구하고 박사 과정 이수의 장애물들을 어떻게 극복했는지 보여 준다.

박사학위 취득을 위한 노력과 그 과정에서의 개인적 승리

Briget McKinney, MS, NCC

석사 과정 학생일 때 나는 훌륭한 멘토를 만났는데 그의 영향력 덕분에 나는 성공할 수 있었다. 그는 직설적으로 조언을 했다. 한번은 그가 "브리짓, 당신이 박사학위를 취득하려면 학술대회에 참여하고, 연구를 함께하고, 이 분야를 경험해야 해요."라고 말했다. 박사학위는 장기적 목표로서 그 당시에 나는 박사 과정에 지원할지 결정을 못했다. 그럼에도 불구하고 나는 멘토가 제안한 대로 했다. 나는 모든 프로젝트에 자원하여 참여하였고 내 경력을 만들 기회를 찾아다녔다. 돌아보면 내가 그 제안을 받아들인 것에 감사한다.

석사 과정을 마친 후 나는 현장에서 일하기로 했다. 나는 루이지애나에서 뉴욕으로 옮겨 가 한 정신건강센터에서 2년간 근무했다. 그곳에서의 생활은 정말 좋았다. 거기에서 나는 나 자신에 대해서, 그리고 상담전문가로서 내가 바라는 것을 탐색할 수 있었다. 정신건강 상담자로 일하면서 나는 내가 학문적 세계를 그리워한다는 것을 깨달았고 결국 내 고향으로 돌아와 박사과정에 입학했다. 면접시험을 보라는 통보를 받았을 때 이 소식을 동생에게 전화로 말하면서 나는 기뻐서 껑충껑충 뛰며 소리를 질러댔다. 나는 이 순간을 그렇게 오랫동안 기다려 왔던 것이었다. 그리고 정말 놀랍게도 합격했다. 나는 교수가 되는 새로운 진로를 시작한다는 사실에 황홀할 뿐이었다. 학교생활을 다시 하는 것뿐만 아니라 고향으로 돌아오게 되어 더 기뻤다. 내게는 친구와 가족들과 가까이 있고 그 문화를 즐기는 것이 중요했다. 입학 후 몇 달간이 내 생애 최고의 시간이었다.

뉴욕에서 루이지애나로 순조롭게 이사했다. 나는 사범대학에서 대학원생으로서 새로운 환경과 업무에 곧 익숙해졌다. 나는 박사과정 학생으로 수업을 시작할 가을학기를 학수고대하였다. 모든 것이 잘 되어 가는 것 같았다. 나는 박사 과정 공부를 그만두게 할 수도 있는 험난한 시기가 기다리고 있다는 것을 전혀 알지 못했다.

그해 여름 끝 무렵에 내가 살던 마을에 재앙이 닥쳤다. 전형적인 루이지애나의 여름날 한 무리의 친구들이 태양을 즐기려고 5척의 배를 타고 호수로 나갔다. 우리는 호수 가운데 있는 모래톱에서 만나기로 했는데 6명의 친구가 타고 있던 배 한 척이 나타나지 않았다. 다른 배와 충돌사고가 있었던 것이었다. 사고 소식은 그다음 날 아침에야 알려졌다. 5명은 사망했고 1명은 중태였다. 그것은 거기에 물놀이 갔던 우리 모두에게 충격적인 소식이었다. 다음 주간에 그 친구들의 장례식에 참여하여 그것이 꿈이 아니었다는 사실을 확인하는 과정은 너무 힘들었다.

5일 후 재앙이 또 닥쳤다. 그 사건으로 사망한 한 친구의 장례식에 갈 준비를 하는데 전화가 왔다. 내 양아버지가 자살한 것이었다. 나는 충격을 받아 도대체 무슨 일이 일어나고 있는지 알아차릴 수 없었다. 이 사실을 2년 전 양아버지와 결혼하여 그를 깊이 사랑했던 어머니에게 내가 전해야 했다. 나는 어머니에게 전화해서 점심에 꼭 만나자고 했다. 어머니는 나의 친아버지가 지지해 주기 위해 함께 나온 것을 보고 무엇인가 잘못되었다는 것을 알아차렸다고 말했다. 나는 어머니에게 기대어 "엄마의 남편이 생을 마감했어요."라고 말했다. 그녀는 이 말을 알아듣지 못했고, 내가 상세한 설명을 할 때까지 믿지 못했다. 그리고 그녀는 신경질적인 반응을 보였는데 그 순간이 내 생애 가장 힘든 시간이었다. 그다음 날 나는 어머니 집으로 이사해 들어가서 2주간 장례식 준비를 하고 어머니를 지지해 주며 새로운 집에 정착해 갔다.

몇 주 후 허리케인 사이렌이 울렸다. 우리 지역은 구스타프와 아이크 등 두 개의 허리케인을 경험했었다. 당시 우리가 마지막까지 원했던 것은 집을 떠나지 않는 것이었다. 우리는 정서적으로 바닥나 있었지만 안전을 위해 강제로 집을 비워야 했다.

박사 과정 첫 학기를 시작할 때 나는 만신창이가 되어 있었다. 나의 정서적 상태가 공부에 영향을 미칠까 불안했고, 내 희망의 기회가 이렇게도 여러 슬픈 사건으로 그림자 드리워진 것에 대해 화가 났다. 나는 이것을 극복하려고 열심히 공부했지만 속고 있는 기분이었다. 또한 사랑하는 사람을 상실한 경험이 나보다 큰 사람들이 그것에 대처하는 모습을 보면서 나의 이런 느낌에 대해 죄책감을 갖기도 했다. 나는 치료를 받기 시작했다. 그것은 그 어려운 시절 동안 내가 했던 가장 훌륭한 결정이었다.

나는 학교로 돌아가는 것을 미룰 수도 있었지만 그렇게 하지 않았고 그것은 잘한 일이었다. 학교에 있었기 때문에 집에서 경험하는 슬픔과 비애 중에도 긍정적인 출구를 찾을 수 있었다. 내가 여러 장애를 직면하면서도 공부할 동기를 잃지 않은 것은 박사학위를 취득하는 것이 내가 할 일이라는 생각 때문이었다. 나는 석사 과정에서부터 박사학위를 생각했고 이제 그것이 현실이 되어 가고 있었다. 나는 내가 직면한 장애물 때문에 그 기회가 사라지게 할 수 없었다. 다행스럽게도 나는 상담자의 다음 제안을 따를 수 있었다.

"다른 사람을 돌보려면 너 자신을 돌봐야 해." 내가 지금 있는 곳에 다다르기까지 경험했던 모든 것을 돌아볼 때 그런 위기 상황에서도 내 목표를 달성했다는 것이 기쁘다. 나는 학교에 다니면서 긍정적인 출구를 찾았고, 내가 열망하던 일들을 할 수 있었다.

논평

내게 가장 인상적인 것은 장애물들이 박사 과정을 마치려는 목표를 막지 못하게 하겠다는 브리짓의 결심이다. 짧은 기간에 여러 위기가 닥쳤지만 그녀는 이 힘든 시기를 헤쳐 나가고 자신을 치유하기 위해 도움을 요청했다. 그녀는 자신을 돌보지 않으면 위기 상황에 있는 다른 사람을 돌볼 수 없다는 사실을 깨달았다.

성찰을 위한 질문

• 여러분이 살아오면서 경험한 위기 상황을 떠올려 보라. 그 때 가장 도움이 되었던 것은 무엇이었는가?
• 그 위기를 겪으면서 다른 사람에게 가장 바랐던 것은 무엇인가?
• 위기를 경험하는 사람을 상담하면서 여러분은 어떤 영향을 개인적으로 받을 것 같은가? 당신 자신과 그들을 동시에 어떻게 돌볼 것인가?

🐾 마지막 생각들

어떤 사람들은 자기사랑과 자기돌봄은 이기심에서 나오는 것이라고 말한다. 세상은 자신의 관심사에 빠져 있는 사람들보다는 다른 사람을 생각하고 다른 사람에게 무엇인가를 주는 사람들을 더 필요로 한다. 나는 이것이 자기돌봄과 타인돌봄 중에 하나를 선택해야 하는 문제는 아니라고 본다. 우리는 둘 다 할 수 있다. 우리는 다른 사람이 잘 살아가도록 돕는 것에 관심을 기울여야 하며, 세상이 더 살 만한 곳이 되어 가는 것에 촉매제가 될 수 있다. 그러나 사회적 행동과 세상을 더 낫게 하는 일을 하려면 먼저 우리 자신으로부터 시작해야 한다.

즐거움과 평화를 다른 사람에게 주려면 우리가 먼저 내적인 즐거움과 내적인 평안을 누려야 한다. 다른 사람이 충만한 존재로 살도록 도우려면 먼저 우리가 활력 있고 생동감 넘쳐야 한다. 다른 사람에게 희망을 주려 한다면 먼저 우리 자신의 삶에 대해 희망과 낙관적 태도를 가져야 한다. 우리가 계속 주기만 하면서 우리를 도와 달라고 하지 않고, 다른 사람들이 우리에게 주려고 하는 것을 받으려 하지 않으면, 활력과 창의성을 잃게 될 것이다.

우리가 일평생 최적의 수준으로 일하기 위해서는 인간 존재의 모든 영역에 대해 우리 자신을 돌보아야 한다. 가끔 나는 상담자들로 가득 찬 어느 학술대회를 그려 보면서 그들이 가지고 있는 돌봄과 애정의 집단적인 힘에 놀란다. 상담전문가들은 개인, 집단, 사회, 그리고 세계를 변화시키는 존재로서 그런 집단적인 힘을 발휘해야 한다. 우리는 집단적인 힘을 모아 세상을 더 나은 곳으로 만들어 가는 데 중요한 영향을 미칠 수 있다. 개인적으로는 우리가 상담하는 많은 사람의 삶에 의미 있는 변화를 만들어 낼 수 있고, 그들은 또 다른 사람들에게 이 영향력을 확장시켜 나갈 수 있다. 우리가 갖지 못한 것을 다른 사람에게 줄 수 없다는 사실을 명심해야 이 큰 사명을 이룰 수 있다. 우리 자신을 돌보지 않고 있다면, 그 사실을 아는 것이 변화의 시작일 수 있다. 시간을 내서 여러분의 삶의 질에 대해 생각해 보라. 개인적 변화를 이루기에 결코 늦은 것이 아니다.

여러 해 동안 상담전공 학생들을 가르치면서 나는 많은 학생들이 긍정적 변화의 중재자가 되기 위해서 조력전문가가 되려고 한다는 사실에 놀란다. 우리는 다른 사람의 삶에 변화를 주겠다는 높은 기대를 가지고 시작하지만 우리의 이상을 꺾으려고 하는 동료들을 만나게 되면서 그 이상이 사그라진다. 나는 여러분이 자신의 이상을 계속 품을 수 있는 나름대로의 방법을 발견하기를 바란다.

많은 나의 가족들, 친구들, 동료들이 있었기에 나는 의미 있는 전문적 여정을 할 수 있었다. 하와이에 있는 성 베네딕트 성당에 다음과 같은 글귀가 있다. "당신이 어떤 사람인가는 신이 당신에게 준 선물이다. 당신이 어떤 사람이 되어 가는가는 당신이 신에게 드리는 선물이다." 나는 신이 나에게 의미 있는 삶을 살 수 있는 도구들을 주었고, 내가 할 일은 내 재능과 능력을 다하여서 다른 사람의 삶에 변화를 일으키는 것이라고 믿는다.

나는 여러분이 자신의 독특한 재능을 받아들이고 사용해서 스스로의 삶과 사랑하는 사람들의 삶을 향상시키고, 다른 사람들을 돕기 위해 자신의 재능을 사용할 방법을 찾기 바란다. 다른 사람을 돌보려면 여러분 자신을 돌보아야 한다는 사실을 명심하라. 꿈을 이루기 위해 노력하고 그 동기가 지속되도록 최선을 다하라. 여러분은 변화를 이룰 수 있다. 그 변화는 당신으로부터 시작되지만 거기에서 끝나지 않는다.

참/고/문/헌

Ashby, J. S., Kottman, T., & DeGraaf, D. (2008). *Active interventions for kids and teens: Adding adventure and fun to counseling!* Alexandria, VA: American Counseling Association.

Barnett, J. E., & Johnson, W. B. (2008). *Ethics desk reference for psychologists.* Washington, DC: American Psychological Association.

Barnett, J. E., & Johnson, W. B. (2010). *Ethics desk reference for counselors.* Alexandria, VA: American Counseling Association.

Beck, J. S. (2005). *Cognitive therapy for challenging problems.* New York: Guilford Press.

Bitter, J. R. (2009). *Theory and practice of family therapy and counseling.* Belmont, CA: Brooks/Cole, Cengage Learning.

Blatner, A. (1996). *Acting-in: Practical applications of psychodramatic methods* (3rd ed.). New York: Springer.

Brown, L. S. (2010). *Feminist therapy.* Washington, DC: American Psychological Association.

Carlson, J., Watts, R. E., & Maniacci, M. (2006). *Adlerian therapy: Theory and practice.* Washington DC: American Psychological Association.

Conyne, R. K., & Bemak, F. (2005). *Journeys to professional excellence: Lessons from leading counselor educators and practitioners.* Alexandria, VA: American Counseling Association.

Conyne, R. K., Crowell, J. L., & Newmeyer, M. D. (2008). *Group techniques: How to use them more purposefully.* Upper Saddle River, NJ: Merrill/Prentice Hall.

Corey, G. (1973). *Teachers can make a difference.* Columbus, OH: Charles

E. Merrill.

Corey, G. (1974). *The struggle toward realness: A manual for therapeutic groups.* Dubuque, IA: Kendall/Hunt.

Corey, G. (with Haynes, R.). (2005). *CD-ROM for integrative counseling.* Belmont, CA: Brooks/Cole, Cengage Learning.

Corey, G. (2008). *Theory and practice of group counseling* (7th ed.) and *Manual.* Belmont, CA: Brooks/Cole, Cengage Learning.

Corey, G. (2009a). *The art of integrative counseling* (2nd ed.). Belmont, CA: Brooks/Cole, Cengage Learning.

Corey, G. (2009b). *Case approach to counseling and psychotherapy* (7th ed.). Belmont, CA: Brooks/Cole, Cengage Learning.

Corey, G. (2009c). *Theory and practice of counseling and psychotherapy* (8th ed.) and *Manual.* Belmont, CA: Brooks/Cole, Cengage Learning.

Corey, G. (2009d). *Theory in practice: The case of Stan?DVD.* Belmont, CA: Brooks/Cole, Cengage Learning.

Corey, G., Corey, C., & Corey, H. (1997). *Living and learning.* Belmont, CA: Wadsworth, Cengage Learning.

Corey, G., & Corey, M. (2010). *I never knew I had a choice* (9th ed.). Belmont, CA: Brooks/Cole, Cengage Learning.

Corey, G., Corey, M., & Callanan, P. (1979). *Professional and ethical issues in counseling.* Monterey, CA: Brooks/Cole.

Corey, G., Corey, M., & Callanan, P. (2011). *Issues and ethics in the helping professions* (8th ed.). Belmont, CA: Brooks/Cole, Cengage Learning.

Corey, G., Corey, M., Callanan, P., & Russell, J. M. (2004). *Group techniques* (3rd ed.). Belmont, CA: Brooks/Cole, Cengage Learning.

Corey, G., Corey, M., & Corey, C. (2010). *Groups: Process and practice.* (8th ed.). Belmont, CA: Brooks/Cole, Cengage Learning.

Corey, G., Corey, M., & Haynes, R. (2003). *Ethics in action? CD-ROM.*

Belmont, CA: Brooks/Cole, Cengage Learning.

Corey, G., Corey, M., & Haynes, R. (2006). *Groups in action: Evolution and challenges-DVD* and *Workbook.* Belmont, CA: Brooks/Cole, Cengage Learning.

Corey, G., Haynes, R., Moulton, P., & Muratori, M. (2010). *Clinical supervision in the helping professions: A practical guide* (2nd ed.). Alexandria, VA: American Counseling Association.

Corey, M., & Corey, G. (2011). *Becoming a helper* (6th ed.). Belmont, CA: Brooks/Cole, Cengage Learning.

Corsini, R. (Ed.). (1973). *Current psychotherapies.* Itasca, IL: Peacock.

Corsini, R., & Wedding, D. (Eds.). (2008). *Current psychotherapies* (8th ed.). Belmont, CA: Brooks/Cole, Cengage Learning.

Cottone, R. R., & Tarvydas, V. M. (2007). *Counseling ethics and decision making* (3rd ed.). Upper Saddle River, NJ: Merrill/Prentice Hall.

Dalai Lama. (1999). *Ethics for the new millennium.* New York: Riverhead.

Dalai Lama. (2001). *An open heart: Practicing compassion in everyday life.* Boston: Little Brown.

Dalai Lama, & Cutler, H. C. (1998). *The art of happiness: A handbook for living.* New York: Riverhead.

DeLucia-Waack, J., Bridbord, K. H., Kleiner, J. S., & Nitza, A. G. (Eds.). (2006). *Group work experts share their favorite activities: A guide to choosing, planning, conducting, and processing* (Revised ed.). Alexandria, VA: American Counseling Association.

Duncan, B. L., Miller, S. D., Wampold, B. E., & Hubble, M. A. (2010). *The heart and soul of change: Delivering what works in therapy* (2nd ed.). Washington, DC: American Psychological Association.

Easwaran, E. (1991). *Meditation.* Tomales, CA: Nilgiri Press.

Ellis, A. (2004). *Rational emotive behavior therapy: It works for me?It can work for you.* Amherst, NY: Prometheus.

Ellis, A., & MacLaren, C. (2005). *Rational emotive behavior therapy: A therapist's guide* (2nd ed.). Atascadero, CA: Impact.

Enns, C. Z. (2004). *Feminist theories and feminist psychotherapies: Origins, themes, and diversity* (2nd ed.). New York: Haworth Press.

Epstein, M. (1998). *Going to pieces without falling apart: A Buddhist perspective on wholeness.* New York: Broadway Books.

Fontana, D. (1999). *Learn to meditate: A practical guide to self-discovery and fulfillment.* San Francisco: Chronicle Books.

Foss, L. L., Green, J., Wolfe-Stiltner, K., & DeLucia-Waack, J. L. (2008). *School counselors share their favorite group activities: A guide to choosing, planning, conducting, and processing.* Alexandria, VA: American Counseling Association.

Geller, J. D., Norcross, J. C., & Orlinsky, D. E. (Eds.). (2005). *The psychotherapist's own psychotherapy: Patient and clinician perspectives.* New York: Oxford University Press.

Gladding, S. T. (2009). *Becoming a counselor: The light, the bright, and the serious* (2nd ed.). Alexandria, VA: American Counseling Association.

Haynes, R., Corey, G., & Moulton, P. (2003). *Clinical supervision in the helping professions: A practical guide.* Belmont, CA: Brooks/Cole, Cengage Learning.

Hazler, R. J., & Kottler, J. A. (2005). *The emerging professional counselor: Student dreams to professional realities* (2nd ed.). Alexandria, VA: American Counseling Association.

Herlihy, B., & Corey, G. (1996). *ACA ethical standards casebook* (5th ed.). Alexandria, VA: American Counseling Association.

Herlihy, B., & Corey, G. (2006a). *ACA ethical standards casebook* (6th ed.). Alexandria, VA: American Counseling Association.

Herlihy, B., & Corey, G. (2006b). *Boundary issues in counseling: Multiple*

roles and responsibilities (2nd ed.). Alexandria, VA: American Counseling Association.

Horvatin, T., & Schreiber, E. (Eds.) (2006). *The quintessential Zerka: Writings by Zerka Toeman Moreno on psychodrama, sociometry and group psychotherapy.* New York: Routledge, Taylor & Francis.

Humphrey, K. M. (2009). *Counseling strategies for loss and grief* Alexandria, VA: American Counseling Association.

Jacobs, E. E., Masson, R. L., & Harvill, R. L. (2009). *Group counseling: Strategies and skills* (6th ed.). Belmont, CA: Brooks/Cole, Cengage Learning.

Johnson, W. B. (2007). *On being a mentor: A guide for higher education faculty.* Mahwah, NJ: Erlbaum.

Johnson, W. B., & Ridley, C. R. (2008). *The elements of mentoring.* New York: Palgrave Macmillan.

Kabat-Zinn, J. (1990). *Full catastrophe living.* New York: Delacorte.

Kabat-Zinn, J. (1994). *Wherever you go, there you are: Mindfulness meditation in everyday life.* New York: Hyperion.

Kirschenbaum, H. (2009). *The life and work of Carl Rogers.* Alexandria, VA: American Counseling Association.

Knapp, S., & VandeCreek, L. (2003). *A guide to the 2002 revision of the American Psychological Association's ethics code.* Sarasota, FL: Professional Resource Press.

Kottler, J. A. (2010). *On being a therapist* (4th ed.). San Francisco, CA: Jossey-Bass.

Lazarus, A. A., & Zur, O. (Eds.). (2002). *Dual relationships and psychotherapy.* New York: Springer.

Linde, L. (2009). A challenge to mentor. *Counseling Today, 52*(2), 5.

Mitchell, R. W. (2007). *Documentation in counseling records: An overview of ethical, legal, and clinical issues* (3rd ed.). Alexandria, VA: American

Counseling Association.

Monk, G., Winslade, J., Crocket, K, & Epston, D. (Eds.). (1997). *Narrative therapy in practice: The archaeology of hope.* San Francisco: Jossey-Bass.

Muratori, M. (2007). *Early entrance to college: A guide to success.* Waco, TX: Prufrock Press.

Neukrug, E. (2008). *Theories in action: Counseling DVD.* Belmont, CA: Brooks/Cole, Cengage Learning.

Nhat Hanh, T. (1991). *Peace is every step: The path of mindfulness in everyday life.* New York: Bantam.

Nhat Hanh, T. (1992). *Touching peace: Practicing the art of mindful living.* Berkeley, CA: Parallax Press.

Norcross, J. C. (2005). The psychotherapist's own psychotherapy: Educating and developing psychologists. *American Psychologist, 60*(8), 840-850.

Norcross, J. C., Beutler, L. E., & Levant, R. F. (2006). *Evidence-based practices in mental health: Debate and dialogue on the fundamental questions.* Washington, DC: American Psychological Association.

Norcross, J. C., & Goldfried, M. R. (Eds.). (2005). *Handbook of psychotherapy integration* (2nd ed.). New York: Oxford University Press.

Norcross, J. C., & Guy, J. D. (2007). *Leaving it at the office: A guide to psychotherapist self-care.* New York: Guilford Press.

Norcross, J. C., Hogan, T. P., & Koocher, G. P. (2008). *Clinician's guide to evidence-based practices.* New York: Oxford University Press.

Patterson, C. H. (1973). *Theories of counseling and psychotherapy.* New York: Harper & Row.

Polster, E., & Polster, M. (1973). *Gestalt therapy integrated: Contours of theory and practice.* New York: Brunner/Mazel.

Prochaska, J. O., & Norcross, J. C. (2010). *Systems of psychotherapy: A*

transtheoretical analysis (7th ed.). Belmont, CA: Brooks/Cole, Cengage Learning.

Reamer, F. G. (2008). *The social work ethics casebook: Cases and commentary.* Washington, DC: NASW Press.

Remley, T. P., & Herlihy, B. (2010). *Ethical, legal, and professional issues in counseling* (3rd ed.). Upper Saddle River, NJ: Merrill, Prentice Hall.

Rogers, C. (1961). *On becoming a person.* Boston: Houghton Mifflin.

Rogers, C. (1970). *Carl Rogers on encounter groups.* New York: Harper & Row.

Rogers, C. (1980). *A way of being.* Boston: Houghton Mifflin.

Rogers, N. (1993). *The creative connection: Expressive arts as healing.* Palo Alto, CA: Science & Behavior Books.

Salazar, C. F. (Ed.). (2009). *Group work experts share their favorite multicultural activities: A guide to diversity-competent choosing, planning, conducting, and processing.* Alexandria, VA: American Counseling Association.

Sharf, R. S. (2008). *Theories of psychotherapy and counseling: Concepts and cases* (4th ed.). Belmont, CA: Brooks/Cole, Cengage Learning.

Skovholt, T. M., & Jennings, L. (2004). *Master therapists: Exploring expertise in therapy and counseling.* Boston: Pearson Education.

Sperry, L. (2007). *The ethical and professional practice of counseling and psychotherapy.* Boston: Allyn & Bacon, Pearson.

Spiegler, M. D., & Guevremont, D. C. (2010). *Contemporary behavior therapy* (5th ed.). Belmont, CA: Wadsworth, Cengage Learning.

Stebnicki, M. A. (2008). *Empathy fatigue: Healing the mind, body, and spirit of professional counselors.* New York: Springer.

Stricker, G., & Gold, J. (2006). *A casebook of psychotherapy integration.* Washington, DC: American Psychological Association.

Welfel, E. R. (2010). *Ethics in counseling and psychotherapy: Standards, research, and emerging issues* (4th ed.). Belmont, CA: Brooks/Cole, Cengage Learning.

White, M., & Epston, D. (1990). *Narrative means to therapeutic ends.* New York: Norton.

Williams-Nickelson, C. (2009). Mentoring women graduate students: A model for professional psychology. *Professional Psychology: Research and Practice, 40*(3), 284-291.

Winslade, J., & Monk, G. (2007). *Narrative counseling in schools* (2nd ed.). Thousand Oaks, CA: Corwin Press, Sage.

Woldt, A., & Toman, S. (Eds.). (2005). *Gestalt therapy: History, theory, and practice.* Thousand Oaks, CA: Sage.

Wubbolding, R. E. (2000). *Reality therapy for the 21st century.* Philadelphia, PA: Brunner-Routledge.

Yalom, I. D. (1980). *Existential psychotherapy.* New York: Basic Books.

Yalom, I. D. (1997). *Lying on the couch: A novel.* New York: Perennial.

Yalom, I. D. (2003). *The gift of therapy.* New York: Perennial.

Yalom, I. D. (with Leszcz, M.). (2005). *The theory and practice of group psychotherapy* (5th ed.). New York: Basic Books.

Zur, O. (2007). *Boundaries in psychotherapy: Ethical and clinical explorations.* Washington, DC: American Psychological Association.

저자 소개

제럴드 코리 박사(Gerald Corey, EdD)는 풀러톤 소재 캘리포니아 주립 대학교(California State University at Fullerton) 대인 서비스와 상담(Human Service and Counseling)의 명예교수다. 그는 남캘리포니아 대학교(University of Southern California)에서 상담학 박사학위를 받았다. 그는 미국 전문 심리학 위원회 상담심리학 전문가, 면허 받은 심리학자, 국가 공인 상담자, 미국상담학회 특별회원, 미국심리학회 상담심리 분과 특별회원, 집단상담전문가협회 특별회원 등의 자격 및 지위를 가지고 있다. 코리 부부는 2001년 집단상담전문가협회로부터 우수경력상을 수상하였고, 코리는 1991년에 풀러톤 소재 캘리포니아 주립대학교에서 올해의 우수 교수상을 수상하였다. 그는 집단상담의 이론과 실제, 상담의 전문적 윤리 등의 과목을 정규적으로 학부와 대학원에서 가르치고 있으며, 현재 계속 출판 중에 있는 16개의 교재와 많은 학술 논문의 단독 저자 또는 공저자다. 저서 『Theory and Practice of Counseling and Psychotherapy』는 아랍어, 인도네시아어, 포르투갈어, 터키어, 한국어, 중국어 등으로 번역되었다. 『Theory and Practice of Group Counseling』은 한국어, 중국어, 스페인어, 러시아어로 번역되었다. 『Issues and Ethics in the Helping Professionals』는 한국어, 일본어, 중국어로 번역되었다.

코리는 아내인 마리안느와 함께 자주 집단상담 워크숍을 개최한다. 이들은 지난 30여 년간 정신건강 전문가를 위한 집단상담 훈련 워크숍을 미국을 비롯한 캐나다, 멕시코, 중국, 홍콩, 한국, 독일, 벨기에, 스코틀랜드, 영국, 아일랜드 등의 여러 대학에서 개최하였다. 여가시간에 코리는 여행, 걷기, 산과 사막에서 자전거 타기, 1931년 모델 A 포드 자동차 운전을 즐긴다. 이 부부는 45년간 결혼생활을 하고 있으며, 두 딸과 세 손주를 두고 있다.

코리는 바바라 헐리히(Barbara Herlihy)와 함께 『Boundary Issues in Counseling: Multiple Roles and Responsibilities, 2nd ed.』(2006), 『ACA Ethical Standards Casebook, 6th ed.』(2006)을 공저하였으며, 로버트 헤인스

(Robert Haynes), 패트리스 몰턴(Patrice Moulton), 미셸 무라토리(Michelle Muratori)와 함께 『Clinical Supervision in the Helping Professions, 2nd ed.』(2010)을 공저하였다. 이 책들은 모두 미국상담학회에서 출판하였다. 이외에 코리가 단독 저술 또는 공저하여 브룩스/콜(Brooks/Cole), 센게이지 러닝(Cengage Learning) 등에서 출판한 책은 다음과 같다.

- Becoming a Helper (with Marianne Schneider Corey, 2011)
- Issues and Ethics in the Helping Professions, 8th ed. (with Marianne Schneider Corey and Patrick Callanan, 2011)
- Groups: Process and Practice, 8th ed. (with Marianne Schneider Corey and Cindy Corey, 2010)
- I Never Knew I Had a Choice, 9th ed. (with Marianne Schneider Corey, 2010)
- Theory and Practice of Counseling and Psychotherapy, 8th ed. (2009)과 매뉴얼
- Case Approach to Counseling and Psychotherapy, 7th ed. (2009)
- The Art of Integrative Counseling, 2nd ed. (2009)
- Theory and Practice of Group Counseling, 7th ed. (2008)과 매뉴얼
- Group Techniques, 3rd ed. (with Marianne Schneider Corey, Patrick Callanan, and J. Michael Russell, 2004)

코리는 딸인 신디 코리(Cindy Corey)와 하이디 조 코리(Heidi Jo Corey)와 대학 입문서인 『Living and Learning』을 공저하여 워즈워스(Wadsworth)에서 출판하였다. 또한 그는 실제 상담의 다양한 측면에 대한 여러 편의 교육용 비디오 프로그램을 다음과 같이 제작하였다. 〈Theory in Practice: The Case of Stan-DVD and Online Program〉(2009), 〈Groups in Action: Evolution and Challenges-DVD and Workbook〉(2006, with Marianne Schneider Corey and Robert Haynes), 〈CD-ROM for Intergative Counseling〉(2005, with Robert Haynes), 〈Ethics in Action: CD-ROM〉(2003, with Marianne Schneider Corey and Robert Haynes).

자신의 이야기를 통해 이 책에 참여한 사람들

호니 아브라모위츠(Honie Abramowicz, MSW, LCSW)는 롱비치 소재 캘리포니아 주립대학교(California State University at Long Beach)에서 사회복지학 석사학위를 취득하였다. 그녀는 현재 최면치료 전문가로서 캘리포니아주 헌팅톤 비치에 있는 사설 상담소에서 일하고 있다.

갤로 아볼레다(Galo Arboleda, MSW)는 남캘리포니아 대학교(University of Southern California)에서 사회복지학 석사학위를 취득하였다. 그는 현재 캘리포니아주 오렌지 카운티의 법원 조정관으로 일하며, 풀러톤 소재 캘리포니아 주립대학교의 대인 서비스와 사회복지학 전공 시간 강사로 활동하고 있다.

제이미 빌레지크지안(Jamie Bilezikjian, MA)은 아고시 대학교(Argosy University)에서 상담심리학 석사학위를 취득하였다. 그녀는 현재 캘리포니아주 코스타 메사에 있는 오렌지 해변 초교파 쉼터에서 일하고 있다.

제이미 블러드워스(Jamie Bludworth, PhD)는 미국의 남서부 지역에 있는 대규모 대학의 상담센터에서 일하는 면허 받은 심리학자다.

베스 크리스텐슨(Beth Christensen, MA)은 뉴올리언스에 있는 성 십자가 성모 마리아 대학(Our Lady of Holy Cross College)에서 지역사회 상담학 석사학위를 취득하였다. 그녀는 현재 뉴올리언스 대학교(University of New Orleans)의 상담교육 박사 과정 지원자다.

레슬리 컬버(Leslie Culver, MS, NCC)는 비영리 기관의 시간제 상담자이며 뉴올리언스 대학교의 상담교육 프로그램의 박사 과정 학생이다.

수잔 커닝햄(Susan Cunningham)은 풀러톤 소재 캘리포니아 주립대학교의 상담학 석사 과정 마지막 학년에 재학하고 있다.

유세프 돌라차이(Yusef Daulatzai, MA, PsyD)는 지역사회 정신건강 프로그램인 태평양 상담실(Pacific Clinic)의 심리치료사로 일하고 있다. 그는 캘리포니아 전문 심리학 학교(California School of Professional Psychology)에서 임상심리학 석사 · 박사 학위를 취득하였다.

메리 제인 포드(Mary Jane Ford, MS)는 캘리포니아주 남부에 있는 비영리 지역사회 상담기관에서 인턴 치료사로 일하고 있다.

어맨다 힐레이(Amanda Healey, MA, LPC-MHSP, NCC)는 올드 도미니언 대학교(Old Dominion University)에서 상담교육 및 슈퍼비전학 박사 과정을 마쳐 가고 있다.

카세이 훈(Casey Huynh, MS, MFT)은 샌프란시스코 소재 캘리포니아 주립대학교(California State University at San Francisco)에서 상담학 석사학위를 취득하였다. 현재 태평양 상담실에서 일하고 있다.

브리짓 맥키니(Bridget McKinney, MS, NCC)는 뉴올리언스 대학교의 상담교육학 박사 과정에 재학중이다.

나탈리 멘도자(Natalie Mendoza, MS)는 로스앤젤레스 소재 캘리포니아 주립대학교(California State University at Los Angeles)에서 상담 및 교육 지도자학 석사학위를 취득하였다. 그녀는 현재 캘리포니아주 산 가브리엘에 있는 시트루스 지역 대학 교육구(Citrus Community College District)의 교수 및 상담자로 일하고 있다.

미셸 무라토리(Michelle Muratori, PhD)는 아이오와 대학교(The University of Iowa)에서 상담교육학 박사학위를 취득했으며, 현재 영재 청소년을 위한 존스 홉킨스 센터(Johns Hopkins Center for Talented Youth)에서 선임 상담자와 연구자로 일하고 있다. 그녀는 또한 존스 홉킨스 대학교(Johns Hopkins University)의 상담 및 대인 서비스 학과의 협력교수다.

마크 라이저(Mark Reiser, MS, LPC)는 요밍 대학교(University of Wyoming)의 상담교육학 박사 과정 학생이자 요밍 대학교 천문학 강사다.

발레리 러셀(Valerie Russell, PhD)는 캘리포니아 남부에 있는 한 지역사회 정신건강 기관에서 집단상담을 진행하고 인턴 수련생들을 슈퍼비전하는 면허 받은 심리학자다. 그녀는 로스앤젤레스에 있는 캘리포니아 전문 심리학 학교에서 임상심리학 박사학위를 취득하였다.

줄리 톰린슨(Julie Tomlinson, MSW)은 서던캘리포니아 대학교에서 사회복지학 석사학위를 취득하였다. 그녀는 현재 사회복지 면허 취득에 필요한 수련시간을 채우기 위해 일하고 있다. 그녀는 재향군인병원의 임상 사회복지사다.

토니 왈러스(Toni Wallace, LVN, MS, RAS)는 로스앤젤레스 의료센터의 임신 및 자녀양육 중인 어머니들을 위한 회복치료 프로그램과 캘리포니아 하버 대학교(California Harbor University)에서 교육자와 상담자로 일하고 있다.

역자 소개

김인규Kim In Gyu
서울대학교에서 상담교육 전공으로 박사학위를 취득하였으며, 한국상담학회
슈퍼바이저(대학상담/학교상담/아동청소년상담) 자격을 보유하고 있다. 현재
전주대학교 상담심리학과 교수로, 전국대학상담학과협의회 회장, 한국상담
학회 총무이사, 전주대학교 상담교육연구소장이다. 한국상담학회 특별위원
장, 전북상담학회장, 전주대학교 카운슬링센터장 등을 역임하였고, 상담자 교
육, 상담 정책 및 제도, 학교상담, 청소년상담 분야에서 활발한 연구와 정책
활동을 하고 있다.
『영상자료를 활용한 상담전 내담자교육』 『한국의 학교상담체제』 등의 단독
저서와 『상담학개론』 『학교상담 사례연구』 등의 공저서, 『상담 및 심리치료:
대인과정접근』 『등교를 거부하는 청소년』 『인간의 학습』 『다문화상담: 이론
과 실제』 등의 공역서가 있다.

제럴드 코리에게서 배우는
성장하는 상담전문가의 길
Creating Your Professional Path: Lessons from My Journey

2014년 10월 30일 1판 1쇄 발행
2017년 9월 25일 1판 2쇄 발행

지은이 • Gerald Corey
옮긴이 • 김 인 규
펴낸이 • 김 진 환
펴낸곳 • (주) **학 지사**
04031 서울특별시 마포구 양화로 15길 20 마인드월드빌딩 5층
대표전화 • 02) 330-5114   팩스 • 02) 324-2345
등록번호 • 제313-2006-000265호
홈페이지 • http://www.hakjisa.co.kr
페이스북 • https://www.facebook.com/hakjisabook

ISBN 978-89-997-0536-6 93180

정가 18,000원

이 도서의 국립중앙도서관 출판시도서목록(CIP)은 서지정보유통지원시스템
홈페이지(http://seoji.nl.go.kr)와 국가자료공동목록시스템(http://www.nl.go.kr/kolisnet)
에서 이용하실 수 있습니다.
(CIP제어번호: CIP2014029097)

교육문화출판미디어그룹 **학 지사**
학술논문서비스 **뉴논문** www.newnonmun.com
심리검사연구소 **인싸이트** www.inpsyt.co.kr
원격교육연수원 **카운피아** www.counpia.com